LES SECRETS DE PENGARROCK

LIZ FENWICK

Traduit de l'anglais
par Benoît Domis

City
Poche

Publié en Grande-Bretagne par Orion Books, une entreprise de Hachette UK sous le titre *A Cornish Affair.*

ISBN : 978-2-8246-09676
Code Hachette : 47 3861 2

Collection dirigée par Christian English & Frédéric Thibaud.
Catalogue et manuscrits : city-editions.com

Dépôt légal : Avril 2017

Achevé d'imprimer en Italie par Grafica Veneta Spa

Pour Sasha

Ni sur terre
Ni sur mer
Elle ne se montre
Que pour August Rock

UN

Osterville, cap Cod, Massachusetts

Je n'ai pas reconnu la femme qui apparaissait dans le miroir en pied devant moi.

— Expire, m'a recommandé Sophie, ma meilleure amie. Combien tu as perdu de poids depuis le dernier essayage ?

— Je ne sais pas.

La robe pendait sur moi.

— On ne peut pas rembourrer avec quelque chose ?

Sophie a tiré deux objets en gel de sa robe.

— Tiens, regarde ce que ça donne avec ça.

J'ai patienté pendant qu'elle défaisait les boutons dans mon dos. Jamais je n'aurais imaginé avoir cette allure le jour de mon mariage ; ce n'était pas beau à voir.

— Je ne comprends vraiment pas pourquoi tu portes cette horreur.

— Laisse tomber. Mère l'a choisie.

Sophie a levé les yeux au ciel.

— Je sais, j'étais là. Ce modèle aurait convenu à Rose ou même à ta mère. Mais il ne te ressemble absolument pas.

J'ai respiré profondément, puis j'ai fourré les coussins en silicone dans mon corset. Mes seins se sont dressés, mais sans déborder. Sophie m'a reboutonnée. Je comprenais parfaitement ce qu'elle voulait dire en parlant de la robe. Elle manquait de simplicité, et j'avais l'air d'un cintre portant une meringue.

— Désolée d'avoir mentionné Rose, s'est-elle excusée.

— Ça va.

Sophie m'a brièvement serrée dans ses bras ; nous avons toutes les deux refoulé notre émotion d'un battement de paupières. J'avais mis bien trop de mascara pour pleurer.

— Tu es prête ?

Ma mère, Jane, venait d'entrer dans la pièce sans frapper. Elle m'a examinée des pieds à la tête. J'ai retenu mon souffle.

— Tu es...

Mère s'est approchée de moi et a ajusté mon décolleté sur les courbes renforcées de ma poitrine.

— ... parfaite.

— Merci.

Un nouveau coup d'œil au miroir m'a confirmé qu'elle mentait. Elle se tenait, tellement menue, à côté de moi, regardant nos reflets. Sa robe lilas mettait en valeur ses cheveux blonds. J'avais hérité de sa bouche ; nous avions les mêmes lèvres pleines. Mais, avec ma silhouette de grande brune dégingandée, la ressemblance s'arrêtait là. Rose avait été le portrait de notre mère.

— Je savais que j'avais raison pour la robe. Elle te va bien mieux que celle que tu préférais.

J'ai hoché la tête. À ce stade, protester n'aurait servi à rien. J'avais trop attendu.

Autour de l'église, les feuilles des bouleaux étaient immobiles, comme si le temps s'était arrêté. Pourtant, j'entendais les bavardages à l'intérieur. Je me tenais sur le porche, où j'essayais de respirer dans cet air lourd, menaçant. Malgré la brume légère, il faisait près de quarante degrés. Comment pouvait-il faire aussi chaud début juin au cap Cod ?

— Tout va bien ? m'a demandé papa, qui venait d'apparaître derrière moi.

Il m'a prise par le coude. J'ai froncé les sourcils, mais, quand je me suis retournée, je lui ai souri.

— Nerveuse ?

Il a consulté sa montre. Trois heures de l'après-midi. D'un moment à l'autre, la musique donnerait le signal de ma dernière marche de célibataire. J'ai regardé dans l'allée centrale. L'église était envahie de fleurs roses – des lys, pour être précise. L'autel disparaissait presque sous la masse de fleurs de toutes les nuances de cette fichue couleur, avec une dominante pâle. J'ai toujours détesté le rose. J'aurais dû protester, mais je ne l'avais pas fait. À côté de l'autel se trouvait mon fiancé, John : grand, blond et séduisant ; même lui n'avait pas échappé à cette couleur, avec son gilet assorti aux robes des petites filles qui, telles des poupées, virevoltaient autour de mes genoux, empestant les lys roses qu'elles serraient dans leurs poings. J'ai tenu mon bouquet loin de moi. En temps normal, l'odeur des lys était déjà envahissante, mais, par cette chaleur, c'était bien pire, contrairement au parfum d'autres fleurs. J'ai regardé papa dans les yeux.

— À quoi penses-tu, Jude ?

J'ai posé la tête sur son épaule une seconde.

— À notre jardin, à Abu Dhabi.

— Là-bas aussi, quelle chaleur !...

— Oui.

Je ne gardais que de bons souvenirs de notre séjour à Abu Dhabi. Rose était en bonne santé, mère, plus calme, et quel jardin sublime ! Aujourd'hui encore, sa simple évocation faisait remonter des senteurs de frangipane et de jasmin.

— J'adorais ce jardin, ai-je dit.

— Moi aussi.

Papa a ajusté son gilet. Dans cette étuve, j'avais déjà du mal avec ma robe. Ce devait être un véritable enfer en jaquette.

— Le premier que nous avons planté en partant de zéro.

— C'est loin, tout ça.

Il a posé sa main sur mon bras.

— Presque vingt ans.

La musique s'est arrêtée. Papa a serré mon bras plus fort. J'ai soudain eu la bouche sèche.

— Prête ? a-t-il demandé.

J'ai hoché la tête, mais ensuite j'ai vu mère faire un signe en direction de la galerie où était installée la chorale.

— Fausse alerte.

Papa a sorti un mouchoir de sa poche pour s'éponger le front. J'ai touché le bouton de rose ramolli qui pendait à sa boutonnière.

— Ni moi ni cette rose ne sommes faits pour cette chaleur, a-t-il expliqué, rangeant son mouchoir.

— J'aime les roses, pourtant.

Une boule s'est formée dans ma gorge.

— Elle aurait adoré tout ça, a-t-il dit, embrassant l'église du regard. Elle est présente en esprit.

Trouvant ma main, il l'a serrée.

— Ta mère redescend l'allée centrale. Je ferais mieux d'aller voir ce qui nous retarde.

Il s'est hâté de la rejoindre. L'église était bondée : cinq cents personnes, toutes sur leur trente-et-un. John et moi n'en connaissions guère plus de la moitié, et seule une centaine comptait vraiment parmi nos amis. Mes parents avaient fait une folie, et je n'avais pas eu le cœur de les retenir. Après tout, une nouvelle occasion ne se présenterait pas. J'étais leur fille unique, désormais, et je l'avais été ces dix-huit dernières années. Je ne pouvais pas faire moins. Ils ne verraient jamais le mariage de Rose ; le mien était donc leur seule chance d'organiser une grande réception. Ils se tenaient à côté du premier banc, penchés l'un vers l'autre. Autour d'eux, l'assistance bourdonnait du murmure des conversations. Les décorations masquaient les lignes simples de l'église. Aucun détail n'avait échappé à l'attention de mère.

Fermant les yeux, je me suis demandé ce qui nous retardait. Je tripotais mon bracelet à breloques. À force de frotter la bosse du chameau chaque fois que je souhaitais que Rose soit avec moi, j'aurais dû finir par l'user. J'avais adoré ma sœur aînée, née sept ans avant moi. Si elle avait toujours été là, si son rein malade ne l'avait pas tuée, je ne serais pas aussi nerveuse, et mère ne ferait pas autant d'histoires. La musique a changé et j'ai ouvert les yeux. Où était papa ? Ne devions-nous pas descendre l'allée centrale ensemble ? Fouillant l'église du regard, je l'ai vu qui installait mère. Après avoir déposé un baiser sur sa tempe, il s'est éloigné. Une voiture s'est arrêtée au pied des marches. Reconnaissant la cheville épaisse qui en sortait, je me suis précipitée pour aider ma grand-tante Agnes à s'extraire du véhicule. Elle m'a chassée avec sa canne, tandis que son chauffeur accourait à son tour.

— Je suis contente de ne pas être en retard.

Attrapant l'autre canne que lui tendait le chauffeur, elle s'est dirigée vers l'escalier. Je l'ai escortée, prête à la soutenir. À quatre-vingt-quatorze ans, elle vivait toujours de façon indépendante malgré les pressions de son entourage – sauf moi – pour la convaincre d'entrer en maison de retraite.

— Je n'ai pas besoin qu'on me dorlote, Jude.

Elle s'est tournée vers moi.

— J'ai réussi à rester en vie jusqu'au jour de ton mariage ; alors, quelques marches ne me font pas peur.

J'admirais son énergie. Mais, malgré son insistance à se débrouiller toute seule, j'ai cherché du regard un des placeurs. Traditionnellement, placer les invités n'entrait pas dans les attributions de la future mariée, mais, pour Agnes, j'étais prête à faire une exception (et risquer le courroux maternel).

Une fois devant la porte, elle a repris son souffle et en a profité pour m'examiner des pieds à la tête.

— Les chaussures sont jolies. La robe, vraiment horrible. Une idée de ta mère, je suppose. Rien ni personne ne lui résiste.

J'ai ouvert la bouche pour répondre, puis je me suis ravisée.

— Tu es vraiment adorable, mais tu as toujours été trop docile à mon goût. J'ai beau chercher, j'ai l'impression que le cran des Warren te fait défaut.

Sa voix a résonné, et je me suis demandé si elle avait oublié d'allumer son appareil auditif. J'ai posé la main sur son bras.

— D'ailleurs, ça vaut aussi pour ton père. Ta mère l'a toujours tenu par les couilles, pour ce que j'en sais.

J'ai regardé autour de nous, espérant que personne ne l'entende au-dessus de l'orgue. La serrant par le coude, j'ai commencé à la faire avancer dans l'église quand le petit ami de Sophie, Tim, est venu à mon secours.

— Beau gosse, a remarqué Agnes avant de prendre son bras et de se tourner vers moi en me lançant un clin d'œil.

J'ai rebroussé chemin vers l'entrée, sentant la colère de mère, alors que son regard me transperçait. Une goutte de sueur a coulé dans mon décolleté. Une brise passagère a agité les feuilles délicates des bouleaux. Seul un orage pourrait dissiper l'atmosphère oppressante.

Au bout de l'allée centrale, j'ai aperçu John à côté de son garçon d'honneur. Il semblait si distant, si cérémonieux. Croisant mon regard, il m'a souri. Tout allait bien se passer. Un peu de nervosité n'avait rien d'anormal.

— Ce mariage est une belle réussite pour Jane, a dit une femme, audible malgré la musique. Elle y travaille depuis des années.

— Oui, a répondu une autre. Les Stewart sont une excellente famille, et John est déjà associé dans son cabinet. Mais je dois vous avouer que je ne comprends pas ce qu'il trouve à la fille Warren. Elle ne ressemble en rien à Jane ; elle manque totalement de style. Jane a bien fait de la marier.

Elles ont toutes les deux regardé ma mère qui regagnait sa place. Je ne les connaissais pas, mais elles semblaient tout savoir de moi. Des amis de ma mère, probablement. Elle avait été aux anges quand je m'étais mise à sortir avec John. En y repensant, elle m'avait poussée vers ce jour depuis ce moment-là. John était-il mon choix ou le sien ?

Le bouquet en cascade que je tenais frôlait le sol. Soudain, mes mains ont tremblé, comme animées d'une vie propre, et j'ai laissé tomber cette espèce de barbe à papa. L'une des petites filles s'est précipitée pour la ramasser ; j'ai tendu la main, observant la conception ingénieuse de l'arrangement. Ça ne collait pas. Ce n'était pas *moi*. J'étais en train de faire une grosse erreur. Baissant le bras, j'ai couru aussi vite que mes chaussures me le permettaient sans jamais regarder en arrière.

Le flot a léché les ongles rouges de mes orteils et mouillé la mousse blanche brillante de ma robe de mariée. À cause de mes yeux voilés de larmes, tout me semblait avoir viré au rose, comme ces fichus lys. En l'espace de quelques heures, l'eau salée du Gulf Stream avait retiré toute rigidité à la jupe qui pendait mollement contre mes jambes. Je me sentais enfin réconciliée avec cette satanée robe.

Une mouette a piqué sous la surface. Je me suis frotté les yeux pour voir si sa tentative avait été couronnée de succès. J'ai souri en constatant qu'elle avait obtenu ce qu'elle voulait. Elle au moins savait ce qu'elle voulait. Moi, pas. Grosse différence. Et je m'en étais rendu compte au pire moment.

J'ai eu du mal à me lever. Mes jambes étaient un peu ankylosées : j'étais restée trop longtemps assise à contempler l'océan. Il n'avait pas de réponse à m'apporter. J'avais perdu la notion du temps, mais maintenant il me fallait rentrer et affronter tout le monde. Le soleil s'était couché ; j'aurais dû être en route pour Boston et ma nuit de noces (et ensuite, lune de miel dans le Maine), pas debout à côté d'une tour de maître-nageur déserte. Regardant à nouveau l'océan, j'ai enfin pris conscience de l'énormité de ce que je venais de faire. Je devais parler à John, mais je n'avais pas le début d'une explication à lui fournir. Regrettant de ne pas avoir de téléphone sur moi, je me suis efforcée d'enlever le plus gros du sable de ma robe. Une robe trempée, un voile et une paire de talons hauts inutiles, voilà tout ce que j'avais. La robe qui entravait mes mouvements. Elle n'était déjà pas légère à l'origine, mais j'avais voulu faire plaisir à mère (elle avait semblé si enthousiaste). D'une certaine façon, cette journée aurait dû être aussi importante pour elle que pour moi.

Mes jambes me faisaient mal. J'avais l'impression de marcher depuis des heures. Un automobiliste qui me dépassait à toute allure a klaxonné. Je devais ressembler à un épouvantail ; plus tôt je me changerais, mieux ça vaudrait. Bientôt, la maison est apparue, et je me suis arrêtée.

Les parterres en façade explosaient en une débauche de couleurs, entre les tons criards des hémérocalles orange et ceux plus doux des pivoines blanches. Papa avait travaillé corps et âme pour que le jardin soit beau pour ce jour. *Mon* jour... J'ai fermé les yeux. Ces moments heureux où John et moi avions aidé mon père semblaient remonter à une éternité, pas à quelques semaines.

Les employés du traiteur sont sortis, et je me suis cachée à l'ombre d'un grand pin. Après qu'ils sont retournés à l'intérieur, j'ai clopiné jusqu'à la pelouse, d'où j'ai examiné ma seule constante dans une vie d'itinérance : cette maison en bardage avec des volets vert foncé. Nous y avions passé tous nos étés et, quand papa avait pris se retraite, nous y avions élu domicile de manière permanente. Je n'avais pas envie d'entrer. Mère serait dans tous ses états, et elle avait de bonnes raisons pour cela.

Tout semblait calme, mais c'était peut-être trompeur. De cet angle, on n'aurait jamais cru que la maison se trouvait au bord de l'eau, et non au fond des bois. Pourtant, il suffisait de franchir la porte et de la traverser pour tomber sur l'Eel River. Mon grand-père avait fait bâtir ce chalet d'été dans les années 1920. À cette époque, on venait au cap Cod en train, avec ses malles et ses domestiques qu'il fallait bien loger aussi.

J'avais fait faux bond à tout le monde en ne me présentant pas à l'autel. Tout était tellement clair dans mon esprit, mais comment expliquer les choses sans causer davantage de peine à mon entourage ? Des heures après ma décision, j'allais devoir répondre de mes actes. Avec ses lumières aux fenêtres, la maison avait l'air joyeuse, parée pour la fête. *Ma* fête. Mais j'arrivais, alors que tout était déjà terminé. À l'idée de ce que ça avait dû coûter, j'ai eu les larmes aux yeux. Chassant ces pensées, j'ai compris que ce n'était pas la peur de l'immense mécontentement de mère qui me retenait, mais bien d'affronter la déception de papa. Comment allais-je expliquer mon comportement à l'homme qui m'avait toujours soutenue ?

Je me suis dirigée vers ma voiture garée un peu à l'écart, dans l'attente de mon retour de lune de miel. Que faisait John en ce moment ? Il était probablement en train de se soûler. Je devais d'abord me changer.

Tant que je serais engoncée dans cette fichue robe, je serais incapable de faire quoi que ce soit. Aussi discrètement que possible, j'ai avancé vers la petite porte où les bruits de chaises qu'on empilait et les ordres lancés couvraient presque la voix de ma mère. J'ai tendu l'oreille.

— Qu'est-ce qui a bien pu passer par la tête de cette enfant ?

Son accent anglais était toujours plus prononcé quand elle était en colère. Ses mots ont porté jusque dans l'air nocturne.

Une *enfant* ? À trente ans, on n'est plus une enfant. J'ai commencé à sortir de l'ombre, mais j'ai marqué une pause, alors qu'elle poursuivait.

— Quelle idiote !

— Jane, l'a coupée papa.

— Comment a-t-elle pu être assez sotte pour abandonner John à l'autel ? Pourquoi s'est-elle sentie obligée d'être tellement mélodramatique ?

Elle s'est interrompue.

— Tu as vu l'expression de Mary ? Son fils chéri, ridiculisé… et par notre fille. Ils ne nous adresseront probablement plus jamais la parole.

— C'était terrible.

La voix de papa s'est brisée.

— Je n'ai jamais été aussi gênée de toute ma vie, a soupiré Jane. Je ne sais pas si je pourrai à nouveau me montrer en public un jour.

Ne pouvant voir mon père, je n'ai pas su s'il abondait dans son sens ou non.

— Tu es fatiguée, a-t-il répondu. Tu as travaillé si dur pour faire de ce mariage une journée exceptionnelle pour elle.

Sa voix s'est estompée.

— D'ailleurs, où diable est-elle passée ?

Jane a soupiré.

— Je suis sûr qu'elle va bien ; elle ne pense qu'à elle, et certainement pas à John et ses parents, ou à nous. N'a-t-elle pas toujours été comme ça ? Je suis terriblement déçue.

— Moi aussi.

— Rose n'aurait jamais fait une chose pareille. Elle était tellement prévenante, pas du tout égoïste.

Jane a sanglotè. Je suis restée dans l'obscurité, incapable de bouger. Les paroles de mère ont résonné dans ma tête. Elle avait raison. Rose n'aurait jamais agi de la sorte.

DEUX

Les pelouses bordant Long Beach Road étaient encore couvertes de rosée quand j'ai garé ma voiture. Dans l'air doux flottait le parfum des rosiers d'embruns. Ces *Rosa rugosa* étaient roses ; pourtant, je les adorais. J'ai fermé les yeux, acceptant le fait que j'étais pétrie de contradictions. Je savais au moins ça, mais pas grand-chose d'autre. Dans ma main, le téléphone n'arrêtait pas de biper pour me signaler que sa mémoire était pleine. Plus de cent messages ; autant de questions auxquelles je n'avais pas de réponse. Je n'en avais consulté qu'un, celui de John : *Retrouve-moi où tu sais, à huit heures ce matin.*

Pas un « je t'aime », pas même un « bises ». Je ne l'avais certes pas mérité. J'ai fait défiler les autres SMS avant de tous les supprimer en bloc. Puis, j'ai éteint mon mobile. Le reste du monde attendrait.

Des herbes hautes ont frôlé mes jambes nues, alors que je suivais le chemin qui serpentait entre les petites dunes jusqu'à la plage. Le sable de la longue bande de terre qui séparait la Centerville River de l'océan semblait s'être introduit dans ma gorge, terriblement sèche.

Le soleil m'a chauffé le dos, alors que je retirais mes tongs pour marcher dans l'eau. J'étais restée éveillée sur mon lit pendant des heures, à réfléchir, à tenter de trouver les mots pour expliquer mes actes. Mais je n'avais récolté que des cernes noirs sous mes yeux. Comment dire à John que nous n'aurions probablement jamais dû être l'un pour l'autre plus que des amis ? Après tous ces étés et ces week-ends chez nos parents au cap, ces verres pris ensemble après le travail à Boston, le patinage et le ski... Tant d'histoires communes...

Il m'attendait, assis au bord de l'eau, jetant des coquillages dans l'océan. Il avait la tête rentrée dans les épaules ; ses cheveux blonds accrochaient la lumière matinale. Mes jambes ont refusé d'avancer. En moi, tout s'est contracté. Nous avions échangé notre premier baiser sur cette plage, par une nuit sans lune, après nous être mutuellement défiés d'aller nous baigner tout nus. Je me suis léché les lèvres, me rappelant le sel sur sa bouche et le frisson ressenti lors de cette étreinte. Nous avions été amis pendant dix ans avant de commencer à sortir ensemble. Combien de temps l'avais-je aimé et quand avais-je cessé ? Je ne savais plus vraiment.

J'ai compté jusqu'à dix pour me donner du courage, puis je me suis laissée tomber sur le sable à côté de lui. Mon bras a touché le sien. J'ai senti sa chaleur à travers sa chemise en lin. Il s'est écarté.

— Salut, ai-je dit d'une voix étranglée que je ne reconnaissais pas. Désolée.

Jamais un mot ne m'a paru aussi inadapté.

— Jude, pourquoi ?

— Je... J'aimerais le savoir, ai-je menti.

Je ne voulais pas le blesser plus que je ne l'avais déjà fait.

Il s'est tourné vers moi, ses yeux bleus remplis de larmes. Il les a essuyées, puis a lancé un autre coquillage dans l'océan.

— Qu'est-ce que ça signifie, bon sang ?

— John..., ai-je commencé, mais je me suis interrompue quand il s'est levé.

— Comment tu as pu me faire ça ? Comment tu as pu *nous* faire ça ?

J'ai regardé l'eau qui débordait sur le sable. Je n'avais que ce que je méritais.

— Je l'ignore.Mais c'était faux. Simplement, je n'arrivais pas à le lui dire.

— Tu vas devoir trouver mieux que ça.

— Je sais.

Je me suis levée.

— Ça ne m'aide pas.

Il s'est détourné.

— Je suis en plein brouillard et, en plus, tu m'as fait passer pour un idiot.

— Non, John. C'est moi l'idiote.

— Pourquoi ?

La peine dans ses yeux m'a remplie de remords. Il s'est éloigné sur la plage déserte ; je l'ai suivi. Je ne pouvais pas le laisser ainsi. Il s'est arrêté quand j'ai posé la main sur son bras.

— Je ne veux savoir qu'une chose, a-t-il dit.

Il m'a pris la main et a regardé la bague que j'avais gardée au doigt. Le solitaire étincelait au soleil, me rappelant l'excitation que j'avais éprouvée un an plus tôt quand il l'y avait glissé.

— Est-ce que tu m'aimes encore ? a-t-il demandé.

Mon cœur s'est serré. Il avait le visage crispé.

— Oui, ai-je répondu – un son rauque.

C'était vrai. Je l'aimais, mais pas comme il l'aurait voulu.

— Alors, pourquoi, Jude ?

J'ai lu toute la peine et la colère emmagasinées dans ses yeux. Comment avais-je pu l'abandonner ainsi ?

— Je...

Je ne pouvais pas lui dire la vérité, pas avec son visage

tellement plein d'attente. Mes épaules se sont affaissées. Comme pour ma robe, les fleurs et tout le reste, j'avais laissé ma mère choisir mon futur mari.

Voilà ce que j'avais compris, mais que je ne lui avouerais jamais. Avant que j'aie eu le temps d'ajouter quoi que ce soit, John a tourné les talons et s'est éloigné le long de la plage.

En arrivant dans l'allée, j'ai compté trois voitures que j'ai toutes reconnues. L'espace d'un instant, j'ai envisagé de faire marche arrière pour ne plus jamais revenir. Ces véhicules appartenaient aux partenaires de golf de ma mère. Je ne me suis même pas étonnée de leur présence. Mère ne jouait pas le dimanche, papa, si. Elles n'étaient là que pour entendre les dernières informations sur la mariée partie précipitamment et pour soutenir ma mère, affreusement humiliée. J'ai ouvert la porte de derrière en espérant monter dans ma chambre sans me faire remarquer.

— Judith ?

J'ai fait la grimace.

— Oui.

— Une liste des gens qui ont cherché à te joindre au téléphone t'attend sur la table de la cuisine. Viens dire bonjour.

Je me suis dirigée vers la véranda, me demandant ce que j'allais dire. Je me sentais déjà bien assez mal sans que ces femmes en rajoutent une couche. Quand je me suis arrêtée sur le seuil, quatre paires d'yeux ont convergé vers moi.

— Ça va ? s'est enquise Pat, tapotant le siège à côté d'elle.

Comment étais-je censée répondre à ça ?

— J'ai connu mieux.

J'ai transféré mon poids d'une jambe sur l'autre.

— Ah ! le trac, c'est terrible.

Elle a souri et j'ai hoché la tête. C'est vrai que ma nervosité n'avait pas aidé.

— Si tu avais des doutes, tu aurais pu t'en apercevoir plus tôt, ma chérie, a poursuivi Pat, toujours souriante.

J'ai eu envie de lui hurler qu'elle ne m'apprenait rien. Mais je ne m'en tirerais pas aussi facilement. Elle ne faisait qu'exprimer à voix haute ce que tout le monde pensait.

— Et cette pauvre Jane qui s'est donné tant de mal pour que cette journée soit parfaite...

Elle a regardé mère, qui avait visiblement besoin du soutien de ses amies pour faire face au qu'en-dira-t-on.

Pat ne m'a pas laissé l'occasion de répondre :

— Et tout l'argent que ton père a dépensé...

Ma mère a souri, comme elle n'avait cessé de le faire en public depuis la veille au soir. *Tout va pour le mieux*, affirmait ce sourire, même si rien n'était plus faux. Je le connaissais bien, pour l'avoir vu souvent pendant la maladie de Rose. Mère n'avait pas voulu que les gens se rendent compte de la gravité de la situation, de la façon dont notre vie s'était disloquée.

— Excusez-moi, mais j'ai des coups de fil à passer.

Imitant le sourire maternel, j'ai baissé la tête et quitté la pièce. Je n'y échapperais pas. Pat n'avait fait que dire la vérité. Mon escapade était sur toutes les lèvres ; j'allais devoir m'y habituer. Dans la cuisine, j'ai pensé que je n'avais pas pris de petit-déjeuner avant de retrouver John. Je ne me sentais toujours pas capable d'avaler quoi que ce soit, mais une tasse de café me ferait du bien.

Mère n'avait pas perdu son temps : la liste complète des gens qui nous avaient offert un cadeau de mariage m'attendait sur la table. Chacune de ces personnes recevrait un mot de ma part expliquant la situation tout en ne disant rien. Je me suis assise à table avec ma tasse. La liste a semblé me narguer. À défaut d'arranger les choses, je pouvais au moins m'excuser.

Mon agent immobilier m'a confirmé ce que je soupçonnais. Le contrat de location de mon appartement à Boston ne comportait aucune clause de rupture avant la fin de la première année. Ça m'avait semblé une bonne chose au moment de signer. Après tout, John et moi avions prévu de déménager à Londres pour son travail, et les revenus de la location permettraient de payer l'emprunt. John avait fait pareil avec son logement. Mais maintenant, j'avais besoin d'un endroit où habiter.

Le téléphone a sonné. Il n'avait pas arrêté. Tout le monde voulait connaître le fin mot de l'histoire.

— Pas trop tôt, a dit Sophie. Pourquoi tu ne m'as pas rappelée ?

— Je...

— Mais comment tu as pu faire ça ? On t'attendait tous à l'intérieur. Une minute plus tôt, tu étais à la porte et tout allait bien, et, quand ils ont commencé à jouer la marche nuptiale, tu n'y étais plus.

J'avais oublié cette fichue marche. Maman et moi n'avions pas arrêté de nous disputer à ce sujet. Je préférais le deuxième mouvement du *Double concerto pour violon* de Bach. Toutefois, je devais bien reconnaître que Mendelssohn avait fait une bande-son idéale quand j'avais décidé de me sauver à toutes jambes.

— Sophie, je...

— Sérieusement, qu'est-ce qui t'a pris d'abandonner ce pauvre John à l'autel ? Il a eu l'air d'un idiot.

— Je...

— On s'est tous demandé ce qui t'était passé par la tête, et tu n'as rappelé personne.

Elle s'est interrompue, le temps de souffler.

— Je ne sais plus combien de SMS je t'ai envoyés, et la seule réponse que j'ai obtenue, c'est : *Je suis en vie.* Qu'est-ce que c'est que cette réponse ?

— Peut-être la seule vraiment importante ? ai-je dit, mais Sophie ne m'a pas entendue.

J'ai joué avec un stylo autour de la table. Qu'est-ce que j'allais faire ?

— Jude, tu m'écoutes ?

— Euh..., non.

J'ai immobilisé le stylo qui tournait sur lui-même.

— C'est bien ce que je pensais. J'en fais un peu trop ? Désolée pour le coup de gueule.

— Non, tu as raison.

Je me suis mise à marcher autour de l'îlot central de la cuisine.

— Je sais ce qu'il te faut : des amis et une bouteille de vin, ou peut-être un margarita ou cinq.

J'ai ri.

— Je préfère ça. Maintenant, raconte. Tu as vu John ?

— Ah oui !

Je me suis figée.

— Ça ne s'est pas bien passé ?

— Ça s'est passé... Je n'irais pas jusqu'à dire « bien ».

— J'imagine qu'il n'était pas très content.

— On peut dire ça.

J'ai froncé les sourcils.

— D'accord. Qu'est-ce que tu fais en ce moment ?

— J'épluche la liste des cadeaux à retourner qu'a dressée mère. Je me demande aussi où je vais habiter à partir de maintenant et comment je vais gagner ma vie.

J'ai poussé la feuille de papier du doigt, souhaitant la voir disparaître.

— Oui, c'est un problème, a concédé Sophie. Tu as appelé ton employeur ?

— Pas encore, ai-je soupiré. Mais, tu sais, je les ai pratiquement suppliés de m'accorder un congé sabbatique pour suivre John à Londres.

— Bon Dieu ! J'avais oublié.

J'ai respiré profondément ; j'avais du mal à croire qu'à peine deux mois plus tôt, John et moi avions écumé les rues de Londres à la recherche d'un appartement. Après quelques réunions à New York, John ouvrirait le bureau de Londres de son cabinet d'avocats la semaine prochaine. Nous avions tout planifié. Après une courte lune de miel dans le Maine, nous devions nous envoler pour l'Angleterre, où nous attendait notre nouvelle vie.

— Je doute qu'ils puissent faire grand-chose, puisqu'ils ont embauché une archiviste pour me remplacer pendant deux ans. Je ne retrouverai mon poste qu'à l'issue de mon congé sabbatique.

— C'est vrai. Mais ça finira par s'arranger.

Sacrée Sophie ! Elle voyait toujours le bon côté des choses. Son attitude positive m'avait accompagnée au pensionnat, et après à Mount Holyoke, où j'avais obtenu ma licence en histoire.

— Je l'espère.

— Quand est-ce que je te vois ? a-t-elle demandé.

— Bientôt. Quand reviens-tu au cap ?

Comme la plupart des jeunes d'une vingtaine d'années qui vivaient et travaillaient à Boston, Sophie décampait pour la maison de ses parents au cap chaque week-end afin de profiter au maximum de l'été.

— Samedi.

— À samedi, alors.

J'ai raccroché. Peut-être que je devrais rentrer à Boston. Sophie me laisserait dormir par terre une nuit ou deux dans son studio. Je me suis tournée vers la table, où la liste des cadeaux attendait toujours. Il me faudrait une semaine pour écrire à tout le monde. Armée d'un stylo et de papier, je me suis mise au travail. Je ne pourrais me concentrer sur autre chose tant que je ne me serais pas débarrassée de cette corvée.

Chère madame,
Je tenais à vous remercier pour votre gentillesse et votre générosité. Votre cadeau, une coupelle en argent, a été grandement apprécié.

Je me suis interrompue. Que pouvais-je ajouter, bon sang ? Une coupelle en argent ? John et moi avions eu une crise de fou rire quand il avait suggéré qu'il s'agissait peut-être d'un ramasse-crottes de luxe pour un animal de compagnie.

Comme vous le savez, le mariage n'a pas eu lieu, mais...

Mais quoi ? Je n'avais pas la moindre idée de la suite.

... merci d'être venue.

Non. J'ai déchiré le mot et j'ai recommencé.

Dans la maison de mes parents, les murs de ma chambre étaient toujours roses. Nous n'avions jamais changé la couleur parce que Rose l'avait choisie. Elle et moi avions partagé cette chambre. Non que ce fût nécessaire : nous n'étions pas vraiment à l'étroit, mais j'étais encline à faire des cauchemars, et Rose avait proposé de rester avec moi. Sa présence n'avait pas chassé les mauvais rêves, mais le contact de la main de ma sœur suffisait à me calmer. Quand elle était tombée malade, ça avait été mon tour de la réconforter. Je n'avais jamais pu faire plus que lui tenir la main. Complètement inutile. J'ai respiré profondément. Nous aurions dû changer la décoration depuis des années ; garder la chambre en l'état n'avait pas ramené Rose.

Les étagères étaient remplies de livres et de photos de nous deux. J'ai saisi celle prise pendant nos vacances dans les Caraïbes. Le nez de Rose était parsemé de taches de rousseur ; moi, j'étais brune comme une noix. En la remettant à sa place, j'ai effleuré le cadre, regrettant que Rose ne soit pas là pour que je puisse lui parler. Cette famille n'avait plus été la même sans elle, en particulier ma mère, qui n'avait pas seulement perdu une fille, mais une compagne. J'avais eu beau faire, je n'avais jamais réussi à la remplacer.

— Judith, te voilà. Maintenant que tu vas rester, nous pourrions peut-être refaire la décoration de ta chambre.

Ma mère se tenait dans l'embrasure de la porte. Elle était en tenue de golf : jupe et haut de couleur vive, visière à la main.

— Ça fait un peu jeune pour une trentenaire, je trouve, a-t-elle poursuivi. On se voit plus tard. Je compte sur toi pour terminer les lettres aux invités, d'accord ?

Je me suis laissée tomber sur le lit, me répétant ses mots : *Ça fait un peu jeune pour une trentenaire.* Qu'est-ce que j'allais faire ? Je ne pouvais pas habiter ici jusqu'à la fin de mon congé sabbatique ni même en attendant que mon appartement se libère. J'étais ravie que mes parents acceptent de m'accueillir, mais... Je me suis levée et me suis dirigée vers la cuisine. Quel gâchis ! Ça n'aurait pas été si terrible si j'avais été la seule affectée, mais ma famille devrait faire face au qu'en-dira-t-on, voire subvenir à nouveau à mes besoins.

J'ai frémi à cette pensée. Si seulement j'avais pu me réfugier dans le travail. J'adorais mon job, qui me permettait de combiner mon amour des livres et des jardins dans un contexte universitaire ; il me convenait à merveille. J'avais eu du mal à le quitter dans la perspective de notre déménagement à Londres. Maintenant, Londres n'était plus d'actualité. Vivre chez mes parents et devenir le sujet de toutes les conversations, voilà comment se présentait mon avenir.

Par la fenêtre, j'ai aperçu papa qui s'occupait du massif de rosiers au fond du jardin. Les roses seraient bientôt épanouies. Je devrais aller l'aider. J'ai redressé la pile d'enveloppes prêtes à recevoir ces fichus mots d'excuse. Ils pouvaient attendre ; me réconcilier avec lui m'a semblé plus urgent. Mère s'était comportée comme si rien ne s'était passé, sa réserve anglaise évidente dans chacun de ses gestes. Mais papa et moi n'avions pas parlé. J'avais cru qu'il me comprendrait peut-être, mais, jusqu'à présent, je m'étais trompée.

Prenant mon téléphone et mes gants de jardinage, j'ai traversé la pelouse, regardant l'Eel River miroiter dans la lumière du matin. Il a levé la tête avant de promptement continuer à arracher les feuilles malades. M'agenouillant deux buissons plus loin, je me suis mise à l'imiter. Cette année, la maladie des taches noires n'avait pas frappé trop fort. Je me suis rapprochée de lui. Chaque fois qu'il marquait une pause, je tentais d'entamer la conversation, mais d'autres mots n'arrêtaient pas de prendre la place de ceux que j'aurais voulu lui dire (« Désolée d'avoir tout gâché »).

Au lieu de parler, j'ai donc arraché les feuilles et récité les noms latins des différentes roses. Le jardin était très rudimentaire quand papa avait hérité la maison. Mes grands-parents, qui n'avaient pas la main verte, s'étaient contentés de quelque chose de simple. Mais mon père avait d'autres ambitions. Chaque été, alors que maman avait aménagé l'intérieur à son goût, lui avait ajouté une touche personnelle au jardin.

Après la mort de Rose, nous avions créé ce massif. Tous les deux, nous avions épluché les catalogues afin de sélectionner les variétés : la Souvenir de sainte Anne, avec sa senteur de clou de girofle, en mémoire de notre séjour dans la péninsule arabique ; la William Shakespeare de David Austin, à cause de la passion de ma sœur pour le chantre d'Avon ; la Grace, car c'était le prénom de sa meilleure amie. Ça avait été notre façon de la pleurer, ensemble. Avait-il choisi de se réfugier ici parce qu'elle lui manquait d'autant plus que je l'avais terriblement déçu ? Je me suis tournée vers lui.

— Je suis vraiment navrée, pour tout. Et aussi pour l'argent gaspillé.

Il a redressé la tête ; ses yeux brillaient de larmes.

— Tu as tout gâché, une fois de plus.

Assise sur mes talons, je serrais une tige entre mes mains. Du sang a coulé à travers le gant, où une ronce avait percé ma paume.

Mon téléphone a sonné. C'était mère.

— Judith. La nièce de Pat est coincée au centre commercial de Hyannis et nous n'avons pas fini nos dix-huit trous...

J'ai su ce qui allait suivre.

— Va la chercher. Elle t'attendra à l'entrée nord, à midi. Tu ferais bien de ne pas traîner. Oh ! et, au retour, arrête-toi pour nous acheter une salade pour ce soir.

— Va-t'en, m'a dit papa.

Puis, il a de nouveau baissé la tête et s'est remis au travail.

Trois jours après mon non-mariage, j'avais mal au poignet. Avec la moitié de mon cerveau qui n'écrivait pas des mots dénués de sens sur une page, je concoctais un plan. J'ai jeté un coup d'œil à mon aller simple pour Londres. Bien qu'acheté dans un objectif totalement différent, ce billet me fournissait une stratégie de repli. Je ne pouvais pas continuer à vivre sous le toit de mes parents ; j'avais l'impression d'être à nouveau une gamine de dix-sept ans constamment à la disposition de sa mère. J'avais décidé de suivre le conseil de papa et de partir.

Si je m'en allais, le scandale retomberait de lui-même, et je ne serais plus le sujet de toutes les conversations. Au marché, même des inconnus discutaient de la mariée fugueuse. Pour l'instant, mes options étaient limitées. Je n'avais ni travail ni appartement, mais je possédais un billet d'avion pour Londres. John y serait, pour son nouveau poste ; je pouvais retourner à Oxford. J'y avais obtenu mes diplômes de troisième cycle, et ma marraine Barbara y habitait. C'était l'amorce d'un plan. Mes quelques économies me permettraient de vivre sans faire de folies. Avec de la chance, je finirais même par trouver du travail. Le vol était prévu pour demain, sauf si je parvenais à le faire décaler. Voyager en compagnie de John serait trop dur. J'ai décroché le téléphone, espérant que la compagnie aérienne ne me poserait pas de problème. Mâchonnant le bout de mon stylo, j'ai répondu au système automatisé jusqu'à être mise en relation avec un être humain. Dehors, des nuages s'amoncelaient sur l'horizon. Un front orageux approchait. Je n'ai finalement pas eu de difficulté à changer de vol. Mon interlocutrice s'était montrée très compréhensive. J'espérais simplement que tout le monde réagirait aussi bien.

Ça ne me laissait que quelques heures pour m'organiser et informer tous les intéressés. Avec un peu de chance, mes parents seraient soulagés. Sans moi, ils pourraient reprendre le cours normal de leur vie. Maintenant, je pouvais envoyer un e-mail à Barbara. Mon plus gros problème étant ce que je dirais à John. Ce billet d'avion aurait dû marquer le début de notre nouvelle vie, pas servir à officialiser notre séparation. Ça n'allait pas être simple. Nous n'avions pas parlé depuis ce matin-là, sur la plage. Il refusait de m'adresser la parole, et je ne pouvais pas l'en blâmer. J'ai décroché le téléphone et composé le numéro de tante Agnes.

— Bonjour, tante Agnes.

— Jude. Tu ne manques pas de cran, finalement. Ça me rassure.

— Je suppose qu'on peut présenter les choses ainsi.

J'ai ri.

— Absolument. Comment ça va ?

— Bien. Je voulais juste t'informer que je pars pour Oxford, le temps que toute cette histoire se tasse un peu.

— Bonne idée. N'oublie pas de me donner de tes nouvelles.

— Je n'y manquerai pas. Porte-toi bien.

Elle a ri.

— À mon âge, être en vie, c'est déjà pas mal.

Nous nous sommes dit au revoir ; j'espérais sincèrement que sa santé ne lui jouerait pas des tours. J'ai raccroché, soudain en proie à une tristesse inexplicable.

Mère est entrée dans la cuisine.

— Te voilà. Je viens juste d'avoir Pat au téléphone. Elle a reçu ton petit mot qui accompagnait le cadeau retourné.

Elle avait les lèvres pincées et un crayon coincé derrière

l'oreille. Si elle l'avait oublié là, ça n'augurait rien de bon quant à son humeur. Je me suis levée.

— D'après elle, tu ne dis rien sur les raisons qui t'ont poussée à ne pas aller au bout de ce mariage. Tu éludes complètement la question.

— C'est exact.

J'ai très soigneusement rabattu l'écran de mon ordinateur portable.

— Je me suis montrée plus que patiente, a-t-elle poursuivi, mais je pense que les gens, tes parents en particulier, ont droit à une explication.

Elle a allumé la bouilloire, et sa voix est restée aussi calme que si elle m'avait présenté la meilleure façon de préparer une tasse de thé.

— Ça ne les regarde pas.

— Au contraire, Judith. Et ton comportement en est seul responsable.

J'ai retiré mes lunettes et les ai mises sur la table.

— Je me suis excusée, et je continuerai, mais je ne peux rien faire de plus.

— T'expliquer, voilà ce que tu peux faire. Tout le monde me pose des questions. Vous formiez un couple parfait. John est bel homme, il a réussi et vient d'une bonne famille.

Elle s'est tournée vers moi et m'a regardée.

— Tu es une idiote. Tu ne trouveras jamais personne d'autre qui voudra de toi.

— « Qui voudra de moi » ? Qu'est-ce que je suis pour toi ? Une sorte de ratée ? Je n'ai pas besoin que quelqu'un *veuille de moi*. J'ai un métier. Je suis tout à fait capable de me débrouiller.

— Vraiment ? Tu penses pouvoir assumer ton style de vie avec ton misérable salaire de bibliothécaire ?

— Je suis une archiviste, employée par l'Université de Harvard.

— Alors, pourquoi n'enseignes-tu pas, au lieu d'être fourrée en permanence dans je ne sais quel jardin botanique ?

J'ai grincé des dents. Elle avait raison d'être en colère à cause du mariage, mais cela ne lui donnait pas le droit de mépriser mon travail.

— J'enseigne aussi ; mais ma priorité est d'entretenir l'importante collection de l'arboretum.

— Tu parles de ces foutus jardins comme si tu sauvais le monde au quotidien !

Mère a versé de l'eau dans la théière. À son attitude, on aurait pu croire que nous discutions de la pluie et du beau temps, pas que nous étions en train de nous disputer.

— Rose n'aurait jamais...

— Non, Rose était parfaite, l'ai-je interrompue, les poings serrés.

Elle a reposé la bouilloire sur la cuisinière avec un bruit sourd.

— Tu t'es comportée comme une enfant gâtée et une ingrate.

— Si c'est vraiment ce que tu ressens, je n'y peux rien. Je me suis excusée à propos du mariage, et je suis désolée d'être une telle déception pour toi, à tous points de vue.

— Ne sois pas ridicule.

— Je ne le suis pas. C'est ce que tu viens de dire.

Mère s'est retournée vivement.

— Ça suffit. Je ne veux plus entendre ces bêtises.

— Désolée, mais parfois les choses doivent être dites. Tu me demandes de vider mon sac sur les raisons qui m'ont poussée à ne pas épouser John ; alors, qu'est-ce que ça a de différent ? Rose était parfaite. Moi, pas. Vas-y, dis-le.

J'ai senti mon visage s'empourprer.

Maman a flanqué la tasse de thé sur la table ; elle a volé en éclats.

— Judith, ça suffit. Je ne veux pas entendre un mot de plus.

— Je pars. Comme ça, tu n'auras plus à t'en faire pour ça.

— Bon débarras, a-t-elle marmonné.

Alors que je sortais de la cuisine, regrettant que nos relations ne soient pas meilleures, j'ai aperçu mon père près de la porte de derrière, un bouquet de roses à la main.

Il avait tout entendu. Ce n'était pas ainsi que j'avais prévu de leur annoncer mon départ, mais c'était fait. Et, à en juger par l'expression du visage de papa, je ne serais peut-être plus jamais la bienvenue.

— Quoi ? Tu t'en vas ? Tu as perdu la tête ?

Sophie m'a examinée par-dessus le bord de sa tasse.

— Ça me semble évident. J'ai refusé d'épouser l'homme le plus merveilleux du monde et je suis prête à laisser tout ça derrière moi.

J'ai jeté un coup d'œil autour de moi dans le café, évitant les regards des gens qui m'observaient. Quelqu'un me pointait même du doigt.

— Qu'est-ce que tu comptes faire ?

— Habiter chez Barbara jusqu'à ce que je trouve du travail.

— En Angleterre ?

— J'ai la double nationalité.

— Comment ai-je pu oublier qu'on a passé nos jeunes années à jongler avec nos passeports ?

Nous avons toutes les deux souri aux souvenirs de ces vols vers des destinations lointaines, où nous rejoignions nos parents. Les siens avaient été basés à Hong Kong, tandis que les miens bougeaient beaucoup.

— De toute façon, j'allais te perdre, a-t-elle poursuivi. Tu devais aller à Londres avec John ; ce n'est donc pas si différent. Il est au courant ?

J'ai tâtonné dans mon sac à la recherche de l'enveloppe qui contenait ma bague de fiançailles. Je devais la lui rendre.

— Non, pas encore.

— Il va peut-être mal le prendre, mais rien n'est sûr. Il t'aime toujours, tu sais.

J'ai hoché la tête. Ma main gauche semblait nue sans la bague ; elle n'avait laissé qu'une légère empreinte sur mon doigt.

— Je passe chez ses parents tout à l'heure, pour voir s'il y est.

— Il est resté chez eux toute la semaine.

Elle a posé sa main sur la mienne.

— Je ne t'envie pas.

J'ai ri.

— Je me suis fourrée toute seule dans ce pétrin ; à moi de m'en sortir.

— D'accord. Mais si je peux t'aider, n'hésite pas.

— Merci, ai-je dit en soupirant.

— Il faut que j'y aille. Accroche-toi à Tim. Vous faites un couple formidable.

Je me suis levée et je l'ai embrassée sur la joue.

— Je te donnerai de mes nouvelles.

— Merci.

Elle a souri.

— Pourquoi ai-je l'impression qu'après toutes ces années tu t'es enfin décidée à te rebeller ? C'est un peu tard, non ?

— Bonne question. Et je n'ai pas la réponse.

Je me suis dirigée vers la porte.

— Un tatouage aurait quand même été plus simple ! m'a lancé Sophie qui, se précipitant vers moi, m'a serrée dans ses bras.

— C'est vrai.

J'ai baissé les yeux vers elle.

— Tu vas me manquer, ma petite.

— Y a intérêt. Sois sage.

Elle s'est reprise.

— Et puis, non, lâche-toi, pour une fois !

— Ça se pourrait bien.

Je lui ai fait au revoir de la main et j'ai regagné ma voiture.

Des parterres d'impatientes rouges bordaient l'entrée de la maison des parents de John. J'ai tripoté mon mobile dans ma poche. Il n'avait répondu à aucun de mes appels ou de mes SMS. J'avais besoin de le voir, lui, mais pas ses parents. Plus tôt dans la semaine, j'étais tombée sur leur répondeur. Alors, je leur avais écrit pour m'excuser. La mère de John me faisait un peu peur. Contrairement à la mienne, menue et refoulée, la sienne était grosse et expansive. Elle était bien intentionnée, mais j'avais fait de la peine à son fils et elle avait parfaitement le droit de me haïr. La moustiquaire m'a donné un aperçu de l'intérieur de la maison. Les clés de voiture de John traînaient sur la table dans l'entrée. J'ai frappé à la porte, et bientôt des pas ont couvert les battements de mon propre cœur. Comprenant immédiatement que ce n'était pas John, mais sa mère, j'ai soudain eu la gorge sèche.

— Jude.

Elle se tenait de l'autre côté de la moustiquaire. Pas de sourire accueillant, mais le contraire m'aurait étonné.

— Mary. Je suis venue voir John, mais d'abord, j'aimerais vous dire...

— Inutile. J'ai reçu votre lettre. Vous lui avez brisé le cœur.

J'ai hoché la tête.

— Je peux le voir ?

— Pourquoi ? Pour lui faire encore plus de mal ?

— Maman, a dit John en posant la main sur l'épaule de sa mère, avant de pousser la porte. Allons faire un tour.

— D'accord.

Il est rapidement parti vers la plage. Bientôt, nous nous sommes retrouvés sur une longue bande de sable. Heureusement, l'endroit était désert. Je préférais ne pas avoir de témoins. Il ne s'est arrêté de marcher qu'une fois arrivé au bord. J'ai retroussé mon jean pour barboter dans les bas-fonds. Chaque petite vague agitait le sable et troublait l'eau autour de mes pieds.

J'ai respiré profondément.

— John, je pars ce soir.

— Quoi ?

Il s'est tourné vers moi.

— Écoute, je pense que ça vaut mieux, le temps que les choses se tassent.

Je me suis détournée pour contempler les grandes maisons qui, sur la berge de la Centerville River, bordaient la côte.

— Où vas-tu ?

— Chez Barbara.

— En Angleterre ?

J'ai vu l'espoir dans ses yeux.

— Mais pas à Londres, ai-je précisé.

— Jude, ces derniers jours, j'ai essayé de te détester.

J'ai grimacé.

— Et j'ai presque réussi, a-t-il poursuivi, prenant mon

menton entre ses doigts pour me forcer à croiser son regard. Mon problème, c'est que je t'aime encore. Ça fait des années que ça dure, et il m'a fallu une éternité pour te convaincre que tu m'aimais aussi.

— Ne fais pas ça.

Je me suis mordu la langue.

— Je veux dire…

— Ces deux dernières années avec toi ont été ce dont j'ai toujours rêvé. Tu es la seule à comprendre mon humour.

Il a eu un rire amer et a lâché mon menton.

— Toi et tes foutus bouquins, vous avez éclairé ma vie, a-t-il ajouté, la voix pleine de désir.

— Oublie-moi.

Je lui ai tendu l'enveloppe qui contenait la bague de fiançailles. Comment pouvait-il éprouver ce genre de sentiments à mon égard après ce que je lui avais fait subir ?

— Je ne peux pas, je ne veux pas.

Il a repris la bague avec une grimace. Mes doigts ont remué, comme pour effacer les rides sur son front, mais je les ai gardés le long du corps. Il ne comprenait pas ; d'ailleurs, je n'étais pas certaine de comprendre moi-même. En le touchant, je n'aurais fait que compliquer la situation. Il a tendu les bras vers moi. J'ai reculé.

— Non, ne rends pas les choses plus difficiles qu'elles ne le sont déjà.

— Jude, c'est tellement injuste.

— Oui, c'est vrai. J'ai mal agi avec tout le monde dans cette histoire, mais surtout avec toi.

J'ai cligné des yeux pour chasser mes larmes.

— Oublie-moi. Trouve la femme qui saura t'apprécier.

Puis, j'ai tourné les talons et suis partie en courant, l'abandonnant sur la plage.

TROIS

Oxford

Des grains de poussière envolés des étagères qui couvraient les murs du salon ont lui dans les rayons du soleil de la fin d'après-midi, telles des fées. Des fées ? Ces créatures qui appartenaient à mes rêves d'enfant n'avaient plus leur place dans ma vie. Avant de sortir, j'ai hésité, passant en revue les titres des livres. Être à Oxford réveillait tant de souvenirs. Les bons, bien sûr, mais certains, moins agréables, pouvaient s'inviter également si je n'y prenais garde. Plus rien n'était comme autrefois ; seule ma marraine était toujours là, immuable.

Abritée sous un chapeau de soleil aux couleurs criardes, Barbara était étendue sur une chaise longue au milieu de ce qui ne méritait pas qu'on l'appelle un jardin. Depuis mon précédent séjour, il y a bien longtemps, pendant mes années de fac, la végétation avait encore gagné du terrain. J'avais constaté avec surprise que ma clé ouvrait toujours la porte d'entrée, mais rien ne semblait jamais changer, ici. Les étudiants se succédaient ; de nouveaux livres étaient écrits, et pourtant, cette femme restait fidèle à elle-même.

Redressant les épaules, j'ai franchi le seuil. Barbara a tendu la main vers la cruche à côté d'elle et a versé à nouveau ce que je soupçonnais être un grand gin-tonic.

— C'est toi, Jude ?

Elle a regardé par-dessous les bords flottants de son chapeau.

— Bon Dieu, tu m'as l'air d'en avoir plus besoin que moi. Je te sers ?

D'un geste de la main, elle m'a invitée à prendre place sur une chaise longue, d'où j'ai pu contempler le chèvrefeuille qui avait envahi le mur du jardin. Pendant que j'avais vécu ici, j'avais consacré une bonne partie de mon temps libre à domestiquer cette forêt vierge, mais il ne subsistait aucune trace de mes efforts.

— Je me suis demandé quand tu ferais ton apparition, a dit Barbara, revenant avec un verre qu'elle a rempli.

J'ai reniflé la boisson qu'elle m'a tendue, appréciant l'odeur du genévrier.

— En tout cas, bravo, a-t-elle poursuivi. Tu n'aurais pas pu mieux choisir ton moment si tu avais voulu produire un effet maximum.

— Ça ne s'est pas passé comme ça.

Elle a haussé un sourcil.

— Ça aurait tout de même été plus commode si tu t'étais décidée quelques mois, ou même quelques jours plus tôt. Enfin, heureusement que tu t'es rendu compte de ton erreur *avant* le mariage. Une fois que tu auras arrêté de savourer l'arôme de ton breuvage et que tu en auras avalé un peu, tu pourras m'expliquer ce qu'est devenue la Judith tellement docile que je connaissais ? Pourquoi cette rébellion de dernière minute ?

L'alcool a coulé dans ma gorge et j'ai toussé. Sophie aussi avait parlé de rébellion.

— Par où commencer ? ai-je demandé.

— Est-ce que tu l'aimes ? Est-ce que tu l'aimais ? C'était tout de même un sacré bon parti, soit dit en passant.

J'ai tressailli. Même le ton léger de Barbara ne masquait

pas complètement la réprimande. Jamais du genre à éviter les questions délicates, elle n'hésitait pas à s'aventurer là ou peu auraient osé la suivre. Comment elle et mère avaient pu rester amies toutes ces années demeurait un mystère pour moi. Peut-être les années d'études en commun avaient-elles tissé un lien indestructible. Ça me dépassait. La vie de ma mère n'était qu'apparences, alors que Barbara vivait dans la discrétion et le dédain des mondanités.

— Un bon parti ?

Je n'avais pas envie de parler de John et du mal que je lui avais fait. Mais je savais que Barbara n'accepterait pas de changer de sujet aussi facilement.

— Et comment ! Ta mère a crié et s'est évanouie. La sienne est devenue toute blanche. Personne ne t'a raconté ?

J'ai nettoyé mes lunettes.

— Non.

— C'était plutôt amusant, pour être franche, mais Jane ne s'en remettra peut-être jamais. Quant à la mère de John...

Barbara n'a pas terminé sa phrase.

— Non, tu as raison.

— Alors, on reprend depuis le début ?

Alors que des oiseaux blancs gazouillaient dans la chaleur de l'après-midi, elle a attendu ma réponse.

— Oui.

J'ai cédé, sachant qu'elle ne me lâcherait pas tant qu'elle n'aurait pas dit ce qu'elle avait à dire.

— Pourquoi as-tu accepté de l'épouser ? Est-ce que tu l'aimes ?

Elle m'a fixé du regard.

— Je... Je suppose que oui. Je le connais depuis une éternité. Il est drôle et beau.

— Ça ne répond à aucune de mes questions.

— Non ?

Je me suis mordu la lèvre.

— C'est mon ami. Je l'aime. Depuis toujours. Il est solide, et je...

Après une pause, je me suis hâtée de conclure :

— Tout le monde s'attendait à ce mariage ; ça m'a semblé la chose à faire.

— Vraiment ? C'est comme ça que ça marche ? Tu te maries parce que c'est ce qu'on attend de toi ?

Barbara a posé son verre avec un bruit sourd.

— Je n'y ai pas pensé de cette façon.

Elle s'est étirée sur sa chaise longue.

— Pas étonnant que tu te sois enfuie. Quand tu décides de marcher vers l'autel, tu devrais toujours le faire par amour, pas parce que c'est commode. Pas à notre époque.

Barbara a rajusté son chapeau.

— En tout cas, tu as bien fait. Tu vous as évité, à John et toi, un divorce d'ici quelques années.

— Oui, je sais.

J'ai fini mon verre.

— Mais ça ne m'a certainement pas rendu la vie plus facile.

Barbara a grogné.

— Qui t'a dit que la vie serait facile ? Elle ne l'est jamais, même si je dois bien reconnaître que tu sembles très douée pour la compliquer.

— C'est vrai.

Mais, au moment où j'aurais eu besoin de son soutien, mon seul espoir avait déjà repris le premier vol pour l'Angleterre.

— Pourquoi tu es repartie aussi rapidement ?

Barbara s'est tournée vers moi et m'a regardée droit dans les yeux.

— Je n'allais pas m'interposer entre toi et Jane. Je vous aime, toutes les deux. À ce stade, rien de ce que j'aurais pu dire ou faire n'aurait arrangé quoi que ce soit ; alors, j'ai fait mes valises pour éviter une situation embarrassante.

Mes lèvres se sont contractées. C'était Barbara tout craché : elle avait le don de voir les choses sous un jour différent. C'était la raison de ma présence ici.

— À quoi tu penses, petite futée ?

— Futée, moi ? Tu plaisantes ? Je viens de faire une bourde monstrueuse...

— Tu as été assez futée pour laisser tomber avant de causer des dégâts permanents. Tu es belle et intelligente, mais tu as besoin de t'en convaincre toi-même. Est-ce que tu as fait amende honorable auprès de John ?

J'ai regardé au fond de mon verre vide.

— Oui, ça va te faire du bien.

Barbara l'a rempli.

— Alors, ça a été si terrible ?

J'ai fermé les yeux.

— Même pas.

Je continuais à le voir, debout sur cette plage, seul.

— Ohé ? Jude ?

Elle m'a tapoté le bras.

— Le décalage horaire t'a fait perdre ta langue ou est-ce que tu es sur une autre planète ?

Ouvrant les yeux, j'ai avalé une gorgée de mon gin-tonic.

— J'étais à des années-lumière.

— Tu me parlais de John.

Je me suis détournée.

— Oui, bon, John va bien.

— Foutaises, Jude. Tu lui as brisé le cœur.

— Merci, j'avais vraiment besoin d'entendre ça.

— Tu n'es pas venue ici pour que je te mente.

— Non, mais ça me changerait agréablement.

Barbara a renversé la tête et a ri.

— On ne change pas une vieille bique comme moi.

— Tu es merveilleuse.

— Merci, ça me touche beaucoup, mais on n'est pas là pour parler de moi.

J'ai soupiré.

— Je ne sais pas ce que je vais faire.

— Ne plus y penser et passer à autre chose.

— Plus facile à dire qu'à faire.

— C'est vrai, mais tu as fait le premier pas en venant ici. C'est ici que la nouvelle Judith Warren commence sa vie et laisse le passé derrière elle.

J'ai ri. Tout semblait si simple dans sa bouche.

Décalage horaire et gin-tonic ne font pas bon ménage. Il était déjà midi quand je suis descendue. Jetant un coup d'œil dans le bureau de Barbara, où s'entassaient livres et papiers, je me suis demandé si le cours de ma vie était désormais déterminé. Étais-je condamnée à une existence solitaire, comme l'avait laissé entendre mère ? Ça ne semblait pas trop mal réussir à Barbara. En tout cas, j'avais le sentiment qu'il valait mieux limiter mes relations avec les hommes dans un proche avenir.

Alors que je continuais à avancer, j'ai vu des livres partout. Soigneusement empilés sur des tables ou flanqués sur des fauteuils. Cette femme ne vivait que pour eux. Même la cuisine n'avait pas été épargnée. Barbara ne cuisinait pas souvent, mais ça ne l'empêchait pas d'adorer les bouquins de cuisine.

Une fois la bouilloire allumée, j'ai sorti mon mobile. Après la façon dont nous nous étions séparés, je n'avais pas envie d'appeler mes parents, mais je m'y sentais obligée. J'ai consulté ma montre, alors que le nombre de sonneries augmentait avant de basculer sur le répondeur. Ma gorge s'est serrée quand j'ai entendu la voix de papa qui m'invitait à laisser un message.

— Allo ? Vous êtes à la maison ? C'est moi. Je voulais juste vous dire... Je suis chez Barbara et..., euh..., je suis vraiment navrée, pour tout.

C'était nul. Dieu sait ce qu'ils penseraient en écoutant mon message.

Mon estomac a grondé et j'ai regardé dans le frigo. Cette saleté de gin n'arrangeait vraiment pas les choses. La bouilloire s'est arrêtée avec un petit bruit sec ; sortant la tête du frigo, je me suis cognée contre la porte au passage.

— Merde.

Je me suis frotté la tête.

— Bon après-midi à toi aussi.

Barbara a laissé tomber quelques livres sur la table.

— Aïe !

— On a un peu mal aux cheveux ?

Elle a gloussé.

— Oui.

— Petite nature.

— Je manque d'entraînement.

— Maintenant que tu es de retour en Angleterre, on va remédier à ça.

Elle a marqué une pause.

— Sortons déjeuner. Tu pourras reprendre un petit verre pour faire passer ta gueule de bois.

J'ai fait la grimace.

— Non, merci. Mais je veux bien manger quelque chose.

Je l'ai suivie hors de la maison, heureuse qu'elle ne me demande pas de faire la conversation. Je ne me sentais pas capable de mener plusieurs tâches de front, aujourd'hui. En fait, le simple fait de marcher exigeait de moi un tel effort que j'ai été soulagée de voir apparaître le restaurant. Après qu'on nous a rapidement installées à notre table et servi à boire, Barbara a levé son verre.

— À Jude Warren et à sa nouvelle vie.

Nous avons trinqué, mais je ne partageais pas son optimisme. J'ai vidé mon verre d'eau. Je n'aurais pas pu affronter le vin qu'elle semblait apprécier.

— Quels sont tes projets ? a-t-elle demandé.

Je me suis frotté les tempes.

— Je n'y ai pas encore réfléchi.

— C'est bien ce que je me disais.

Levant la tête, j'ai vu qu'elle étudiait le menu.

— J'ai toujours pensé que les spaghettis bolognaise avaient des vertus curatives, particulièrement en cas de gueule de bois.

— Vraiment ? Et c'est aussi bénéfique pour le cerveau ?

Elle a souri.

— Absolument. D'ailleurs, j'ai réfléchi.

— Ça m'inquiète.

— Et tu as raison.

Le serveur est venu, et j'ai laissé Barbara commander pour moi.

— Pour commencer ta nouvelle vie, je t'ai peut-être trouvé un boulot de rêve.

— Du travail ?

J'ai écarquillé les yeux, ce qui m'a causé des élancements dans la tête.

— Oui. Tu avais l'intention de te tourner les pouces ?

— Non, même si l'idée m'a effleurée.

— Je m'en doute. À propos de ce boulot…

— Tu veux que je fasse des recherches pour toi ?

J'ai calé ma tête sur mes mains.

— Non. Ailleurs, et pas pour moi.

— D'accord. Où ça ?

La peur m'a rongé l'estomac. Devoir tout recommencer, et seule...

— En Cornouailles.

J'ai senti une certaine excitation monter en moi.

— Petroc Trevillion est un vieil ami.

Barbara a bu une petite gorgée de son sauvignon blanc.

Ce nom m'était familier.

— *Jardins anglais* et...

Je l'ai regardée par-dessus mon verre alors que ça me revenait.

C'est l'auteur de *Jardins médiévaux* ?

— Lui-même.

— J'adore ses livres ! Je les trouve brillants.

— Parfait. Ça facilite les choses, car tu commences lundi.

Barbara a fait signe au serveur.

— C'est dans deux jours ! Et je commence quoi, d'abord ?

— Ton nouveau travail. Après des années de pression de ma part et de quelques autres personnes, Petroc a enfin reconnu qu'il avait besoin d'aide pour mettre de l'ordre dans ses papiers, et probablement dans sa vie, à moins qu'il n'ait beaucoup changé depuis qu'il était étudiant.

— Ses papiers ?

J'ai plissé les yeux.

— C'est exactement ce qu'il te faut : une tâche absorbante, loin du monde, pour quelqu'un qui adore les jardins. La Cornouailles est une région magnifique.

J'ai souri. Les choses commençaient à s'améliorer.

QUATRE

Pengarrock House, Manaccan, Cornouailles

Deux piliers en granit se dressaient telles des sentinelles de part et d'autre de l'entrée de Pengarrock. Je me suis arrêtée pour saluer de la main le fermier qui m'avait guidée dans le dédale de petites routes tortueuses, même s'il avait pris son temps. Puis, ma voiture a pénétré dans un autre monde ; c'est du moins l'impression que j'ai eue en passant devant une maison de gardien aux fenêtres gothiques.

Au loin, des *Pinus radiata*, ou pins de Monterey, remplissaient la ligne d'horizon. Héritage des voyages de l'époque victorienne, ils se détachaient dans le paysage, dominant les chênes indigènes ; je me suis demandé si les chasseurs de plantes avaient imaginé à quoi ressembleraient leurs souvenirs une fois adultes et in situ. Je les aimais, certes, seulement, ils n'étaient pas originaires de la région. J'ai suivi l'allée qui descendait en pente majestueuse, bordée çà et là de rhododendrons et d'hortensias – encore des variétés importées. Présentes depuis une centaine d'années, elles avaient gagné leur place, au même titre que les pins.

Laissant l'écurie derrière moi, j'ai continué vers la maison. J'avais fait des recherches, bien sûr, mais rien n'aurait pu me préparer à Pengarrock dans sa situation : une grande demeure, solide, qui dominait fièrement le fleuve côtier. Sa silhouette, tributaire de différentes périodes, me rappelait un échantillon de broderie. Quelqu'un avait même ajouté des créneaux à une aile. Prétention ou protection ?

Des larmes m'ont piqué les yeux. Probablement une réaction de frustration à l'idée d'être si totalement perdue. Je devais me reprendre, si je souhaitais faire une bonne première impression. Pendant mes années d'études, les livres de Petroc avaient constitué pour moi des sommets auxquels j'avais aspiré. Grâce sa façon d'aller au cœur des choses avec un sens admirable de la concision, à sa documentation méticuleuse, il était devenu un de mes héros. J'avais tenté de le prendre pour modèle, mais l'écriture n'avait jamais été mon fort. Au lieu d'être une piètre historienne, j'avais donc choisi une carrière qui me permettrait d'exploiter mes compétences en matière de recherche et d'organisation.

J'ai respiré profondément, afin de calmer les pensées qui se bousculaient dans mon esprit, alors que je me garais à côté d'un 4 x 4 cabossé. Mes années de doute ne devaient pas reprendre le dessus. Je n'étais peut-être pas une fille modèle, ni même une universitaire de premier plan, mais je n'avais aucune raison de me montrer nerveuse à propos d'un travail qui me convenait à merveille. Avec moi, les papiers de Petroc Trevillion seraient en de bonnes mains, bien que j'aie eu du mal à croire Barbara quand elle le décrivait comme quelqu'un de terriblement désorganisé. Un homme qui manquait de rigueur n'aurait pas pu écrire ces livres. Je devais simplement rester calme quand je le rencontrerais. Au téléphone, notre conversation m'avait mise mal à l'aise. Mon admiration pour son œuvre m'avait presque rendue muette. Dans mon esprit, j'avais dressé le portrait d'un universitaire austère et asocial, ce qui avait énormément amusé Barbara. Son refus de m'en dire plus m'avait irritée, mais n'avait rien d'étonnant de sa part. Dès je suis descendue de mon véhicule, j'ai eu le souffle coupé. La lumière vespérale embrasait le cap en face de moi et rendait le bleu riche du fleuve presque chatoyant. Éblouie, je me suis retenue à la voiture. Un homme élancé avançait à grands pas dans ma direction.

— Judith Warren ?

Il avait d'épais cheveux gris et mesurait facilement plus d'un mètre quatre-vingts. Maintenant, je comprenais mieux pourquoi Barbara avait ri. Elle aurait pu me prévenir, mais elle pensait probablement que rien ne valait l'expérience de la réalité. Petroc Trevillion aurait pu être une vedette de cinéma. Quand j'avais cherché des informations le concernant sur le web, je n'avais pas trouvé de photos. J'en avais déduit qu'il était peut-être une sorte d'ermite.

— Oui, ai-je dit en essuyant mes paumes moites sur mon jean.

— Petroc Trevillion. Nous étions un peu inquiets. Nous vous attendions beaucoup plus tôt.

Je lui ai serré la main.

— Je me suis perdue.

— Ça arrive fréquemment.

Il a souri.

— Vous devez être fatiguée.

— Oui, la route a été longue.

Je me suis penchée à l'arrière de ma voiture, mes épaules douloureuses protestant après les tensions du trajet.

— Laissez-moi vous aider.

— Merci.

Je lui ai donné un de mes sacs.

— La vue est splendide.

J'ai à nouveau admiré le paysage.

— Ça me donne envie de la peindre ou de la photographier. Vous devez regarder par la fenêtre sans arrêt ? Je ne suis pas sûre que j'arriverais à me concentrer avec ce...

J'ai fait un signe de la main en direction du cours d'eau. Je bafouillais comme une gamine.

— C'est magique. Je ne vous cache pas qu'il est facile de se laisser distraire. Heureusement, l'Helford est précisément le sujet sur lequel je travaille en ce moment.

Il a ri.

— Bienvenue dans mon petit coin de paradis, a-t-il ajouté, partant à grandes enjambées vers la vaste demeure.

Une femme corpulente nous attendait sur le pas de la porte.

— Bonjour, vous devez être mademoiselle Warren. Helen Williams, je suis la gouvernante.

— Bonjour, madame Williams.

J'ai grimacé quand elle m'a serré la main, mais son sourire ne m'a laissé aucun doute sur la chaleur de son accueil. À nouveau, j'ai levé les yeux vers la façade, où des glycines toujours en fleurs grimpaient jusqu'aux fenêtres du premier étage.

— Appelez-moi Helen, a-t-elle répondu, suivant mon regard. C'est la fin. Elles sentent merveilleusement bon.

— C'est divin, mais est-ce que ça n'est pas un peu tard ?

J'ai observé les vrilles qui montaient sur la surface en granit. Le soleil se reflétait dans les fenêtres et éclairait l'intérieur de celles restées ouvertes, permettant d'entrevoir ici un tableau, là une tapisserie.

— Nous avons eu un printemps froid et humide, mais, avec le temps chaud de ces dernières semaines, tout va s'accélérer.

Petroc a posé mon sac. Helen m'a soulagée de celui que je tenais encore.

— Alors, comme ça, vous êtes américaine. Bienvenue à Pengarrock.

— Ça se voit tant que ça ?

J'ai incliné la tête. À la maison, tout le monde me disait que j'avais plutôt un accent mi-britannique, mi-américain, à cause de l'influence de ma mère.

— Pengarrock est vraiment magnifique, ai-je ajouté.

Le visage d'Helen s'est épanoui en un large sourire.

— C'est vrai. Vous devez être fatiguée après votre voyage.

— Je vous renouvelle mes excuses pour le retard. Je crains de m'être complètement perdue. Sans un fermier serviable, je serais encore sur la route. C'est à croire qu'on avait confié la mise en place des poteaux indicateurs à un ivrogne ou à un mauvais plaisant qui a voulu se payer la tête des automobilistes. Je ne sais toujours pas où j'ai pu me tromper.

— Vous n'avez pas tourné au bon endroit. Il fallait prendre en direction de Manaccan et Helford. Vous n'êtes pas la première, a expliqué Helen.

— Ça me rassure.

Elle a ri, et j'ai commencé à me détendre. Deux chiens ont traversé la pelouse en courant vers nous.

— Je vous présente Gin et Rhum.

Le visage de Petroc s'est éclairé alors qu'il les regardait.

Ils ont tourné autour de moi en me flairant ; je me suis baissée pour les caresser.

— Qui est qui ?

— Gin est le labrador, Rhum, l'épagneul.

— Allons vous installer pour que vous puissiez vous reposer, est intervenue Helen.

Elle est entrée dans la maison, et je lui ai emboîté le pas.

— Je vous ai mise dans la chambre verte.

— Vous n'aviez pas parlé de la bleue, ce matin ? s'est étonné Petroc.

— Non, la verte.

Il a haussé les épaules, puis a commencé à monter un escalier impressionnant. Je me suis précipitée derrière lui, ne sachant pas où regarder : par la grande fenêtre sur le palier qui encadrait la vue sur le fleuve, ou les portraits qui tapissaient les murs.

— Ne soyez pas aussi pressé ! s'est indignée Helen. Vous voulez donc épuiser cette pauvre fille ?

Petroc s'est arrêté, et je me suis cognée contre lui.

— Désolé.

Il a tendu la main pour me remettre d'aplomb.

— Non, c'est ma faute. J'aurais dû faire attention.

Reprenant mon souffle, j'ai tenté de sourire. Il n'était certes pas l'universitaire poussiéreux que je m'étais imaginé. Lui était en forme – pas comme moi, qui étais hors d'haleine.

— La chambre verte est par là.

Il m'a guidée vers la droite. Un côté du large couloir était percé de fenêtres par où le soleil entrait à flots. J'ai essayé d'enregistrer tous les détails. Des aquarelles marines étaient accrochées au mur entre les fenêtres. J'étais impatiente de pouvoir les examiner de plus près.

Petroc a ouvert une porte et s'est écarté.

— Après vous.

— Merci.

Il m'a suivie et a posé mon sac sur un tabouret au pied d'un grand lit à baldaquin. Les meubles d'époque n'étaient pas mon fort, mais, à vue de nez, le lit m'a semblé être de style néogothique.

— Prenez le temps de vous installer. À tout à l'heure.

Il a laissé la porte entrouverte en partant. J'ai tourné sur moi-même, les yeux grands ouverts, me rappelant que, malgré le cadre somptueux, je n'étais pas là en vacances, mais pour travailler. La chambre verte était située sur le côté nord de la maison. Les fenêtres m'offraient à la fois une vue sur la baie de Falmouth et sur le fleuve. Je me suis retournée, enregistrant les détails de cette pièce splendide, mais je n'ai pu résister longtemps au charme de la vue ; j'ai eu l'impression qu'on me jetait un sort. J'en avais conscience, mais j'étais totalement désarmée.

Avec un pincement au cœur, j'ai pensé que ce paysage, pourtant étranger, m'évoquait la maison, d'une certaine manière. J'avais le mal du pays, je ne le niais pas, mais je me sentais désormais davantage chez moi ici. Je n'étais pas sûre de comprendre comment la perception d'un lieu pouvait se modifier aussi vite. En laissant derrière moi le cap Cod et l'East Bay, je m'en étais distancée. Le ciel gris n'avait pas aidé. La pluie avait commencé à tomber pendant mon trajet vers Boston, alors que je n'arrêtais pas de penser à la façon dont ma vie venait soudain de changer, et pas comme je l'avais prévu.

— La vue est magnifique, a dit Helen derrière moi.

J'ai sursauté.

— Superbe.

Elle s'est approchée.

— Je suis sûre que vous aurez envie de prendre une douche ou un bain après ce long voyage.

Elle a indiqué une porte à gauche du lit d'un signe de la main.

— Par cette belle soirée, j'ai pensé que vous et Petroc pourriez manger dehors, sur la terrasse. C'est quelqu'un de routinier ; il prend l'apéritif à dix-neuf heures trente et dîne à vingt heures.

Je venais à peine de faire la connaissance de l'historien, mais j'ai senti que ce qu'affirmait Helen à son propos était vrai. Même si je savais qu'il avait soixante ans, il semblait plus vieux. Pas tant par son apparence que par son maniérisme. La seule chose qui démentait son âge était la lueur dans ses yeux. On y devinait de l'humour et, disons-le, de l'espièglerie.

— Merci pour tout, et surtout pour m'avoir installée dans cette chambre incroyable.

J'ai à nouveau regardé autour de moi. Le papier peint était orné de plantes grimpantes, et le lit placé contre le mur du fond permettait de profiter pleinement du panorama.

— J'ai pensé que ça vous plairait. Appelez-moi, si vous avez besoin de quoi que ce soit.

Après le départ d'Helen, je me suis laissée tomber sur les couvertures. Si je fermais les yeux quelques minutes, peut-être que je me sentirais un peu plus d'attaque ce soir.

Les vagues d'une mer démontée s'écrasaient sur les rochers quand j'ai été tirée de mon rêve par une caresse sur ma joue. Des éclairs zébraient le ciel, éclairant la scène par à-coups. Je me suis redressée dans mon lit ; j'avais la chair de poule. Une brise fraîche s'est invitée par la fenêtre ouverte. Je me suis frotté les bras. J'ai touché ma peau à l'endroit où je sentais encore le léger contact. Probablement un insecte ; fouillant la chambre du regard à la recherche du coupable, j'ai fini par repérer une tipule au plafond, à proximité de la fenêtre la plus proche. Dans mon enfance, on avait coutume de dire qu'elles étaient un signe annonciateur de chance. Un coup de pouce du destin ne serait pas de refus.

Sur cette pensée, je me suis levée et j'ai consulté ma montre. Je n'avais plus le temps de prendre une douche ou un bain. Si Petroc était routinier, j'avais intérêt à me dépêcher. Je me suis précipitée au rez-de-chaussée, me demandant comment rejoindre la terrasse. Au milieu du vestibule, j'ai tourné sur moi-même. Des portes donnaient dans différentes directions, et, d'un côté, le couloir faisait un coude à gauche de l'entrée.

— Ah ! vous voilà, Judith, a dit Petroc en sortant d'une des nombreuses pièces. Barbara a appelé il y a une heure pour savoir si vous étiez bien arrivée. Je l'ai rassurée, mais, pour être franc, vous n'avez pas très bonne mine.

— J'ai fait l'erreur de m'endormir, ai-je expliqué, étouffant un bâillement.

— Un verre devrait vous redonner quelques couleurs. Je crois qu'Helen nous a préparé un plateau dehors. Vous me suivez ?

Essayant de me faire une meilleure idée des lieux, j'ai traîné derrière lui. Une carte ou un plan m'aurait été d'une aide précieuse. Petroc est entré dans ce qui devait être le salon. Des portes-fenêtres occupaient les deux murs extérieurs, offrant à la pièce une vue magnifique sur les pelouses d'un côté, et un aperçu du fleuve de l'autre. Quand la maison avait été agrandie ou modifiée à l'époque georgienne, cette pièce avait probablement joui d'une vue dégagée sur la baie de Falmouth ; aujourd'hui, elle était partiellement bouchée par les arbres.

Sortant par une des portes-fenêtres, Petroc a tourné à gauche sur une terrasse en pierre, flanquée de trois canons qui pointaient vers l'autre rive du fleuve.

Mon intérêt n'est pas passé inaperçu.

— Deux d'entre eux sont un héritage d'une époque où l'Helford n'était pas aussi paisible. Le troisième est un trophée de guerre – de Waterloo, je crois.

— Plutôt original, comme décorations de jardin.

À part quelques grands bacs remplis de fuchsias, il n'y

avait aucun parterre de fleurs de ce côté. Rien ne pouvait rivaliser avec cette vue.

— C'est vrai.

J'ai écarquillé les yeux en le voyant nous verser trois doigts de gin. J'allais devoir ménager mes forces.

— Comme vous êtes américaine, je suppose que vous prenez votre gin-tonic avec beaucoup de glace ?

— Je le crains, ai-je répondu en souriant.

— Nous vous ferons perdre cette mauvaise habitude avant longtemps.

Il m'a tendu un verre.

— Alors, vous voulez bien m'expliquer pourquoi quelqu'un de votre expérience est venu s'enterrer en Cornouailles pour trier les papiers d'un vieil homme ?

J'ai ouvert la bouche, puis je l'ai refermée.

— Oui ? m'a-t-il encouragé.

— Barbara ne vous a rien dit ? Cette chère Barbara ne dit que ce qui l'arrange. Elle savait que j'avais besoin d'aide et elle avait la solution. Notre conversation a été très brève.

— Je connais ça. Pour faire court : je me suis subitement retrouvée sans rien à faire.

Petroc s'est nonchalamment approché de quelques chaises et m'a fait signe de m'asseoir. Le vent d'est qui m'avait fait frissonner plus tôt a troublé la surface du fleuve.

J'ai toussé.

— Je vois, a-t-il dit.

Et j'étais sûre qu'il n'était pas dupe.

— Tant mieux pour moi, je suppose. Mais, ce soir, nous ne parlerons pas de travail. Profitons plutôt de ce temps magnifique pour discuter de politique.

J'ai cligné des yeux.

— Le travail ferait peut-être un sujet plus facile.

— C'est fort possible, mais qui sait ? Si ça se trouve, nous serons du même avis ou, mieux encore, en désaccord ; dans ce cas, nous apprendrons tous les deux quelque chose.

J'ai ri.

— Avant d'aborder des sujets controversés…

Je me suis interrompue, scrutant à nouveau l'horizon et observant un bateau contourner une bouée.

— À quoi correspond cette balise, là-bas ?

— Ah ! a soupiré Petroc. *Ni sur terre/Ni sur mer/Elle ne se montre/Que pour August Rock.*

Je me suis tournée vers lui.

— Une énigme ?

— Cette bouée marque l'emplacement d'August Rock, un récif en grande partie submergé.

— Une énigme à propos d'un récif ?

— Oui ; une allusion à des bijoux perdus ; une énigme responsable de bien des espoirs déçus et de beaucoup de tristesse. Des générations se sont laissé séduire par sa promesse.

— Y compris vous ?

— Oui, moi, depuis peu.

Il a passé une main désinvolte dans ses cheveux, les coiffant de travers.

— J'avais complètement oublié cette histoire jusqu'à ces derniers temps.

— Je vous écoute.

— Eh bien, à en croire mon fils, je suis un idiot, et ça ne s'arrange pas avec l'âge.

Il a bu une gorgée.

— Mais qu'est-ce que la vie, si ce n'est une aventure, une quête ?

J'ai haussé les épaules, attendant la suite.

— À la fin des années 1600, un homme est tombé amoureux d'une femme.

Son regard absent m'a suggéré qu'il imaginait la scène.

— Mais, n'étant que le deuxième fils, il n'avait rien à offrir à la gente dame.

Je pensais connaître la suite.

— Il est donc parti faire fortune dans des pays lointains. Quelques années plus tard, il est revenu courtiser sa dame avec un saphir magnifique, énorme, comme on n'en avait jamais vu.

— Pourquoi ai-je le sentiment que cette histoire va très mal se terminer pour notre héros ?

Il a ri.

— Parce que vous n'avez jamais su résister à un bon conte de fées pendant votre enfance ?

— C'est vrai.

— À son retour à Pengarrock, sa belle avait épousé son frère aîné.

— Oh non !

— Oh si ! Alors, notre héros lui a offert le saphir, en témoignage de son amour impérissable, avant de partir pour l'Europe continentale.

— C'est si triste.

Il a hoché la tête, puis siroté son gin-tonic.

— On sait ce qu'il est devenu ? ai-je demandé.

— Malheureusement, non. Mais il a laissé à sa famille une fortune en bijoux.

— Et qu'en avez-vous fait ?

Je me suis tournée vers lui.

— Rien, à mon grand regret. Ils ont disparu depuis plus d'une centaine d'années.

Il a soupiré.

— Mais passons à autre chose, voulez-vous ? Parlez-moi de vous.

— Oh ! je ne suis pas intéressante. Je préférerais que vous me disiez sur quoi vous travaillez en ce moment.

— Je doute que vous soyez aussi ennuyeuse que vous le prétendez, mais je n'insiste pas.

Il a froncé les sourcils.

— J'écris un livre sur l'Helford.

— Pas sur les jardins ?

J'ai à nouveau regardé le cours d'eau, puis la vaste étendue de pelouse.

— Non, le fleuve m'appelle depuis pas mal de temps, et c'est l'occasion de réunir toutes mes recherches.

— Un ouvrage historique, alors ?

— Pas au sens traditionnel ; rien qui ressemble à mes précédents livres. J'ai décrit le projet à mon éditeur comme une sorte de journal, à l'image des carnets de voyage de l'ère victorienne, dans un style moins académique que celui auquel j'ai habitué mes lecteurs.

Il a souri.

— Allons voir ce qu'Helen nous a préparés à manger, voulez-vous ?

J'ai hoché la tête. Pendant que nous faisions le tour de la maison pour nous rendre à la cuisine, j'ai essayé de ne pas en perdre une miette. La sursollicitation de mes sens n'a fait que ralentir encore plus mon cerveau fatigué. Pengarrock était incroyable et tellement pleine d'histoire… Je me réjouissais déjà de tout ce que j'apprendrais.

CINQ

Mon cœur battait la chamade. La faible lumière perturbait sérieusement ma vision. Allumant ma lampe de chevet, j'ai confirmé ce que je savais déjà : j'étais seule. Comment aurait-il pu en être autrement à quatre heures du matin, et en Cornouailles ? Je n'étais pas à Londres, et encore moins mariée. Je souffrais toujours du décalage horaire, mais il n'avait pas sur moi l'effet escompté, c'est-à-dire me faire dormir tard. Au contraire, il me faisait voir des choses qui n'étaient pas là.

Étendue sans bouger, j'ai écouté le concert matinal des oiseaux, abandonnant tout espoir de sommeil. Rejetant les couvertures, je me suis approchée de la fenêtre. Le ciel commençait tout juste à prendre des couleurs au-dessus de la baie de Falmouth. Pas un nuage à l'horizon. La journée s'annonçait à nouveau splendide.

D'une certaine manière, je savais que je me trouvais au bon endroit, même si le caractère familier de la vue m'a causé un tiraillement dans l'estomac. Loin de tout, j'étais simplement Judith Anne Warren. À l'aube d'une nouvelle vie, sans filet, sans attentes particulières, de quoi se sentir un peu effrayée.

Pensant au cap Cod, j'ai allumé mon téléphone. Malgré les frais de communication élevés, je voulais rassurer mes parents. Plus le temps passait, plus je regrettais la soudaineté de mon départ. Pendant que je patientais, j'ai à nouveau admiré ma chambre. Une cheminée, qui semblait toujours en état de marche, occupait le mur face au lit. J'ai essayé d'imaginer cette maison avant l'installation du chauffage central, quand les vents soufflant depuis l'océan amenaient une tempête après l'autre. La chaleur de l'âtre n'aurait pas porté bien loin dans cette grande pièce. Bien sûr, à l'époque, les rideaux autour du lit protégeaient des courants d'air froids.

J'aurais voulu tout décrire dans les moindres détails, mais avec qui en parler ? Sophie était géniale, mais les vieilles pierres n'étaient vraiment pas sa tasse de thé. Sous la fenêtre, j'ai aperçu un secrétaire. J'écrirais à tante Agnes, comme je l'avais fait dans le passé. Tirant la chaise vers moi, j'ai allumé la petite lampe de bureau. Le tiroir du haut contenait du beau papier blanc et plusieurs stylos.

Chère tante Agnes,
J'espère que tu vas bien et que la chaleur de la ville n'est pas trop dure à supporter.

Je me suis demandé si je devais à nouveau mentionner le mariage. J'avais déjà écrit pour m'excuser et lui renvoyer son chèque plus que généreux.

Je sais que je t'ai dit que j'allais à Oxford, mais je suis en Cornouailles pour travailler avec Petroc Trevillion à Pengarrock. Je suis tout excitée parce que j'adore ses livres, et la Cornouailles est tout bonnement incroyable. Tu aimerais beaucoup cette région qui ressemble à la fois au cap Cod et au Maine. Es-tu déjà venue ?

J'ai bâillé et consulté ma montre. Il était cinq heures, une heure plus civilisée. Je finirais la lettre plus tard.

Pour l'instant, j'avais absolument besoin d'un café. Espérant trouver la cuisine sans me perdre, j'ai rapidement enfilé quelques vêtements et glissé mon téléphone dans ma poche : toujours pas de réseau. Une fois dans le couloir, j'ai tenté de me représenter la maison dans son âge d'or, occupée par la famille Trevillion et leur domesticité. À pareille heure, seuls les domestiques auraient été levés, en train de tout préparer pour la journée. Mais nous n'étions que deux dans cette vaste demeure où régnait un silence spectral ; j'avais du mal à m'y faire.

Dans la faible lumière, je ne suis pas parvenue à distinguer les traits des portraits dans l'escalier. Ils avaient certainement tous une histoire à raconter. Mettant mes lunettes, je me suis demandé lequel d'entre eux avait épousé l'aimée de son frère. Peut-être ce cavalier dont le plumet blanc luisait presque dans la presque obscurité ?

— C'était toi ?

Les yeux baissés vers moi, il me regardait au bout de son long nez. Chacun de ces visages avait marqué une étape dans l'histoire du domaine.

Après avoir tourné à droite au pied des marches, je suis passée devant plusieurs portes closes. La structure physique du bâtiment a changé, les murs présentant de légères ondulations au lieu d'être uniformément lisses. Le café tant désiré m'attendait de l'autre côté d'une voûte aux trois quarts du couloir. J'aimerais pouvoir dire que je savais cela parce que l'évolution de l'architecture m'indiquait que j'arrivais dans une partie plus ancienne de la maison, et donc à la cuisine. Mais, pour être honnête, c'est l'odeur qui m'a guidée. Petroc devait être debout. J'ai poussé la lourde porte.

— Bonjour, m'a-t-il dit.

Il a levé les yeux d'un carnet, stylo à la main.

— Mmm. Il reste du café ?

Il a souri et s'est levé.

— Bien sûr. Je ne pensais pas vous voir avant des heures.

— Moi aussi ; ç'aurait été trop beau.

— Du lait ? Du sucre ?

Il a versé le café.

— Noir, merci.

J'ai pris la tasse qu'il m'a tendue et suis sortie par les grandes portes de la façade arrière qui s'ouvraient à l'ouest sur une terrasse, puis un petit potager d'herbes aromatiques bordé de haies de romarin. L'air était frais, et la rosée couvrait les dalles d'ardoise sous mes pieds. Le soleil était suffisamment levé pour que le monde commence à retrouver des couleurs. Dans les champs sur la rive opposée du fleuve, les nuances de vert avaient remplacé le gris.

— Faites attention à ne pas glisser, m'a averti Petroc, resté sur le seuil.

— Vous en avez, de la chance, ai-dit totalement séduite par la vue.

Dès que je voulais regarder ailleurs, son enchantement me ramenait immanquablement vers elle.

Il m'a rejoint.

— Oui, c'est vrai. Si seulement…

Il s'est interrompu et je me suis tournée vers lui.

— Si seulement ?

Il a secoué la tête.

— Ça restera entre nous ?

J'ai souri.

— Promis.

Il a ri.

— Je n'en doute pas, Judith.

J'ai essayé de ne pas tressaillir en l'entendant m'appeler Judith.

— Si seulement Tristan partageait votre enthousiasme.

— Votre fils ?

Petroc a hoché la tête.

— Il n'aime pas le paradis ?

— Non.

— Chacun ses goûts, comme on dit, mais il faudrait être aveugle pour ne pas vouloir vivre ici.

J'ai à nouveau regardé le panorama.

— Sur ce point, vous n'avez peut-être pas tort.

Une grimace peinée a traversé son visage. J'ai posé la main sur son bras.

— Les jeunes ne semblent tout simplement pas comprendre ce qu'ils ont, a ajouté Petroc en toussant.

— Non, vous avez raison.

Je me suis mordu la lèvre, sachant que mes parents pensaient probablement la même chose de moi.

— Maintenant que vous avez pris votre petit-déjeuner, même si une tranche de pain grillé ne constitue pas à mes yeux – ni à ceux d'Helen – un petit-déjeuner, je vous propose de visiter le reste de la maison et en particulier mon bureau, a dit Petroc en me tenant la porte.

Alors que nous sortions de la cuisine, le silence m'a frappée comme s'il s'agissait d'une barrière physique. Le bourdonnement du réfrigérateur et le chant des oiseaux se sont estompés dans l'air froid et immobile du couloir. Seul le bruit de nos pas résonnait dans cet environnement qui rappelait étrangement une église abandonnée. Ne manquait plus que l'odeur des cierges éteints.

— Cette porte mène au bureau de Thomas, l'intendant, mais il n'y est pas souvent. En théorie, on y trouve tout ce qui concerne la gestion au quotidien de Pengarrock. Les factures s'y s'accumulent.

Il a soupiré.

— Le classement n'a jamais été mon fort.

— En général, ou juste quand il s'agit des questions administratives ?

Le bureau disparaissait sous la paperasse. Je n'ai pas pu m'empêcher de remarquer la mention *DERNIER RAPPEL* écrite en majuscules rouges sur la lettre posée au sommet de la pile.

— Dans tous les domaines, j'en ai peur. Vous en aurez la preuve quand nous arriverons dans mon espace de travail. Barbara a dû vous prévenir ?

— Un peu.

J'espérais seulement qu'il serait moins chaotique que celui de l'intendant.

— C'est un soulagement.

Il s'est arrêté devant une porte de l'aile nord de la maison.

— Voici la salle à manger.

Comme au salon, des portes-fenêtres, quatre en tout, donnaient sur le fleuve, mais ici la vue était complètement dégagée, la limite des arbres commençant beaucoup plus bas. La longue table qui occupait le centre de la pièce aurait facilement pu accueillir seize convives. Des lambris foncés, presque noirs, recouvraient les murs. L'effet était saisissant : les sujets des portraits accrochés là semblaient vraiment prêts à jaillir hors des cadres. J'ai été particulièrement impressionnée par l'un d'eux, grandeur nature.

— Ah oui ! Mary Trevillion, a dit Petroc. Moche comme un pou, n'est-ce pas ?

— Je n'irais pas jusque-là.

— Moi, si. Ce n'est vraiment pas de chance : le seul Gainsborough que nous possédons, et c'est la châtelaine la moins charmante qu'ait connue Pengarrock.

Quelle horreur ! Entrer dans l'histoire comme le laideron de la famille... Avait-elle dû supporter ça toute sa vie ? J'espérais que son mari l'avait aimée et avait su oublier le nez trop gros et les yeux bulbeux pour ne voir qu'un cœur affectueux, des épaules et un cou élégants. La réaliste en moi s'est demandé si elle avait été riche ; dans ce cas, Pengarrock avait probablement eu besoin de sa fortune. L'entretien d'un domaine de cette taille, encore plus vaste à l'époque, devait coûter cher.

— Impressionnante, sa broche, ai-je remarqué, approchant de la toile pour l'étudier.

— Oui, le saphir des Trevillion. La pierre dont je vous ai parlé, hier soir.

— Je pensais que vous aviez inventé cette histoire pour me divertir.

J'ai regardé de plus près.

— Oh non ! Le saphir a bel et bien existé. Il aurait dépassé les quatre cents carats. Un joyau digne d'un roi, d'une reine ou d'un maharadja, mais pas vraiment à sa place sur une représentante de l'aristocratie terrienne.

— Ouah ! Pas mal, comme bijou de famille...

— S'il n'avait pas été perdu.

— Oui, c'est ce que vous m'avez dit, hier soir. Il est tout de même un peu gros pour l'égarer.

Je me suis tournée vers lui.

— Vous avez raison. J'essaie de découvrir ce qui lui est arrivé. A-t-il disparu, été perdu ou volé, a-t-il même coulé avec un bateau au-dessus d'August Rock ? Qui sait ? Cette histoire fait partie du folklore de la région, à présent.

— Un grand mystère.

Il a hoché la tête.

— Vous avez mené votre enquête ?

Il a ri.

— Pas encore, mais beaucoup l'ont fait.

J'ai regardé Petroc. Je connaissais son sérieux et sa

compétence grâce à son travail universitaire. Pas le genre d'homme à caresser des chimères ; pourtant, c'était précisément ce qu'il venait d'admettre.

— Nous ferions peut-être mieux de garder le bureau pour la fin ? a-t-il proposé, plein d'espoir.

Mais j'avais beau vouloir visiter cette maison de fond en comble, le devoir n'attendait pas.

— Non, allons voir.

Près de l'escalier principal, Petroc a poussé une porte. J'ai cligné des yeux, mais pas à cause du soleil qui entrait à flots par les portes-fenêtres. Le sol et toutes les surfaces disponibles de la pièce disparaissaient sous les livres, les papiers et les photos. Petroc a fait une longue enjambée avant de trouver un espace nu sur le plancher, puis ne s'est plus arrêté jusqu'à la fenêtre qu'il a ouverte. Notant son itinéraire, j'ai aperçu les petits bouts de tapis, comme s'il avait semé des miettes de pain pour me permettre de le suivre dans ce chaos.

— C'est terrible, n'est-ce pas ?

— Euh, oui.

Mon cœur s'est serré. Personne ne pouvait travailler dans un tel environnement, et encore moins y produire des ouvrages de génie ou presque. Des bibliothèques couvraient trois des murs ; par endroits, les livres, desquels dépassaient des papiers, s'y entassaient sur trois rangs. L'un des classeurs était sur le point de basculer sous le poids de ses tiroirs ouverts, avec des notes punaisées dessus.

Le bureau, croulant sous un méli-mélo d'objets divers, ne valait pas mieux. Je me suis demandé comment il pouvait travailler ici. Un peu de désordre ne me gênait pas, mais là, c'était tout bonnement impraticable. Au centre du plateau se trouvaient un stylo à plume et un bloc de papier réglé couvert d'écriture.

— Ça laisse sans voix, n'est-ce pas ?

J'ai hoché la tête, et Petroc a ri.

— Maintenant, vous comprenez mieux pourquoi j'ai besoin d'aide.

Ça dépassait presque l'entendement.

— Oui, mais je ne suis pas sûre d'être à la hauteur. Vous devriez peut-être appeler les marines.

— Ne vous inquiétez pas, il y a une certaine organisation ici.

J'ai incliné la tête sur le côté et j'ai fixé Petroc du regard.

— Vraiment ?

— Oui. Les papiers qui ont besoin d'être classés se trouvent dans cette partie de la pièce.

Un grand geste de la main sur la gauche.

— Et là, ce sont les documents que j'utilise en ce moment.

— Si vous le dites...

— Je vous l'assure.

— Par quoi voulez-vous que je commence ?

Je ne voyais pas de place où marcher, et encore moins où m'asseoir pour travailler.

— Et qu'attendez-vous exactement de moi ?

Trois longues enjambées l'ont ramené au bureau.

— Bonne question.

— Vous n'avez pas de préférence ?

J'ai regardé autour de moi, dans l'espoir d'une inspiration.

— Non.

Il a récupéré son bloc et son stylo.

— Je vous donne carte blanche.

— Dans ce cas, il vaudrait probablement mieux commencer par le côté « à trier » en partant depuis la porte.

— Bonne idée. Je serai dans la bibliothèque si vous avez besoin de moi.

Il s'est éclipsé sans que j'aie eu le temps de lui demander où se trouvait la bibliothèque et ce qu'il attendait exactement de moi.

Je n'avais pas eu vraiment faim depuis des semaines ; les grondements de mon estomac m'ont donc prise par surprise. Manger était une nécessité, simplement une façon d'alimenter la machine. Aujourd'hui, cette nécessité se teintait d'un désir pour quelque chose de plus. J'ai jeté un coup d'œil aux dossiers – non, au chaos – autour de moi. J'aurais préféré ne pas avoir à employer le terme « pagaille », mais, avec un tel désordre, j'y étais bien obligée. Depuis que Petroc m'avait laissée, j'avais réussi à me ménager un espace où m'asseoir sur le sol. Un exploit qui m'avait à lui seul pris deux heures durant lesquelles je m'étais plus d'une fois interrogée sur la santé mentale de mon hôte. Comment pouvait-on travailler dans de telles conditions ? Pour moi, ça restait un mystère.

Maintenant que j'avais enfin suffisamment de place pour mon ordinateur portable et un bloc-notes, je me sentais prête à démarrer pour de bon. Mon problème : tout me semblait trop intéressant. J'avais du mal à simplement répertorier les choses. Chaque document qui me passait entre les mains exigeait davantage que quelques mots descriptifs sur une page et une référence. Chaque article menait à une voie partiellement explorée qui méritait d'être approfondie. Alors que je ramassais la feuille de papier la plus proche, les mots qui y figuraient m'ont donné un fascinant aperçu d'un jardin découvert près de Truro, quand les propriétaires avaient entamé la construction d'une piscine. Le chantier avait immédiatement été suspendu, jusqu'à ce que les vestiges d'un jardin monastique aient pu être correctement catalogués. Mais Petroc n'avait pas indiqué ce qui s'était passé ensuite. C'était frustrant.

Maintenant que je m'étais mise au travail, mon principal problème consistait à décider quoi faire des articles dont j'avais noté l'existence. Les classeurs étaient pleins, tout comme les étagères. En l'absence de cartons de rangement, je pouvais commencer par créer un simple catalogue, mais, tôt ou tard, il faudrait tout trier. Qu'est-ce que Petroc souhaitait en faire ? De la réponse dépendrait ma façon de procéder. Certains des articles que j'avais enregistrés seraient à conserver dans des boîtes d'archives sans acide pour qu'ils ne se détériorent pas davantage. Pour les photos, des pochettes en plastique transparent se révéleraient utiles, afin de pouvoir les regarder sans dommage. Mais pour m'acquitter correctement de ma mission, Petroc devait me dire ce qu'il attendait de moi.

Je me suis relevée, admirant la vue, le temps que le sang coule à nouveau normalement dans mes jambes. Des abeilles volaient d'une petite fleur blanche de clématite *C. uncinata* à une autre avec une assiduité impressionnante.

Le simple fait de les regarder s'activer ainsi m'a aiguisé encore plus l'appétit. À contrecœur, j'ai quitté le bureau pour trouver quelque chose à manger.

Marchant tranquillement dans le couloir, j'ai pensé au développement de Pengarrock, comme si j'avançais dans un tunnel à travers le temps. D'abord, l'office, puis une sorte d'arrière-cuisine, une pièce pour la conservation du gibier (justifiée par la présence de nombreux faisans sur le domaine), et enfin la vieille cuisine, avec son énorme foyer et un grand fourneau. Au milieu, une table, mi-plan de travail, mi-espace pour manger.

— Bonjour, Judith, m'a accueillie Helen en levant les yeux de sa planche à repasser.

— Bonjour, Helen. Appelez-moi Jude, s'il vous plaît.

— Mais Judith est un si joli prénom.

— C'est vrai, mais, dès que je l'entends, j'ai l'impression que je vais me faire gronder.

— Vraiment ?

— Oui.

Helen a posé son fer à repasser et m'a regardée attentivement.

— Vous avez enfin retrouvé l'appétit ?

Ouf ! Dans sa sagesse, elle semblait avoir renoncé à m'interroger davantage.

— Et comment ! Je meurs de faim, et quelque chose sent bon ici.

— Servez-vous. Il y a du maquereau poché dans du vin, un peu de salade, une soupe froide, du crabe et du fromage...

— Stop ! N'en jetez plus. J'ai l'impression que je viens de pousser la porte du restaurant gastronomique local.

Helen a ri et s'est essuyé les mains sur un torchon.

— Je me suis simplement dit que vous finiriez bien par avoir faim. Et comme je ne savais pas ce que vous aimiez...

— Je vous rassure tout de suite : à part les anchois, je mange de tout.

Mon nez s'est plissé.

— Ça fait plaisir à entendre. Je ne supporte pas les gens qui boudent la nourriture.

Elle m'a examinée des pieds à la tête, mais ses yeux se sont attardés le plus longuement sur mes poignets. Des os et des veines semblaient les seules choses visibles.

— Ne vous en faites pas pour moi, l'ai-je rassurée. Mais je ne voudrais pas que vous vous donniez autant de mal tous les jours à cause de moi. Je ne sais même pas par quoi commencer.

N'ayant que l'embarras du choix, je me suis d'abord servi, sous le regard approbateur d'Helen, un bol de soupe avec du pain frais.

— Vous avez toujours vécu ici ? Lui ai-je demandé.

— Je suis née dans la maison du gardien. Mon père était le garde-chasse, jusqu'à sa retraite.

— Vous y habitez encore aujourd'hui ?

— Oui. Avec mon mari.

Elle a souri.

— Il travaille au domaine ?

— Non, c'est un pêcheur.

— Oh !

Je me suis arrêtée, ma cuiller en suspension dans l'air.

— Ça vous surprend ?

— Pas vraiment, je suppose.

— D'où vient ce maquereau, d'après vous ? Vous l'avez goûté ? Il est frais de ce matin.

J'ai mis mon bol dans l'évier et j'ai commencé à le laver.

— Laissez ça et goûtez le poisson.

J'ai attaqué le maquereau froid avec un peu de salade. Ça n'avait jamais été mon poisson préféré, mais celui-là était différent. Sa chair, légère, fondait dans la bouche avec une subtile note d'oignon et quelque chose d'autre.

— C'était divin. Merci, Helen.

— Comme ça, vous aurez assez d'énergie pour une bonne promenade.

Elle a regardé par la fenêtre.

— Ce serait dommage de rester enfermée avec toute cette paperasse par une si belle journée. Pourquoi ne pas descendre sur la plage ?

— La plage ?

Je me suis représenté Craigville et sa longue étendue de sable blanc.

— Oui, la plage. Traversez les pelouses et suivez le jardin jusqu'en bas. Vous ne pouvez pas vous tromper.

Je me suis arrêtée sur le pas de la porte.

— C'était délicieux. Encore merci.

— Ça me fait plaisir. Maintenant, allez prendre l'air. Vous aurez tout le temps de trier les affaires de Petroc. Remarquez, il vous faudra peut-être une éternité.

Helen a ri avant de retourner à son repassage.

Je suis partie à la recherche de Petroc. Avant de faire quoi que ce soit, j'avais besoin de lui parler. Il se trouvait dans le bureau de l'intendant.

— Comment ça avance ? m'a-t-il demandé, levant les yeux de la jungle de papier.

— Bien, je suppose, et je viens de faire un véritable festin.

— Parfait. Vous devriez aller vous dégourdir les jambes.

— C'est ce que m'a recommandé Helen.

— Cette femme est la voix de la sagesse.

Fouillant dans son fatras, il a fait tomber une pile de papiers.

— Je peux vous aider ? ai-je proposé, me baissant pour les ramasser.

Ça ressemblait à des factures en retard. S'agissait-il simplement d'une mauvaise gestion ou fallait-il y voir le signe de soucis financiers ?

— J'en doute, à moins que vous ne soyez capable d'accomplir des miracles. J'ai laissé un carnet ici l'autre jour, quand je discutais avec Thomas.

— Petroc.

Je l'ai observé en train de continuer à chercher.

— Il faut qu'on ait une conversation à propos de ce que vous attendez de moi. Par ailleurs, j'aurais besoin de boîtes d'archives ou de quelque chose d'équivalent. Vous avez ça chez vous ?

— Non, mais je vais voir ce que je peux faire.

Il a continué à fouiller dans la montagne de paperasse.

— J'ai aussi une faveur à vous demander. Apparemment, mon mobile ne capte aucun réseau, ici. Me permettez-vous d'utiliser votre ligne fixe pour appeler mes parents et leur donner le numéro de Pengarrock, au cas où ils auraient besoin de me joindre ?

— Bien sûr.

D'un signe de la main, il m'a invitée à me servir du téléphone sur le bureau, puis il est sorti de la pièce. J'ai décroché le combiné et composé le numéro. Après plusieurs sonneries, j'ai de nouveau basculé sur le répondeur. Ils auraient pourtant dû être à la maison à cette heure. Mère était-elle dans son bain, et papa, au jardin ? J'ai laissé un nouveau message embrouillé, ainsi que mes coordonnées à Pengarrock. J'ai résisté à la tentation de passer un autre coup de téléphone. Malgré les événements récents, John me manquait ; je mourais d'envie de partager avec lui mon enthousiasme à la perspective de travailler avec Petroc, aussi désorganisé soit-il.

En sortant du bureau, j'ai tendu l'oreille, me demandant où je trouverais Petroc, mais je n'ai entendu que le vrombissement d'une tondeuse au loin. Avant de me remettre au boulot, j'avais besoin de le forcer à adopter une façon de procéder. Je ne sais pas pourquoi, mais je le sentais évasif, ou tout au moins totalement absorbé par son travail en cours. Ce matin, il avait presque eu l'air hagard quand il cherchait son carnet.

L'entrée était le point central de Pengarrock. Tout partait de là. À part l'escalier et le couloir qui menait à la cuisine, trois autres portes étaient visibles, ainsi qu'un corridor dont la destination était cachée aux regards.

L'une d'elles étant ouverte, j'ai décidé de tenter ma chance de ce côté-là. Les lettres de relance aperçues dans le bureau de l'intendant m'inquiétaient. Si Petroc ne pouvait pas payer ses factures, comment pouvait-il se permettre de m'employer ? Ma tâche n'était pas essentielle à la bonne marche du domaine, contrairement à celles d'Helen ou de Thomas.

J'ai frappé au chambranle.

— Entrez, a dit Petroc en levant les yeux d'une carte qu'il tenait.

Des papiers et des photos étaient éparpillés sur ce qui m'est apparu comme une table de billard. En fait, toutes les surfaces disponibles étaient occupées. Un peu comme si la contamination du bureau s'était propagée ici.

— C'est pour votre livre ?

— En partie.

— Et le reste ?

J'ai jeté un rapide coup d'œil à mes pieds, mais ça ne m'a guère avancée.

— Des recherches, à propos du trésor.

J'ai froncé les sourcils.

— Vous avez l'intention d'intégrer cette histoire à votre livre ?

Il a levé la tête et a regardé vers le plafond.

— Je n'ai encore rien décidé. Pourquoi cette question ?

— Eh bien, pour quelqu'un qui est en plein dans l'écriture d'un nouvel ouvrage, vous paraissez consacrer beaucoup de temps et d'énergie à ce trésor perdu.

— En fait, je suis tombé sur ces informations en faisant des recherches sur mon livre ; et certaines choses semblent plus urgentes.

J'ai respiré profondément.

— Qu'est-ce qui est le plus urgent ? Trouver le trésor ou respecter la date limite de remise de votre manuscrit.

— J'ai déjà dépassé la date limite a-t-il dit en riant.

Je n'ai pas su quoi répondre.

— D'accord, je ne vous embêterai plus avec ça, mais j'ai tout de même besoin de savoir ce que vous attendez de moi.

— Organisez-moi, a-t-il répondu avant de se pencher à nouveau sur sa carte.

— Il me faut une ligne directrice ; je dois savoir comment vous comptez utiliser ces documents.

— Je vous fais confiance, a-t-il dit sans relever la tête.

— Ça ne marchera pas.

J'ai soupiré. Cet intellectuel brillant attendait que je lui dise quoi faire ? Ça n'était pas possible.

— Au fur et à mesure que je passerai en revue vos papiers, ai-je repris, j'aurai besoin de pouvoir distinguer ce qui vous servira régulièrement de ce qui devra être archivé ; voilà le genre d'indications que vous devez me donner.

— Classez-les par ordre alphabétique, m'a-t-il répondu, toujours concentré sur sa carte.

J'ai eu le sentiment qu'il me congédiait.

— D'accord, mais où mets-je les documents, une fois que je les ai catalogués ?

— Ah ! vous avez raison. Je vais étudier la question.

Il a souri, puis a continué à prendre des notes sur une feuille de papier.

— Merci.

Il n'y avait rien à ajouter. Après un dernier coup d'œil à la pièce, je suis repartie vers le bureau, exaspérée.

Les tendons de mes jarrets étaient encore douloureux de ma balade sur la plage, la veille après le travail. La montée pour rentrer à la maison était raide, très raide, et je n'étais pas en forme. J'aurais dû m'échauffer. À présent, mes muscles protestaient à chaque mouvement. Dans l'escalier, je me suis demandé si mes jambes allaient soudain refuser de me porter. Ma faiblesse avait au moins pour avantage de me laisser le temps d'admirer les portraits au lieu de dévaler les marches. Mon cavalier sur le palier embrassait son domaine du regard, surveillant le fleuve à l'affût de navires étrangers ou de toute autre activité qui aurait pu affecter les habitants de Pengarrock. Il fallait vraiment que je cuisine davantage Petroc sur l'histoire de sa famille.

Sur le mur opposé, un homme à l'air prétentieux affichait une mine satisfaite qui m'a immédiatement déplu. Au bas de l'escalier se trouvait le seul portrait de femme. Elle était superbe et avait des traits d'une grande délicatesse, contrairement à cette pauvre Mary dans la salle à manger. Hypnotisée, je me suis cognée à Helen.

— Imogen, m'a-t-elle dit. La femme de Petroc. C'était une beauté.

— Oui, ça ne fait aucun doute. Quand est-elle décédée ?

— Oh ! il y a longtemps. Une bien triste histoire. Enfin, c'est du passé – inutile de réveiller ça.

Helen est retournée s'affairer à la cuisine.

Clairement un sujet tabou, comme il semblait en exister dans toutes les familles, y compris la mienne. Nous n'avions jamais vraiment discuté de la mort de Rose, et le trou qu'elle avait laissé dans nos vies n'avait fait que s'agrandir. D'ailleurs, je me comportais de manière similaire en refusant de dire pourquoi j'avais fui. Même si je n'étais pas prête à en parler, j'aurais au moins dû écrire à John. Je lui devais bien ça. Mais comment tourner ma lettre sans le blesser davantage ?

Une coupe remplie de roses du jardin était posée sur la table ronde dans l'entrée. Pendant des années, nuit après nuit, j'avais rêvé que je sauvais Rose en lui donnant un rein. Je me réveillais heureuse, jusqu'à ce que la réalité me rattrape. Avec le recul, je m'apercevais que, chaque jour, je m'étais un peu plus repliée sur moi-même, me réfugiant dans mes livres. Je m'étais sentie responsable du chagrin de mes parents parce que je n'avais pas sauvé Rose. J'étais une donneuse compatible, mais j'étais trop jeune. Papa aussi était compatible, mais il avait déjà donné un rein à son frère. Mère lui en avait terriblement voulu, et elle s'en était encore plus voulu de ne pas pouvoir s'en empêcher. Si nous en avions parlé au lieu de laisser la situation s'envenimer, mes relations avec ma mère auraient-elles été meilleures ? Je me le demandais.

Sautant le petit-déjeuner, je suis retournée directement au bureau pour reprendre les choses là où j'en étais restée la veille au soir. Hier, Helen m'avait apporté des bacs en plastique, m'expliquant que Petroc les avait trouvés pour moi.

Loin d'être parfaits, ils feraient tout de même une bonne solution temporaire. J'en avais déjà rempli deux avec ce que j'avais catalogué jusqu'à présent.

Il ne subsistait qu'un article sur le mètre carré que j'avais réussi à dégager dans la partie « à trier » de la pièce : un petit carnet en cuir noir. L'écriture de Petroc couvrait toutes les pages. Ça ressemblait à un journal. Je l'ai mis de côté afin de lui en parler plus tard, puis je l'ai rouvert pour y glisser une note, au cas où ma mémoire flancherait devant l'ampleur de la tâche.

J'ai regardé le sol, m'efforçant de ne pas céder au désespoir qui m'envahissait. Pourquoi avait-il laissé les choses se détériorer à ce point ? Je n'arrivais décidément pas à comprendre comment un chercheur aussi méticuleux, doublé d'un écrivain de talent, avait pu travailler dans ce chaos.

Appréciant la texture du cuir souple, j'ai feuilleté les pages dorées sur tranche du carnet qui s'est ouvert à un passage.

Elle se tenait sur le chemin qui dominait ces rochers cruels. Le regard fixe, son visage marqué par le chagrin et la nostalgie.

J'ai brusquement refermé le carnet, attristée par cette image. Les poils de mes bras se sont dressés. De qui parlait-il ?

Petroc me laissait perplexe. Veuf depuis des années, il ne s'était jamais remarié malgré sa beauté et son charme. Avait-il aimé Imogen au point de ne pas vouloir la remplacer ?

Fermant mon ordinateur portable, je me suis levée et j'ai regardé ce temps magnifique. J'arrivais à distinguer la bouée marquant August Rock. Quels étaient déjà ces vers que Petroc avait cités ?

Ni sur terre
Ni sur mer
Elle ne se montre
Que pour August Rock

Une énigme assez courte pour sembler incomplète. Que pouvait bien voir un récif ?

— Comment ça avance ?

J'ai sursauté quand Petroc est entré dans le bureau.

— Bonne question. J'ai toujours l'impression d'être un peu dans le flou concernant vos attentes.

— Cataloguez-moi.

Il a souri.

— Comme je ne lis pas dans les pensées, vous voulez bien qu'on établisse une liste de vos priorités ?

— Commencez par ce qui vous semble le plus urgent.

— Non, vous ne vous en tirerez pas aussi facilement. Je ne suis là que pour une durée limitée. Si je ne concentre pas mon énergie, je vais me disperser, et rien de bon n'en sortira. De ce que j'en ai vu jusqu'à présent, vous avez plusieurs besoins. Le premier : une simple liste de ce que vous avez ; ensuite, il vous faut un plan pour tout organiser de manière logique.

— Ça me semble parfait, et ce sera un progrès considérable, sans compter que ça facilitera la tâche de ceux qui viendront après moi.

Il a froncé les sourcils.

— Maintenant, si vous voulez bien m'excuser, j'ai un rendez-vous.

J'ai ouvert la bouche pour protester, mais il était déjà parti.

SIX

Les chiens se sont précipités devant nous, et Petroc m'a précédée, alors que le sentier longeait le bord de la falaise. Nous avons senti le vent dès que nous n'avons plus été protégés par les arbres. Des nuages ont traversé le ciel ; en dépit du soleil, il faisait donc un peu frais. Petroc s'est arrêté et m'a attendue.

J'ai respiré profondément, tâchant de reprendre mon souffle.

— Jusqu'où s'étend le domaine ? ai-je demandé.

— Plus très loin maintenant, mais il comprend la plupart des terrains visibles sur cette rive du fleuve, ainsi que quelques parcelles dans le nord de la Cornouailles.

Il a secoué la tête et s'est appuyé contre un portillon. Devant lui, un à-pic plongeait vers une crique où s'écrasaient des vagues.

— Il ne fait plus que deux tiers de la surface qui était la sienne quand j'en ai hérité.

J'ai écarquillé les yeux.

— Jadis, les Trevillion possédaient de vastes étendues de la Cornouailles, y compris des mines d'étain. Aujourd'hui, à cause d'une mauvaise gestion, de la passion du jeu de certains membres de la famille, des impôts et d'une incapacité à générer des revenus qui suffiraient à couvrir des coûts d'entretien considérables, le domaine n'est plus que l'ombre de lui-même.

Lorsqu'il a prononcé ces mots, j'ai vu Petroc se voûter. Il aimait Pengarrock, mais c'était également une responsabilité qui lui pesait davantage de jour en jour. Il est reparti à pas plus lents, et nous avons continué à marcher jusqu'au bout du promontoire.

— Dennis Head, a-t-il annoncé.

— Qui était ce Dennis ? Un ancêtre ?

— Vous allez devoir vous familiariser avec quelques mots de cornique.

Il a souri.

— *Dinas*, anglicisé en *Dennis*, signifie « château » ou « forteresse ». Ici se trouvent les vestiges d'un fort de l'âge du fer et d'un autre de la première révolution anglaise.

Une situation idéale pour la défense, mais il n'en restait que des monticules couverts d'ajoncs et de *Pinus virginiana*. Fermant les yeux, j'ai voulu écouter et sentir les échos du passé, mais je n'ai entendu que le cri des mouettes. Alors que le téléphone de Petroc sonnait, je me suis demandé ce qu'on ressentait en étant le gardien de tant d'histoire. Des canons sur la pelouse et des sites anciens sur la propriété, parfois, cela devait être écrasant. C'était déjà bien assez pénible que papa ait compté les Pères pèlerins au nombre de ses ancêtres.

Petroc m'a fait signe de le suivre pendant qu'il parlait de manière plutôt agitée. Nous sommes tranquillement repartis, alors qu'il s'efforçait de régler je ne sais quel problème concernant le domaine. Dans l'air frais et humide, les bambous disputaient aux gunnères et aux fougères les bords du sentier nous ramenant à la maison. Des taches de lumière éclaboussaient la végétation. Un ruisseau nous a tenu compagnie pendant que nous traversions ce qui ressemblait à une vallée secrète. Seul le son de l'eau qui coulait perturbait le silence. De la mousse couvrait les rochers, et du lichen avait envahi les branches les plus basses. On se serait cru hors du temps.

— Petroc, toutes ces fougères arborescentes...

J'ai fait un signe de la main vers le côté du sentier. Il s'est arrêté.

— Oui, en 1880, une grosse cargaison de *Dicksonia antartica* est arrivée, et les Trevillion se sont débrouillés pour en obtenir quelques spécimens.

— Débrouillés ?

J'ai haussé un sourcil.

— En tout bien tout honneur. Aux époques victorienne et édouardienne, les jardins sur les deux rives du fleuve ont fait l'objet d'une compétition féroce.

— L'âge d'or des chasseurs de plantes.

— Exactement.

Petroc a recommencé à marcher.

— La majeure partie de ce que vous voyez aujourd'hui date de cette période.

— La majeure partie ?

— Oui. Il ne reste que des vestiges du jardin médiéval.

— Médiéval ? J'adore cette période.

J'en avais fait le sujet de ma thèse. C'était d'ailleurs à cette occasion que j'avais découvert le travail de Petroc.

— Oui, mais ne vous emballez pas. Je n'ai jamais eu les fonds indispensables pour le restaurer. Ça se limite à de rares dépressions dans le sol et quelques arbres fruitiers d'une période ultérieure.

— Avez-vous envisagé d'ouvrir le jardin au public ?

— Oui, mais le coût des aménagements nécessaires m'obligerait à vendre autre chose.

Il a retiré un escargot d'une agapanthe.

— Par ailleurs, dans une région aussi reculée, je ne suis pas sûr que nous puissions attirer suffisamment de monde pour rentrer dans nos frais.

— Sur l'autre rive, certains propriétaires semblent y parvenir.

Il a ri.

— Vous avez lu mes notes.

— J'avoue.

J'ai aperçu à mon tour un escargot, que j'ai retiré.

— C'est vrai, ils ont remporté un certain succès, mais en transformant leurs domaines en labyrinthes ou en aires de jeux. Je manque peut-être d'imagination, ou plus probablement d'énergie, mais je ne vois pas comment faire de ce jardin une attraction sans en changer fondamentalement le caractère.

Il m'a tenu le portillon qui donnait sur les pelouses, attendant que je passe la première. Nous avons emprunté le sentier qui suivait le long parterre de fleurs bordant le mur, plutôt que de rentrer directement. Les lavandes partiellement ouvertes bourdonnaient d'activité dans le soleil de fin d'après-midi, tandis que le parfum des roses flottait dans l'air. Cet endroit était magique. Les boutons fermés des agapanthes portaient en eux la promesse des couleurs de l'été à venir. Pengarrock avait-il vraiment besoin d'un plus ? La beauté d'un jardin traditionnel ne suffirait-elle pas à attirer le public ? Le tourisme n'étant pas mon domaine, je manquais d'éléments pour répondre. Mais Petroc avait visiblement caressé ce projet.

Il prétendait ne pas avoir l'énergie nécessaire. Pourtant, il semblait vigoureux ; contrairement à moi – de trente ans sa cadette –, il n'avait pas été essoufflé en remontant de la plage.

— Si je parvenais à retrouver les bijoux, j'aurais à la fois les fonds et une attraction.

Il s'est frotté la base de la colonne vertébrale. J'ai levé les yeux des plantes.

— Vous ne pensez tout de même pas qu'ils existent toujours ?

— Ils ont été vus pour la dernière fois avec lady Clarissa Trevillion, qui a disparu en 1846.

Il s'est arrêté pour arracher une mauvaise herbe.

— Disparu ?

— Oui ; je n'ai découvert aucune information sur ce qu'elle a pu devenir ni sur sa mort, mais il est clair que ces pierres précieuses se sont évanouies dans la nature en même temps qu'elle.

Il a secoué la tête.

— Certains ont émis l'hypothèse qu'elle se trouvait à bord du voilier *Columbia*, qui a coulé sans laisser de survivants après avoir fait naufrage sur August Rock.

— Votre énigme...

J'ai voulu regarder en direction du fleuve, mais il n'était pas visible depuis cette partie du jardin.

— Elle me semble incomplète.

— Je suis d'accord.

— Dans ce cas, n'avez-vous pas le sentiment de perdre votre temps ?

— Je ne peux pas vous donner entièrement tort.

Il a soupiré.

— Je reste convaincu que ces bijoux existent, mais, même si je les retrouvais aujourd'hui, ce serait trop tard pour sauver Pengarrock. Le domaine est à bout de souffle. Un peu comme moi.

Il a ri.

— Vous dites n'importe quoi.

J'ai regardé la maison : à part le toit qui nécessitait peut-être quelques réparations, elle était solide. Pengarrock était là depuis des centaines d'années, et il n'y avait aucune raison que cela s'arrête. Petroc lui-même n'avait que soixante ans. Je ne comprenais donc pas de quoi il parlait.

— Je crains que non. Les choses vont devoir changer. Ça ne peut pas continuer comme par le passé, même le jardin.

— Vous pouvez lui trouver un nouvel usage, l'adapter.

— C'est vrai, mais Pengarrock lutte pour sa survie. Je ne garde le jardin que pour mon plaisir. C'est devenu un dinosaure, guetté par l'extinction, tout comme moi. Je suis le dernier des Trevillion prêt à m'y consacrer. Il est temps de lâcher prise.

Tout en moi criait *non !* J'ai contemplé Pengarrock, ce patchwork architectural de différents styles ; c'était justement cette excentricité que j'adorais.

— Mais vous l'aimez tellement. Je ne vous crois pas.

— Je sais, mais j'en viens à la conclusion qu'il vaut mieux ne plus se raccrocher au passé. Je peux faire un meilleur usage du temps qu'il me reste.

J'ai mis mes lunettes afin d'examiner les *Penstemons digitalis*, dont j'appréciais particulièrement la touche de rose sur les fleurs blanches en forme de cloches. Je ne savais pas quoi dire, et il n'attendait probablement pas de réponse de ma part.

— Je devrais venir ici plus souvent pour aider Fergus. Il ne ménage pas ses efforts, mais ça représente beaucoup de travail pour un seul homme, même si des jeunes de la région lui donnent parfois un coup de main.

J'ai hoché la tête et j'ai pensé à mon père. Normalement, en été, je l'aidais au jardin. Pourquoi n'avais-je aucune nouvelle de mes parents ? Je les savais en colère après moi, mais j'aurais tout de même apprécié un signe de vie.

Je me tenais dans l'embrasure de la porte du bureau avec deux tasses de thé. J'y avais laissé Petroc quelques minutes plus tôt. Helen est descendue par l'escalier principal.

— Je peux vous aider ? m'a-t-elle demandé.

— Oui, je cherche Petroc.

— Il est dans la chapelle.

— La chapelle ?

Comment avais-je pu manquer une chapelle ? J'étais là depuis près d'une semaine.

— Oui, la chapelle. Vous n'avez pas remarqué la façon dont l'aile sur la droite a des fenêtres très différentes et semble ne pas s'accorder tout à fait avec le reste ?

Elle a souri. J'ai hoché la tête.

— Je vous montre ?

— S'il vous plaît.

Je l'ai suivie ; nous sommes passées devant le salon, la salle de billard et une autre pièce dont j'ai découvert l'existence quand nous sommes arrivées au bout du couloir. Helen a ouvert grand la porte et s'est écartée.

— À plus tard.

Je me suis arrêtée net, enchantée par la merveilleuse simplicité de la plus exquise des chapelles. Le soleil entrait à flots par les fenêtres à meneaux, éclaboussant de lumière la pierre patinée et le bois. Il n'y avait pas de banc comme dans une église, juste un prie-Dieu devant l'autel.

— On a perdu sa langue ?

Petroc se tenait près du jubé.

— J'ai pensé que ça vous plairait.

— Vous ne vous êtes pas trompé.

J'ai souri. Pour une raison que j'ignorais, les chapelles domestiques ne manquaient jamais de provoquer chez moi une certaine exaltation. Elles témoignaient de gens qui, tout en vivant dans le monde réel, reconnaissaient la puissance de l'invisible. J'ai tendu son thé à Petroc.

— Vous étiez sur le point de parler travail avec moi, mais, quand je suis revenue, vous aviez disparu.

Je me suis retenue pour ne pas dire « vous vous étiez sauvé ».

— Oui. J'ai pensé que nous pourrions prendre le thé ici. Cet endroit est si paisible.

Il s'est assis sur le seul siège, une banquette en bois le long du mur du fond, face à l'autel.

— D'accord, mais ne croyez pas pouvoir échapper à cette discussion.

Je l'ai rejoint. Autour de nous, les murs blanchis à la chaux contribuaient à l'atmosphère éthérée.

— Je n'y songe même pas.

— Bien.

J'ai bu une gorgée de thé.

— Voulez-vous que je groupe séparément tout ce qui a trait à l'histoire générale des jardins, à celle des jardins de Cornouailles, et enfin les papiers concernant Pengarrock ?

— Bonne question. Qu'est-ce qui vous semble le plus logique ?

— Ce n'est pas moi qui vais me servir de ces documents ; alors, à vous de me le dire.

— Je ne travaille pas en fonction de catégories.

— Ça, je l'avais compris !

J'ai soufflé sur mon thé, regardant la surface onduler.

— Mais ça me paraît cohérent. Faites donc comme vous le suggérez. De mon côté, je m'efforcerai de maintenir les choses ainsi.

J'ai levé un sourcil.

— Promis, a-t-il ajouté.

— D'accord.

Un livre était posé sur ses genoux, des bouts de papier

glissés entre les pages, comme j'en avais déjà trouvé beaucoup.

— J'adore vos notes, ai-je dit.

— Je suis content que quelqu'un les apprécie, a-t-il répondu avec un petit rire, retournant le livre. Maintenant que nous nous connaissons un peu mieux, êtes-vous enfin prête à m'expliquer pourquoi vous êtes là ?

Il a souri.

— Et sachez que je ne m'en plains pas.

— Pour vous aider à mettre de l'ordre, ai-je répondu, fronçant les sourcils.

— Bien sûr, mais c'est un gaspillage de vos compétences.

— Je ne dirais pas ça ; au contraire, je considère ça comme un cadeau. Tout ce qui a trait aux jardins me passionne.

Je me suis levée et j'ai regardé en direction de la nef avec son autel sobrement orné d'une simple croix en argent ; dans la pierre avait été sculptée l'image de la Vierge Marie et de l'Enfant Jésus.

— Je n'en doute pas, mais vous ne m'apprenez rien que je ne sache déjà.

— C'est vrai.

J'ai marché jusqu'à la fenêtre pour admirer le verre soufflé à la main.

— J'avais besoin de changer d'air.

— Oui ?

— J'étais...

Je me suis interrompue. J'ignorais comment continuer.

— Il a dû se passer quelque chose, m'a-t-il encouragée.

— Eh bien, j'étais sur le point de me marier quand j'ai soudain pris conscience que ce n'était pas la chose à faire... ou, plutôt, que ce n'était pas la bonne personne.

J'ai joué avec le collier que je portais.

— Ou peut-être ai-je simplement pensé que je le faisais pour de mauvaises raisons.

— Je vois.

— Vous avez bien de la chance.

Je me suis retournée. Petroc avait un sourire entendu sur le visage.

— Alors, vous êtes partie ?

— Oui, et je crois que j'aurais pu mieux m'y prendre.

C'était peu dire.

— Avez-vous réfléchi à ce qui vous a poussée à agir ainsi ? a-t-il demandé, me rejoignant près de la porte.

— J'ai eu simplement la conviction que ce mariage n'était pas la chose à faire, que je me contentais de me comporter comme on l'attendait de moi. Je n'ai pas cherché plus loin.

— Et, comme tous les Américains, vous avez besoin de comprendre le pourquoi.

Petroc a vidé sa tasse. J'ai ri.

— Oui, c'est exact.

— Vous pourriez avoir raison. Parfois, je pense que je ne me suis pas suffisamment penché sur certaines choses, des émotions auxquelles je n'ai pas accordé l'attention qu'elles méritaient.

— Qu'est-ce qui vous fait dire ça ?

Je me suis retournée, remarquant la rosace au-dessus de l'autel. Un coup d'œil à la voûte en berceau m'a pratiquement convaincue que la chapelle remontait à la fin du quinzième siècle, plus tôt, donc, que le reste de la maison datant, lui, selon mes estimations, du dix-septième.

— Je crois que je ne me suis pas assez interrogé dans le passé ou que je n'ai pas tenu compte des sentiments des autres comme j'aurais dû le faire. J'ai fait ce qu'on attendait de moi.

— Et vous le regrettez ?

— Avec le recul, oui.

— Ça doit vous faire de la peine.

Petroc a soupiré.

— Oui, mais, plus j'y pense, plus je sens qu'il n'est pas trop tard pour mettre certaines choses en règle.

— C'est plutôt positif, alors.

— Oui. Et vous, qu'avez-vous fait pour réparer les dégâts ?

Il m'a tenu la porte de la chapelle.

— Pas sûre que ce soit réparable.

— Vous avez essayé ?

J'ai ri.

— Pour être honnête, pas vraiment. Je crois que c'est probablement encore un peu trop frais.

— Le temps aide à panser les blessures. Et que devient ce pauvre garçon qui, j'en suis persuadé, est effondré sans vous ?

— Je ne sais pas. Il dit qu'il m'aime toujours.

Nous avons commencé à marcher dans le couloir.

— Ça ne fait aucun doute. Il faudrait être un imbécile pour prétendre le contraire.

Petroc a souri.

— Votre confiance me touche, ai-je répondu en riant.

— Parfois, seul l'éloignement permet de voir les choses sous un jour différent et de donner la perspective nécessaire avant de revenir.

— Je ne suis pas sûre de vouloir rentrer, ni même d'être la bienvenue si je le décidais.

— Je me demande...

Petroc s'est interrompu et a mis les mains dans ses poches.

— Moi aussi.

— Non, je me demande si on peut vraiment reprendre le cours de sa vie sans avoir affronté les démons du passé.

— Je n'irais pas jusqu'à qualifier mes parents de « démons ».

Il a ri.

— Je parlais de ma propre existence, pas de la vôtre.

J'ai froncé les sourcils. J'ai eu l'impression que notre conversation tournait autour d'un quiproquo. J'ai pointé du doigt une porte fermée.

— Où est-ce que ça mène ?

— Dans la bibliothèque.

— Je peux jeter un coup d'œil ?

— Bien sûr. Toute la maison vous est ouverte. Allez où il vous plaira.

Il s'est immobilisé, la main sur la poignée. Je l'ai arrêté.

— Non. Si j'entre là-dedans, je n'avancerai jamais dans mon travail.

Il a ri.

— D'accord. Revenez ce soir. Maintenant, si vous voulez bien m'excuser, je viens de me rendre compte que j'ai oublié mon livre dans la chapelle.

Barbara avait raison : Petroc et l'organisation, ça faisait deux. L'espace que j'avais dégagé sur le sol la veille était à nouveau envahi. Il avait dû travailler avec acharnement jusque tard dans la nuit. Apparemment, cet homme ne rangeait jamais rien ; pourtant, les classeurs à tiroirs étaient pleins. Et quand, au petit-déjeuner, Helen avait également mentionné la présence de cartons remplis de papiers au grenier, j'avais sérieusement envisagé de laisser tomber. Mais le soleil brillait, et je n'avais nulle part où aller. En plus, je me plaisais à Pengarrock.

Ce matin-là, Petroc était parti à Londres voir son fils Tristan. J'avais donc quelques jours devant moi pour avancer sans distraction dans mon travail. Le sol m'a semblé un bon point de départ où tout recommencer. J'avais la ferme intention de mettre de l'ordre dans ce chaos, et le seul moyen d'y parvenir était de m'y prendre un dossier – ou même un bout de papier – après l'autre.

J'ai saisi la liasse de feuilles volantes la plus proche. Au sommet de la pile se trouvait un devis pour le remplacement d'une partie de la toiture de Pengarrock. En déchiffrant le montant, je n'en ai pas cru mes yeux : cent mille livres. Vingt mille livres pour une simple réparation. Vu les dimensions de la maison, les plus petites choses prenaient tout de suite des proportions insoupçonnées.

Des photos ont glissé de la pile, des images un peu passées, en noir et blanc, de Pengarrock et de l'Helford. L'absence de personnes sur ces photos les rendait intemporelles. Il y en avait également une d'une goélette à deux mâts, à quai. Même sans la mention au crayon en bas, j'aurais pu deviner les dates. Ç'avait été pris à Gweek, un village de Cornouailles, vers 1860. L'eau était immobile, un véritable miroir ; des hommes se tenaient en gilet et manches de chemise dans une petite embarcation à côté du vaisseau plus important. Les femmes en longues robes regardaient depuis la terre. Examinant le flanc de coteau, j'ai noté la présence de chênes nains et de quelques grands arbres se détachant fièrement sur le ciel.

J'ai cru percevoir un mouvement derrière moi ; je me suis retournée, m'attendant à voir Helen, mais personne n'était là. Curieux. Tout était immobile en ce matin calme. Je me suis intéressée à l'article suivant, un livre sur les orchidées en Cornouailles signé W. Trelawny et I. Rowse. Je l'ai rapidement feuilleté ; on y trouvait des informations sur les différentes espèces et leurs habitats.

Puis je suis passée à un nouveau carnet relié en cuir noir. J'ai hésité avant de l'ouvrir, puis j'ai remarqué les dates écrites par Petroc sur la première page. Le journal de l'autre jour avait disparu de ma pile « Demander à Petroc ». Avec un soupir, j'ai fait tourner mes épaules raides.

Helen a passé la tête dans l'embrasure de la porte ; j'ai levé les yeux d'un document traitant des activités commerciales sur l'Helford, qui devait avoir un lien avec le livre sur lequel travaillait Petroc en ce moment.

— Comment vous vous en sortez ? m'a demandé Helen en regardant le désordre.

— Aussi bien que possible, je suppose, même si les méthodes de Petroc m'échappent.

J'ai ri.

— Ça ne m'étonne pas. Venez, le déjeuner est prêt.

Avec un froncement de sourcils, j'ai suivi Helen à la cuisine.

— Vous savez, ai-je dit, je suis tout à fait capable de me préparer à manger.

— C'est sans doute ce que vous pensez, mais je suis persuadée du contraire. Vous n'avez que la peau sur les os ! Vous avez besoin d'aide dans ce rayon-là.

— Vous me l'avez déjà dit.

— Et je continuerai jusqu'à ce que vous soyez resplendissante de santé. Vous avez repris quelques couleurs, c'est bien. Maintenant, il ne nous reste qu'à vous remplumer un peu. Je sais ce qu'il vous faut : une nourriture saine et le bon air de Cornouailles.

Elle m'a regardée sévèrement. Il était clair qu'elle était parvenue à ses propres conclusions à mon sujet, même si j'ignorais lesquelles.

J'ai tiré une chaise près de la porte. Le vent soufflait à l'intérieur.

— Helen, vous avez vécu au domaine toute votre vie, mais depuis combien de temps y travaillez-vous ?

— Aussi loin que je me souvienne.

Elle a enroulé un torchon à vaisselle autour de sa main.

— Depuis que j'ai quitté l'école. Même avant, si on compte la cueillette des jonquilles.

— La cueillette des jonquilles ?

— Oui, c'est une activité importante dans la région, ou plutôt ça l'était. La demande a chuté depuis que d'autres marchés en proposent plus tôt dans la saison. Remarquez, il y a toujours de l'argent à se faire.

Alors qu'Helen s'affairait dans la cuisine, rangeant des assiettes, j'ai essayé de deviner son âge. Elle pouvait avoir la soixantaine, comme Petroc, mais, avec ses traits plus pleins, elle faisait plus jeune.

— Je rentre préparer le repas de J.C. J'ai laissé le vôtre au frigo, vous n'aurez qu'à le réchauffer.

Sous son regard, je me suis redressée sur ma chaise. J'ai pensé qu'elle avait raté sa vocation : elle aurait pu faire partie des vieilles religieuses que j'avais eues comme enseignantes à Paris.

— Et je ne veux pas voir de restes.

— Oui, m'dame.

Helen a ri, puis elle est partie. Me munissant d'un bout de papier et d'un crayon, j'ai noté quelques questions que j'aurais besoin de poser à Petroc :

1. *Carnets personnels. Que voulez-vous que j'en fasse ?*
2. *Avez-vous compilé une histoire de la maison et du jardin ? Si oui, où est-elle ? Sinon, pourquoi ?*
3. *Où devrais-je temporairement entreposer les cartons pleins ? Parce qu'une fois le catalogue achevé, ils devront être repris dans le bon ordre, en fonction du sujet et de la date.*

Levant la tête, j'ai eu la surprise de constater que j'avais vidé mon assiette. Helen serait satisfaite. Je suis retournée au bureau, où je me suis immergée dans le chaos qui envahissait le sol.

Où avait filé le temps ? J'ai consulté ma montre : dix-huit heures. Un vendredi. D'habitude, John et moi allions retrouver des amis dans un bar du cap Cod. Au lieu de cela, une soirée de solitude m'attendait, mais je ne pouvais m'en prendre qu'à moi. Que faisait John à Londres en ce moment ? Comment tenait-il le coup ? J'ai respiré profondément. Il faisait beau ; une longue marche m'aiderait à m'éclaircir les idées. Étudiant une carte de la région dénichée sur le sol, j'ai décidé que Frenchman's Creek me semblait une destination tout indiquée.

Après avoir fermé la maison, je suis partie en flânant en direction du village d'Helford avec les deux chiens. Je n'avais pas prévu de les emmener, mais ils n'étaient pas de cet avis. Il faisait chaud ; dans les champs, le blé ondulait doucement sous le vent. Je ne voyais pas le fleuve, mais j'ai senti sa proximité alors que j'arrivais sur le chemin côtier. Le soleil couchant teintait d'un or doux les voiles des bateaux qui rentraient.

J'ai ri en assistant aux efforts de quelqu'un qui s'essayait au ski nautique. Je ne comptais plus les étés où j'avais essuyé semblables échecs. Patient, John n'avait pas cessé de faire tourner le canot à moteur pendant que je multipliais les tentatives. J'avais été la seule dans notre groupe d'amis à ne jamais y parvenir. John attribuait mon manque de réussite à un problème de centre de gravité dû au fait que j'étais tout en jambes. Il refusait d'accepter que je sois maladroite et tout simplement incompétente dans la plupart des activités physiques.

Mon absence de talent sur un court de tennis ou un parcours de golf avait fait le désespoir de mère. Elle n'avait aucune estime pour le seul sport dans lequel je m'étais distinguée, à savoir l'aviron. Une passion que papa et moi avions partagée. Il avait ramé pour Harvard, puis pour Oxford, où il avait fait la connaissance de mère. J'avais toujours eu le sentiment qu'elle était jalouse de ce lien entre lui et moi.

Rhum, l'épagneul, est resté près de moi, alors que nous approchions du village, mais le labrador, Gin, ouvrait la marche, loin devant. J'ai longé des cottages blanchis à la chaux, songeant que j'avais vu des cartes postales qui ressemblaient à ça, mais sans vraiment croire à leur réalité. La marée était haute quand j'ai traversé la passerelle. Des cygnes et leurs petits nageaient paisiblement jusqu'à ce qu'ils aperçoivent Gin et Rhum qui se sont mis à aboyer dans leur direction.

— Rhum, Gin, au pied ! ai-je crié, mais ils m'ont ignorée.

À cause de nos fréquents déménagements, j'avais connu une enfance singulièrement dépourvue d'animaux de compagnie. Et un poisson rouge n'exige aucun dressage.

Mon expérience des chiens, bien que je les aime beaucoup, se limitait à celle acquise au contact de celui de la famille de John. Elle s'est révélée clairement insuffisante : ces deux-là n'ont tenu aucun compte de mes ordres. J'ai continué à marcher, dans l'espoir qu'ils me suivraient, mais sans succès. Ils s'intéressaient bien plus aux cygnes qu'à moi. Sachant que ces oiseaux pouvaient se montrer agressifs, je me suis demandé qui courait le plus grand risque.

— Gin, Rhum, au pied !

J'ai battu des mains. Sans résultat. Et je ne savais pas siffler.

— Rhum, allez, viens ici.

Rhum a dressé les oreilles, mais aucune action n'a suivi. Puis, j'ai entendu un sifflement, et les deux chiens ont arrêté d'aboyer et se sont calmés. Levant la tête, j'ai vu un homme grand qui me souriait.

— Vous devez être l'Américaine.

J'ai écarquillé les yeux. Est-ce que j'avais une pancarte dans le dos déclarant ma nationalité ?

— Je m'appelle Mark Triggs.

Les chiens étaient paisiblement assis à ses pieds, à présent, l'image même de l'innocence.

— Jude Warren, l'Américaine.

— Bienvenue à Helford.

Il s'est mis à marcher, et les chiens l'ont suivi.

— Merci.

Comme je n'avais pas vraiment le choix, je lui ai emboîté le pas. Apparemment, il connaissait bien Rhum et Gin, qui lui obéissaient au doigt et à l'œil.

— Où alliez-vous avec ces deux-là ? a-t-il demandé avec un regard pour les coupables.

— Frenchman's Creek.

— Ça va leur plaire.

— Je n'en doute pas ! Je ne les avais pas invités, mais ils se sont joints à moi.

— Comment leur en vouloir ? Une balade dans un des endroits les plus romantiques de la terre en compagnie d'une belle femme...

Il m'a lancé un regard en coin, et j'ai eu un mouvement de recul. Il était plutôt beau gosse, avec ses épaules larges et son sourire chaleureux. Mais je ne voulais m'attacher à aucun homme en ce moment, aussi séduisant soit-il.

— Ils en ont de la chance, de vous avoir pour eux tout seuls.

J'ai souri, mais j'ai refusé d'entrer dans son jeu.

— Merci pour votre aide.

— Ç'a été un plaisir.

Il m'a saluée de la main avant d'entrer au Shipwrights Arms. Le bruit des voix s'est échappé du pub avant qu'il n'en referme la porte derrière lui. J'ai continué ma route, remarquant à peine le paysage et tâchant de ne pas trop m'appesantir sur ma solitude. Au grand mécontentement des chiens, j'ai décidé d'écourter la balade pour rentrer terminer ma lettre à tante Agnes.

SEPT

Huit heures. Helen n'était pas encore arrivée ; j'avais donc la cuisine pour moi toute seule. Une fois la bouilloire allumée, j'ai ouvert la porte de derrière afin de respirer l'air matinal humide. Bien qu'épargnant le côté nord du fleuve, de la brume planait à la surface, envahissant la vallée et grimpant sur les berges jusqu'au potager devant moi. Elle a émoussé les angles des constructions, et le temps s'est arrêté. Le chant des oiseaux invisibles renforçait l'atmosphère mystique de la scène. Seul le petit bruit sec de la bouilloire a rompu le charme. Un nuage bas a traversé la terrasse par vagues. Dans la beauté du matin frais, j'ai eu l'impression qu'on avait touché ma peau. J'ai frissonné.

Une tasse de café à la main, je suis retournée travailler. J'ai constaté avec plaisir qu'un passage de près d'un mètre de large menait du seuil de la pièce au bureau de Petroc, puis aux portes-fenêtres. En dégageant cet espace, j'avais eu des aperçus de l'histoire du domaine : un jardin dans le Yorkshire, les comptes du ménage d'un manoir dans le Devon et quelques notes pour le livre que Petroc avait l'intention de consacrer à l'Helford. J'avais aussi trouvé plusieurs catalogues de ventes aux enchères de pierres précieuses, annotés avec la somme qu'elles avaient atteinte. Il suffisait que je me plonge dans un document pour qu'il reste en plan. Au début, ça m'a terriblement frustrée, mais je commençais à comprendre l'esprit de Petroc. Telle une pie attirée par tout ce qui brillait, il sautait d'un projet à un autre. Je n'en étais pas moins admirative de sa perspicacité et de son talent d'écriture, lequel m'a transportée dans le passé, où j'ai visité des jardins dans toute l'Europe. Mais sa véritable passion était Pengarrock et l'Helford.

D'après ce que j'avais vu jusqu'à présent, il disposait de suffisamment d'informations et de photographies pour ouvrir sa propre bibliothèque consacrée à l'histoire des jardins. Il possédait les livres dont j'avais ignoré jusqu'à l'existence. Il m'appartenait d'ailleurs de découvrir pourquoi ils n'apparaissaient pas sur les listes connues d'ouvrages de référence.

Adossée à la fenêtre, j'ai regardé les pêcheurs qui relevaient les casiers à homards. La brume, déjà moins dense, s'attardait. Bientôt, le soleil la transpercerait de ses rayons, marquant le début d'une nouvelle journée de grande chaleur – pour cette région du monde, en tout cas. Avant de me mettre à l'ouvrage, j'ai erré dans le rez-de-chaussée de la maison. Dans la salle de billard, j'ai jeté un coup d'œil à la pagaille de Petroc (non, son travail). Le carnet qui avait disparu du bureau était ouvert sur la table.

Les jonquilles sont prêtes pour la cueillette, et les saisonniers sont arrivés. J'espère juste que nous ne sommes pas en retard.
Alors que je regardais en direction du fleuve, je l'ai aperçue, inchangée.

J'ai eu un mouvement de recul. C'était beaucoup trop personnel. Fermant derrière moi, j'ai vu, ouverte au bout du couloir, la porte de la chapelle qui semblait m'inviter.

La vie ici n'avait pas dû être facile vers la fin des années 1400. L'isolement avait probablement été autant une bénédiction qu'un fardeau parfois lourd à porter. Même dans le monde moderne, avec ses avions, ses trains et ses automobiles, Pengarrock restait loin de tout.

Apparemment attiré par les fleurs gravées dans les bossages, un papillon a voleté sous la voûte. Ses ailes blanches ont semblé se fondre dans les recoins du plafond. Pour qu'il puisse sortir quand il en aurait envie, je lui ai ouvert le vantail supérieur d'une des fenêtres.

Tant d'histoire concentrée en un lieu unique qui paraissait avoir peu changé depuis sa construction... Je me suis appuyée contre le mur. Le papillon a continué à s'agiter d'un rai de lumière au suivant, en quête d'une vraie fleur. Était-il vraiment – comme le croyaient les Irlandais – habité par une âme attendant d'avoir traversé le purgatoire ? Je me suis détournée de l'insecte, première surprise de dire une prière pour cette âme prisonnière. Il y avait des endroits bien pires que Pengarrock où se retrouver coincé. Mais qu'en était-il de l'enfer et du paradis ? J'ai pensé à Rose, disparue bien trop tôt. Au catéchisme, on nous avait décrit l'enfer comme le fait de voir ceux que l'on aimait sans ne plus jamais pouvoir leur parler ou les toucher. On m'avait assuré que Rose était au ciel, avec Dieu, heureuse. Mais chaque jour sans elle était une sorte d'enfer pour ceux qu'elle avait laissés derrière elle.

Dans l'entrée, le téléphone a sonné ; j'ai couru décrocher.

— Pengarrock ?

— Comment ça se passe ? s'est enquise Barbara, d'une voix étonnamment gaie de si bonne heure.

— Bien. Et toi, ça va ?

J'ai regardé le portrait d'Imogen. Que lui était-il arrivé ?

— Je viens de bavarder avec Jane.

— Oh !

J'ai fait le tour de la table.

— Il n'y a pas de « oh ! » qui tienne. Elle a demandé de tes nouvelles.

— Ça me surprend. J'ai laissé plusieurs messages, mais elle n'a jamais rappelé.

— Qu'est-ce qui s'est passé entre vous deux ?

— Elle ne t'a rien dit ?

Je me suis arrêtée et j'ai regardé le ciel bleu par une des grandes fenêtres de l'escalier.

— Non.

Je me suis assise sur la première marche.

— Judith...

— Ne m'appelle pas comme ça.

— C'est ton prénom.

— Oui, mais je ne suis pas obligée de l'aimer, ai-je répliqué en fronçant le nez.

— Tu préfères Jude, saint patron des causes perdues et des cas désespérés ?

— Tu sais, on pourrait bien avoir besoin de lui, si tu envisages une réconciliation entre ma mère et moi.

— Rien n'est impossible. Appelle-la.

Je me suis levée.

— Je l'ai déjà fait.

— Essaie encore.

— D'accord, ai-je soupiré. Sinon, comment ça va ?

Barbara a ri.

— Message reçu. Tu n'as pas envie d'en parler, mais tu seras bien obligée à un moment ou à un autre. Tu ne peux pas te cacher en Cornouailles.

— C'est toi qui m'y as envoyé.

— Pour travailler, pas pour te planquer.

— C'est toi qui m'empêches de travailler en me retenant au téléphone.

— D'accord, c'est de bonne guerre.

En raccrochant, j'ai regretté de ne pas avoir davantage cuisiné Barbara à propos de mes parents. Je me suis précipitée à l'étage pour chercher la lettre pour tante Agnes et aller la poster.

Peut-être que sa réponse m'éclaircirait un peu. J'avais toujours pu compter sur elle pour me tenir informée.

— Bonjour, Judith ! m'a lancé Petroc en levant les yeux quand je suis passée devant son bureau.

J'ai tressailli. Il ne devait pas rentrer avant demain. Je me suis arrêtée dans l'embrasure de la porte.

— Vous êtes revenu plus tôt.

— J'ai tant à faire et si peu de temps. Venez, j'ai quelque chose à vous montrer.

Dans son regard brillait une lueur joyeuse comme je ne lui en avais pas vu depuis mon arrivée. Grâce à mon travail des jours précédents, je n'ai pas eu de mal à me frayer un passage jusqu'à lui. Petroc tenait un très joli carnet à croquis de l'époque victorienne.

— J'avais complètement oublié ce petit livre ; cette nuit, comme le sommeil me fuyait, je l'ai retrouvé. Il appartenait à Octavia ; elle avait vraiment du talent.

— Octavia ?

— Désolé, je pensais vous avoir parlé d'elle.

J'ai secoué la tête.

— La fille de lady Clarissa, la dernière personne ayant eu le saphir en sa possession.

Il a pointé du doigt l'aquarelle sur la première page. Rosemullion Head, avec le récif d'August Rock affleurant à la surface de l'eau. Au loin, un trois-mâts voguait vers Falmouth. Le style, incontestablement supérieur à celui d'un simple amateur, rappelait celui de Cotman. Sous la peinture, on pouvait lire la fameuse énigme d'August Rock.

— C'est votre énigme.

— Oui. Je me souviens d'avoir trouvé ce livre quand j'étais enfant, lors d'une visite à Pengarrock, avant que nous n'habitions ici. Mon grand-père Symon connaissait bien ces vers, mais je ne les avais jamais vus écrits noir sur blanc auparavant.

Il a tourné une page.

— Un courlis.

— Elle était vraiment douée pour dessiner des oiseaux avec une telle précision ; les paysages sont également très réussis.

— Ce n'est pas tout.

Il a rapidement sauté quelques pages pour s'arrêter sur l'image d'une minuscule orchidée.

— Son travail floral est tout aussi superbe, a-t-il ajouté.

— C'était une artiste de talent. C'est de famille ?

— Non. Rien ne permet de le supposer.

Il a souri.

— Malheureusement, je crains que son don ne se soit éteint avec elle.

— Vous n'avez hérité d'aucun de ses gènes ? ai-je demandé, haussant un sourcil.

— Pas le moindre, puisqu'elle n'a jamais eu d'enfants. Il n'existe qu'un lien de parenté éloigné entre ma branche des Trevillion et celle d'Octavia.

Il s'est tu un moment.

— Ai-je déjà mentionné que tout avait été fait pour maintenir Pengarrock entre les mains des Trevillion ? Le père de Clarissa a marié sa fille à Tallan, un de ses cousins au troisième degré, simplement pour conserver Pengarrock.

J'ai froncé les sourcils.

— Ça semble une pratique archaïque aujourd'hui.

— Je suis d'accord, mais c'était courant, à l'époque.

— Qu'est devenue Octavia ?

Le téléphone a sonné ; Petroc a levé la main pour s'excuser avant de décrocher. À son changement de ton, j'ai compris qu'il valait mieux que je n'entende pas la suite. Je suis sortie en tirant la porte. L'obsession de Petroc semblait prendre le pas sur tout le reste.

Petroc a bourré sa pipe sans quitter des yeux le fleuve.

— C'est si beau, ai-je dit en approchant du canon contre lequel il s'appuyait.

— Oui.

Il s'est tourné vers moi et m'a souri.

— Chaque fois que je regarde, je vois quelque chose que je n'ai jamais remarqué. La marée se retire et je longe le sentier à l'aube, comme je l'ai fait mille matins, mais aujourd'hui...

La pipe s'était éteinte. Se munissant d'une allumette, il a donc repris son rituel. Après quelques bouffées, il a poursuivi :

— Alors que le soleil se levait, j'ai aperçu un pli dans les rochers que je voyais pour la première fois.

J'ai admiré le fleuve, un peu jalouse de ce privilège d'avoir pu parcourir ses berges un millier de fois. J'étais déjà sous le charme. Le calme est descendu sur la surface de l'eau abandonnée par le soleil. Petroc a posé la main sur mon épaule.

— Le dîner est servi.

— Comment était Londres ? Votre fils va bien ?

— Chaude et pleine de monde, pour répondre à votre première question.

M'invitant à prendre place, il a tiré la lourde chaise en

tek, un petit geste qui m'a rappelé papa. J'ai eu une boule dans la gorge.

— Tristan se porte bien ; il est très occupé.

— Qu'est-ce qu'il fait dans la vie ?

— Il est dans la finance.

Petroc s'est assis.

— Je crois.

— Vous ne semblez guère convaincu – par votre voyage non plus, d'ailleurs.

Petroc a souri.

— Non, ça n'a pas été un séjour très satisfaisant.

— Oh !

— J'ai échoué dans tout ce que j'ai essayé de faire et je ne suis pas sûr que cela vaille encore la peine de persévérer.

Il a servi le vin.

— Il arrive un moment où il faut savoir accepter son destin. Je pense que je me suis révolté contre le mien trop longtemps et que ma chance a tourné.

J'ai senti une telle tristesse dans ses propos que j'ai estimé qu'il était de mon devoir de lui rendre le sourire.

— Je croyais que vous aviez rendez-vous avec votre éditeur.

— Ah oui. Ça, ça s'est plutôt bien passé. Je suis en retard, mais ce n'est pas nouveau.

— En retard de combien de temps ?

— Le livre est presque entièrement écrit, mais il est en morceaux, et j'ai d'autres priorités.

Il m'a tendu la salade.

— Laissons cela pour demain et profitons du merveilleux dîner que nous a préparé Helen.

Alors que je mangeais la salade de fruits de mer, je me suis demandé ce qui avait bien pu se produire à Londres pour mettre Petroc d'humeur aussi mélancolique.

Jusqu'à aujourd'hui, je l'avais toujours considéré comme quelqu'un de plutôt positif, mais quelque chose semblait l'avoir fait changer d'attitude.

— Maintenant, dites-moi..., a-t-il repris. À quoi avez-vous occupé ces derniers jours ?

— À pas mal de choses, mais j'ai un tas de questions à vous poser.

J'ai souri.

— Depuis quand, exactement, les Trevillion habitent-ils cet endroit merveilleux ?

— Peut-être réussirons-nous à vous persuader de rester dans notre petit coin de paradis.

— Ce ne sera pas difficile. Je suis déjà sous le charme.

— Parfait. Qu'est-ce que vous aimez le plus ici ?

J'ai réfléchi.

— Je n'en suis pas certaine, mais je dirais le fleuve. La façon dont tout semble s'organiser autour de lui. J'ai beau ne pas être là depuis longtemps, mais la marée est la première chose à laquelle je pense

— Les Trevillion sont arrivés ici par le mariage, il y a plus de six cents ans, et ils ont pratiquement vendu leur âme pour que leur nom reste attaché à ce domaine. Maintenant, je me demande si cela en valait la peine.

Il s'est levé et a débarrassé la table. Je me suis retenue de le serrer contre moi, me contentant de poser la main sur son bras.

— N'écoutez pas les divagations d'un vieil homme, a-t-il ajouté. J'aime Pengarrock ; mon destin est lié au sien, pour le meilleur et pour le pire.

J'ai ramassé les plats qui restaient et l'ai suivi dans la cuisine. Le cri d'un oiseau nous a stoppés net.

— Un courlis, a-t-il dit, fouillant le ciel du regard.

— Curieux.

Il a soupiré.

— Oui. Et la nuit, c'est de mauvais augure.

Après que nous avons chargé le lave-vaisselle, Petroc est parti de son côté. Je suis allée près des canons, où j'ai réussi à capter un réseau mobile. Je ne parvenais pas à chasser la tristesse que j'éprouvais. J'ai écrit un SMS à John.

La Voie lactée dans le ciel me rappelle nos nuits sur la plage.

Mes doigts se sont attardés au-dessus de la touche ENVOYER, mais j'ai fini par le supprimer. Le soir, la solitude devenait parfois difficile à supporter – et le vin n'aidait pas. J'ai téléphoné à mes parents. Il était dix-huit heures chez eux ; ils se trouvaient probablement sur la terrasse, en train de profiter de la vue. Le moment idéal pour les joindre.

Quand je suis tombée directement sur le répondeur, j'ai été tentée de ne rien dire, mais je me suis souvenue que mère détestait ça ; alors, j'ai marmonné un bonjour, mentionné le fait que je me plaisais beaucoup en Cornouailles.

En rentrant, j'ai entendu la voix de Petroc dans son bureau. Il était près de minuit ; peut-être que lui aussi parlait à un correspondant outre-Atlantique. De retour dans ma chambre, j'ai allumé mon ordinateur portable en espérant que Sophie serait en ligne, mais je n'ai pas eu cette chance. Ce serait donc une autre lettre adressée à tante Agnes.

Chère tante Agnes...

Un éclair a zébré le ciel nocturne. C'était inattendu. Peu de temps auparavant, le ciel avait été dégagé, mais un front orageux se déplaçait maintenant à travers la baie. Un nouvel éclair, et, l'espace de quelques secondes, il a fait aussi clair qu'en plein jour. La pluie n'a pas tardé à suivre, battant contre les fenêtres. Je me suis précipitée vers la mienne pour la fermer.

Le tonnerre a claqué, alors que je faisais le tour des autres chambres. Les lumières se sont éteintes, et la maison a été plongée dans le noir. Le duvet sur ma nuque s'est dressé tandis que mes yeux s'adaptaient et que j'essayais de ne pas imaginer des formes dans l'obscurité. J'ai appuyé sur l'interrupteur le plus proche, mais rien ne s'est produit. J'ai donc regagné ma chambre en tâtonnant le long du mur.

Les lampes ont vacillé, puis se sont rallumées. Le silence s'est abattu sur Pengarrock. L'orage était passé aussi vite qu'il était arrivé. J'ai ouvert ma fenêtre avant de reprendre l'écriture de ma lettre à ma tante.

HUIT

En revenant du bureau de poste, les digitales qui poussaient dans les haies m'ont fait penser à des points d'exclamation joyeux. Elles mériteraient une description dans ma prochaine lettre à tante Agnes. À peine quelques semaines après mon arrivée, j'étais tombée sous le charme. Non, en vérité, j'avais craqué après quelques jours dans cette vieille maison en compagnie d'une pile de livres. Et si je décidais de ne pas retourner chez moi à la fin de ma mission ? Après tout, qu'est-ce qui m'attendait là-bas ? Je n'y étais pas réellement chez moi, et mon cœur n'y était certainement pas. Je n'avais plus envie de n'être que la « fille Warren ». Je voulais être moi. Et je commençais à avoir un aperçu de cette personne.

Au moment d'entrer dans la maison, un courlis a crié, et j'ai repensé à la nuit dernière. Tout s'est tendu en moi quand j'ai entendu un hurlement déchirer le silence. Helen. Je me suis précipitée à la cuisine, mais elle ne s'y trouvait pas.

— Où êtes-vous ?

— Au bureau, a-t-elle répondu.

J'ai couru et je me suis figée sur le seuil. Les fragments d'une tasse jonchaient le sol, encore humide de thé. Petroc était écroulé sur son bureau ; Helen, livide, se tenait à côté de lui.

Je l'ai rejointe en trois enjambées.

— Petroc ?

Il n'a pas bougé. Alors que je saisissais son poignet à la recherche d'un pouls, j'ai noté la froideur de sa peau.

— Vous avez prévenu les secours ? ai-je demandé à Helen qui tremblait, clouée sur place. Vous devez appeler quelqu'un.

Elle a acquiescé.

— Je vais faire venir le docteur.

C'était bien trop tard pour ça. Avec sa tête sur le bureau et sa main droite tendue qui tenait toujours son stylo, j'avais le sentiment que ce qui avait emporté Petroc avait été rapide. J'ai contourné le bureau pour examiner son visage. Son regard fixait le fleuve qu'il aimait tant. Le cœur gros, j'ai écouté Helen parler, tandis que je cherchais un pouls sur le cou de Petroc, mais je savais que je n'en trouverais pas.

Helen s'est tournée avec moi, le téléphone collé à l'oreille.

— Est-ce qu'il respire ? a-t-elle demandé.

— Non, et il n'a pas de pouls.

J'ai frémi.

— Il est froid au toucher.

Helen a transmis l'information.

— La docteure est en route ; elle a dit de tout laisser en l'état.

J'ai passé le bras autour des épaules d'Helen et l'ai serrée contre moi. Elle s'est à nouveau tournée vers Petroc. Il avait l'air paisible et portait les mêmes vêtements qu'hier. Il était probablement mort dans la nuit. Des larmes ont coulé sur les joues d'Helen.

— Est-ce qu'on ne devrait pas faire quelque chose ?

— Je ne pense pas qu'on puisse faire quoi que ce soit, ai-je répondu.

— S'il vous plaît !

— Je le regrette, croyez bien, mais rien ne l'aidera.

Les pleurs d'Helen se sont transformés en sanglots. Je l'ai prise dans mes bras et n'ai pas pu retenir mes propres larmes.

— Tristan, a-t-elle soufflé.

— Vous vous sentez en état de lui parler ?

Visiblement, non.

— Alors, ça peut attendre. Tristan ne doit pas entendre la nouvelle de la mort de son père de la bouche d'une inconnue.

Elle a hoché la tête ; je l'ai ramenée à la cuisine pour la faire asseoir. Ensuite, j'ai allumé la bouilloire. Apparemment, en temps de crise, je devenais ma mère.

— Votre mari ? ai-je demandé.

— Il ne sera pas rentré avant cinq heures, au moins, avec la marée haute.

Les marées ; elles dictaient la façon dont la vie s'organisait autour du fleuve.

— La docteure a dit quand elle serait là ?

— Non.

Les chiens ont aboyé, puis se sont arrêtés. J'ai tendu l'oreille, mais, au lieu du crissement de pneus sur le gravier que j'attendais, Mark Triggs est entré par la porte de derrière et nous a regardées tour à tour, Helen et moi.

— Qu'est-ce qui se passe ?

Comme Helen semblait incapable de répondre, j'ai pris le relais.

— C'est Petroc. Il est mort.

— Quoi ?

Il est resté immobile.

— Désolé, je veux dire, comment ? Quand ?

— On ne sait pas encore, mais la docteure ne devrait pas tarder.

J'ai sorti plusieurs tasses du placard et les lui ai tendues pour qu'il prépare du thé.

— Et Tristan ?

Mark a posé une main sur l'épaule d'Helen qui pleurait de plus belle.

— Vous pourriez l'appeler ? ai-je suggéré, pleine d'espoir.

— Je suis la dernière personne qui devrait annoncer la nouvelle à Tristan.

J'ai froncé les sourcils.

— C'est une longue histoire, et ça attendra plus tard. J'entends une voiture qui approche.

J'ai laissé Mark avec Helen et suis sortie dans l'allée pour accueillir le médecin.

— Katherine Carr.

— Jude Warren.

Nous nous sommes serré la main, et je l'ai conduite à Petroc. Il avait l'air paisible, le regard fixé sur le fleuve. Le souvenir de Rose, allongée dans son cercueil, m'est revenu à l'esprit, alors que j'observais la docteure travailler. À part ma sœur, j'avais eu très peu d'expériences directes de la mort. Notre famille se trouvait toujours à l'étranger quand nous apprenions le décès d'un proche, bien trop loin pour rentrer assister à un enterrement. J'ai serré mes bras autour de moi.

— Quand l'avez-vous vu pour la dernière fois ?

— Nous avons terminé de dîner à la cuisine vers vingt-deux heures trente, et je l'ai entendu parler vers minuit.

— Minuit ? Vous êtes sûre ?

— Oui. Minuit moins le quart peut-être. Mais je me rappelle l'heure, car j'essayais de joindre mes parents aux États-Unis.

Elle a froncé les sourcils.

— Quelque chose ne va pas ? ai-je demandé.

— Pas vraiment.

J'ai regardé le corps de Petroc.

— Vous n'avez pas à me répondre, bien sûr, mais ça me semble si soudain. Petroc était pourtant en pleine forme.

Elle s'est redressée après lui avoir fermé les yeux.

— Je ne peux vraiment rien affirmer à ce stade.

— D'accord.

— Comme je ne l'avais pas examiné depuis pas mal de temps, il faudra demander un rapport au coroner. Je m'en occuperai.

Elle a souri.

— Sinon, comment se porte Helen ?

— Elle est sous le choc.

— Je ferais bien d'aller la voir.

J'ai conduit la docteure Carr à la cuisine avant de sortir prendre l'air.

Le médecin avait renvoyé Helen chez elle après lui avoir administré un calmant, et Mark avait gentiment proposé de me tenir compagnie. Je serrais entre mes doigts une feuille de papier avec le numéro de téléphone de Tristan. Je n'avais pas le choix.

— Vous êtes sûr de ne pas pouvoir l'appeler ? ai-je dit à Mark.

— Oui. Croyez-moi, il n'a aucune envie de m'entendre.

— Si vous en êtes certain…

Ne pouvant pas repousser indéfiniment cette corvée, j'ai composé le numéro. Pendant que ça sonnait, j'ai réfléchi au message que je laisserais si je ne parvenais pas à le joindre. Dans ma tête, une voix qui ressemblait de manière remarquable à celle de ma mère m'a conseillé d'adopter un ton froid et courtois, et de manier l'art de la litote. Elle avait probablement raison, comme mère en général dans ce genre d'occasions.

— Papa ? a répondu Tristan.

J'ai dégluti. Je ne m'étais pas préparée à ça, mais, bien sûr, j'appelais depuis la ligne fixe.

— Écoute, je suis en réunion, a-t-il poursuivi d'une voix cassante qui m'a immédiatement hérissée.

Je me suis redressée de toute la hauteur de mon mètre quatre-vingts.

— Je suis désolée, ce n'est pas votre père et ça ne peut pas attendre.

Oh mon Dieu ! On aurait cru entendre ma mère quand elle s'énervait ! Vraiment pas une façon d'annoncer la mort d'un parent.

Il y a eu un silence à l'autre bout du fil.

— Judith Warren à l'appareil. Je vous appelle à propos de votre père, ai-je ajouté, essayant d'adoucir ma voix.

Pourquoi diable avais-je utilisé ce prénom ? Judith. On aurait cru une institutrice collet monté.

— Je vous écoute.

J'ai entendu le raclement d'une chaise sur le sol et une porte qu'on fermait.

— Je suis navrée...

Comment le lui dire ?

— Votre père...

— Il est malade ?

— J'ai le regret de vous annoncer que votre père est décédé ce matin.

Cette simple exposition des faits m'a paru tellement inadaptée, tellement dure. Je n'ai pas su si je devais ajouter quelque chose ou me taire.

— Pour l'instant, nous ne connaissons ni la cause ni l'heure de son décès. Helen l'a trouvé à onze heures et demie quand elle lui a apporté une tasse de thé.

Les éclats jonchaient toujours le sol ; je devais faire quelque chose avant que le thé qui avait coulé jusqu'aux dossiers les plus proches ne provoque des dégâts permanents.

— Il est mort ?

— Je suis vraiment désolée.

— Où est Helen ? a-t-il demandé d'une voix inquiète.

— Le médecin lui a donné un calmant ; elle est rentrée chez elle, pour le moment.

— Passez-moi...

Il s'est interrompu.

— Le médecin est parti, mais vous pouvez appeler son cabinet, ou Helen sera peut-être bientôt en état de vous parler.

Il y a eu un silence.

— C'est le docteur Winslade qui s'est déplacé ?

— Non, la docteure Katherine Carr.

— Merci.

— Je suis sincèrement navrée.

J'entendais sa respiration. Ça devait être si dur pour lui.

— Qui êtes-vous déjà ?

— Jude Warren. Je travaillais avec votre père.

— D'accord. Merci.

J'ai raccroché, les mains tremblantes, puis je suis sortie.

— Ça va ? m'a demandé Mark.

Il s'est adossé au mur, à côté de moi.

— Je pense que oui.

Je me suis mordu la lèvre inférieure.

— Accablée, et en colère tout d'un coup, mais je ne suis pas certaine de savoir pourquoi.

— Tristan a cet effet-là sur les gens.

— Je ne crois pas que ce soit lui. J'ignore comment je réagirais si une totale inconnue m'annonçait que mon père vient de mourir.

Tout à coup, j'ai senti la peur s'emparer de moi. Est-ce que papa allait bien ? Comment affronterais-je la situation s'il lui arrivait quelque chose ? Il n'y avait eu aucun avertissement pour Petroc. Hier soir, il se portait comme un charme. Il était soucieux et il avait brièvement fait allusion à son séjour à Londres et aux banques, mais il semblait en forme. Tout était si soudain.

NEUF

Mark était parti ; j'étais seule sur la terrasse. Des larmes brouillaient ma vision. Dans le sillage des bateaux de pêche qui rentraient avec la marée, les cris lugubres des mouettes remplissaient le ciel. J'avais terriblement envie de parler à mes parents. De retour dans ma chambre, j'ai allumé mon ordinateur et regardé le logo Skype. L'image terrible de Petroc effondré sur son bureau m'a traversé l'esprit. Je me suis à nouveau mise à pleurer. Après m'être mouchée, je me suis connectée. D'après son statut, papa était en ligne. Devais-je tenter ma chance ? Et pour dire quoi ?

— Cesse de réfléchir et fais-le, ai-je dit tout haut.

J'ai cliqué sur le bouton d'appel. La sonnerie mécanique a retenti plusieurs fois avant de s'arrêter. J'ai consulté ma montre. Il était peut-être au jardin, à moins qu'il ne soit sorti jouer au golf en laissant son ordinateur allumé.Mes doigts ont hésité sur le clavier avant que je me décide enfin.

Bonjour, papa,
J'espère que tout va bien à la maison.

J'ai effacé *à la maison.*

Je t'aime,
Jude

Avant de changer d'avis, j'ai cliqué sur ENVOYER. Ensuite, je suis sortie de ma chambre et j'ai appelé les chiens. Ils m'ont retrouvée au pied de l'escalier, où je les ai tous deux serrés contre moi. Tant de questions se bousculaient dans ma tête. Que deviendrait Helen ? Pengarrock était à la fois son lieu de travail et son foyer. Il en allait de même pour le jardinier, le garde-chasse et bien d'autres. Le peu de temps que j'avais passé ici m'avait suffi pour comprendre que la communauté tout entière dépendait d'une façon ou d'une autre du domaine.

Je me sentais si seule, tellement impuissante. Barbara n'avait pas répondu au téléphone ; je lui avais laissé un message. Ne tenant pas en place, j'ai pris quelques cartons et suis allée dans la salle de billard, pièce où Petroc avait élu domicile pour rédiger son nouveau livre. Son éditeur l'attendait. Mes épaules se sont baissées devant l'ampleur de ma tâche. Sous le regard sévère des édouardiens photographiés en noir et blanc qui ornaient les murs lambrissés, je me suis mise au travail.

J'ai commencé par ramasser des photocopies d'articles de journaux à propos d'une vente de bijoux organisée par une célèbre société de ventes aux enchères. *Enchère record pour le plus gros saphir du monde !* affirmait l'un des gros titres. Petroc avait souligné au crayon une mention du saphir des Trevillion, mais il n'avait rien noté, ce qui ne lui ressemblait pas. Sa fascination pour ce trésor perdu ne rimait à rien. Que de temps gaspillé pour un esprit aussi brillant ! Alors que je rangeais les photocopies, je n'ai pas pu m'empêcher de penser qu'il n'aurait jamais consacré autant d'énergie à quelque chose sans avoir une bonne raison.

Cornish Gilliflower (pomme au parfum de clou de girofle)

Prune de Kea
Hockings Green (Bodmin)

— Gilliflower, ai-je lu à voix haute, aimant le son produit par ce mot.

Pommes et clous de girofle formaient une combinaison magique. Petroc avait tenu une liste des espèces de la région avec des descriptions détaillées dans un dossier. À côté se trouvait un vieux livre qui semblait sur le point de se désagréger. *A Week at the Lizard*[1], par le révérend Charles Alexander Johns, publié en 1848. Un rapide coup d'œil m'a ouvert une charmante fenêtre sur le passé. Petroc avait visité chaque lieu, ajouté ses propres pensées et mis à jour des informations sur des feuilles de papier glissées entre les pages de l'ouvrage. Je me laissais facilement distraire, parce que les notes de Petroc étaient comme du chocolat pour moi. Une fois que j'y avais goûté, je continuais jusqu'à avoir fini la tablette.

En fait, Pengarrock me faisait le même effet. Je n'arrêtais pas de découvrir des informations supplémentaires. Comme l'existence de deux vergers sur le domaine – plus, en comptant ceux dispersés dans plusieurs fermes. Selon les notes, l'un d'eux était situé très près de la maison ; peut-être s'agissait-il des quelques arbres appartenant aux vestiges du jardin médiéval, mais je n'avais aucune certitude. Nous n'étions jamais arrivés jusque-là l'autre jour. Il restait tant de choses que je n'avais pas vues, et qu'à présent je ne verrais probablement jamais.

Pour l'heure, j'avais besoin de mettre de l'ordre. J'ai regardé la pile de livres : *Flowers of the Field*[2], de C. A.

1 Une semaine sur la péninsule de Lizard. (NDT)

2 Fleurs des champs. (NDT)

Johns, 1853 ; *Flora of Cornwall*[1], de F. Hamilton Dewey, 1909 ; plus récent, *A Review of the Cornish Flora Pool*[2] *: Institute of Cornish Studies*, 1980. J'aurais voulu tous les lire, mais je les ai soigneusement rangés dans le carton contenant les ouvrages de référence utilisés par Petroc et j'ai ajouté leurs titres à la liste. Le carnet que j'avais vu plus tôt se trouvait sur la table de billard, avec une lettre glissée entre deux pages. Marquait-elle simplement l'emplacement où Petroc avait interrompu sa lecture ou s'agissait-il de quelque chose de complètement différent ?

Mon cher amour,
Comment as-tu pu douter de moi ? Tu me connais, ou du moins le pensais-je. Si je t'ai semblé distante, ce n'est pas parce que je ne t'aime pas, et certainement pas pour chercher l'amour ailleurs.

J'ai frissonné. L'encre était violette, et la lettre, datée du 10 août 1984.

Je sais qu'on parle dans mon dos. C'est inévitable. Tu ne dois pas prêter attention aux racontars. Tu m'as toujours encouragée à aller au bout de mes rêves, et c'est ce que je fais. Mais tu n'as pas à t'inquiéter : jamais ils ne m'éloigneront de toi ou de Pengarrock. Je mène une quête, pour nous et pour Tristan. Ne doute ni de moi ni de mon amour. Fais-moi confiance et laisse-moi écouter mon cœur ; il me montre toujours la bonne direction. Souviens-toi, il m'a conduit à toi.

Ton Immi

1 Flore de Cornouailles. (NDT)
2 Une étude de la flore de Cornouailles. (NDT)

La lettre se trouvait dans le journal de Petroc, à la page du 15 août 1995.

Nous avons ressenti une secousse sismique la nuit dernière. D'abord, je n'ai pas été sûr, mais ce n'était pas notre premier glissement de terrain dans les environs. Cette fois, ça s'est produit assez loin, et, pour cette raison, je n'ai rien entendu, mais simplement perçu le mouvement.

La lettre d'Imogen était tellement intime que j'ai eu l'impression d'être une intruse. Je l'ai pliée avant de la remettre là où je l'avais trouvée. Il n'y avait apparemment aucun rapport, mais Petroc ne l'avait probablement pas glissée là par hasard.

Je me suis étirée et j'ai marché jusqu'à la fenêtre la plus proche, m'efforçant de chasser les mots d'Imogen de mon esprit. Avait-elle eu une aventure ? Que m'avait répondu Helen quand je l'avais interrogée à propos du portrait ? « *C'est du passé – inutile de réveiller ça.* » Il était neuf heures, et il faisait encore clair. Le chèvrefeuille embaumait l'air. Je me suis appuyée contre le châssis de la fenêtre et j'ai respiré profondément. Je devais accélérer mon rythme de travail si je voulais accomplir quoi que ce soit dans le peu de temps où je resterais ici. Mais l'atmosphère de ce lieu semblait me freiner.

Les cartons s'accumulaient dans le couloir à côté du bureau. Ça n'aurait probablement pas dérangé Petroc de son vivant, mais, avec l'enterrement prévu dans quelques jours, cette pagaille n'était pas acceptable. Peut-être J.C. pourrait-il m'aider à les entreposer dans un endroit plus discret, le temps que je sache ce que deviendraient les papiers de Petroc et quel serait mon rôle à l'avenir – à condition que j'en aie un à jouer. Dans l'incertitude, je devais songer à trouver un logement, un nouvel emploi. Entendant un fracas, je suis allée voir de quoi il retournait.

— Ça va ? ai-je demandé à Helen, remarquant le vase cassé qu'elle balayait.

Elle m'a paru épuisée.

— Non, mais ne vous inquiétez pas.

Elle m'a souri.

— Je suis simplement en colère contre Tristan. J'ai élevé ce garçon, et il devrait avoir un peu plus de bon sens.

— Ça ne me regarde probablement pas, mais qu'est-ce qu'il a fait ?

Helen a secoué la tête.

— Rien de bien nouveau. Ce serait déjà un progrès s'il se trouvait une femme bien au lieu de courir le jupon. Mais je peux m'estimer heureuse.

J'ai haussé un sourcil.

— Pourquoi ?

— Il a plaqué sa dernière poule ; ça m'épargnera au moins d'avoir à m'occuper d'une de ces pâlichonnes de la ville qui ne supporte pas la campagne.

Je n'ai pu m'empêcher de sourire.

— Mais oubliez ça... Qu'est-ce que je peux faire pour vous ? a-t-elle demandé.

— Rien. Plutôt l'inverse. Si je peux vous être utile...

— J'ai rendez-vous chez le fleuriste, puisque Tristan a la flemme de le faire lui-même comme il le devrait.

— Bon courage.

J'ai regardé Helen sortir de la cuisine, pensant que le fils de Petroc n'échapperait pas à un savon quand il arriverait. Le téléphone a sonné, et j'ai répondu.

— Pengarrock.

— Bonjour, Jude. Comment ça va ? a demandé Barbara.

— Bonne question. Couci-couça, je dirais.

— J'imagine. Je suis désolée, mais je ne pourrai pas assister à l'enterrement ; ce jour-là, je donne une conférence et je n'ai pas pu me libérer.

— Ça tombe mal.

— Oui, a-t-elle répondu en toussant.

J'ai suivi du doigt le fil du bois de la table.

— Barbara, est-ce que tu penses que je devrais faire mes valises ?

Je me suis perchée sur le bord du plan de travail. Trois jours s'étaient écoulés depuis la mort de Petroc.

— Non. Reste au moins jusqu'à l'enterrement.

J'ai froncé les sourcils. Pour une raison qui m'échappait, je n'avais pas envie de rencontrer Tristan.

— Jude, tu ne peux pas te sauver comme ça, a insisté Barbara.

— Je n'en avais pas l'intention, mais je me vois mal continuer comme avant.

J'ai sauté du plan de travail et j'ai fait les cent pas dans la cuisine.

— Tristan voudra qu'on mette de l'ordre dans les papiers de son père. Où en était Petroc dans l'écriture de son livre ?

— Je crains que Tristan se fiche pas mal des affaires de son père et de ses travaux.

Je ne parvenais pas à oublier ce que m'avait dit Petroc à propos du manque d'intérêt de son fils pour Pengarrock.

— Qu'est-ce qui te permet de dire ça, Jude ?

— Je n'en suis pas certaine, mais... je pense qu'il s'en moque.

— Tu ne dois pas juger les gens.

— Je sais, mais il pourrait montrer un peu d'émotion. Le flegme britannique, ce n'est pas sa génération.

Barbara a ri.

— Jude, donne-lui une chance. Son père vient de mourir subitement en lui laissant de sacrées responsabilités sur les bras. Rien que ça suffirait à le rendre un peu difficile.

J'ai serré les lèvres.

— Tu as peut-être raison, ai-je admis, mais je réserve mon jugement.

— Donc, que tu resteras au moins jusqu'à la fin des funérailles ?

— Bon sang, tu as une manière de présenter les choses !

Je me suis laissée tomber sur une chaise.

— Ça tient à ma façon de regarder le monde.

— C'est vrai.

— Tu as des nouvelles de tes parents ? a demandé Barbara d'une voix légèrement changée.

J'ai soupiré.

— J'ai tenté de joindre papa sur Skype, mais, comme il ne répondait pas, je lui ai envoyé un message.

— Et ?

— Et rien. Pas un mot. Je commence à m'inquiéter. Tu penses que j'ai des raisons de me faire du souci ?

— Tu as réessayé depuis ?

J'ai soufflé.

— Non.

— Fais-le.

Je n'ai rien dit.

— Jude, ne sois pas butée ; ça ne te ressemble pas.

— Ah ! mais je ne suis plus moi ; tu n'avais pas remarqué ?

— Si, mais ce n'est pas une excuse.

— D'accord. Je ferai une nouvelle tentative.

J'ai enroulé une mèche de mes cheveux autour de mon doigt. Elle est restée torsadée quand je l'ai retiré.

— C'est gentil.

— Mon Dieu, Barbara, ne dis pas une chose pareille, ça me donne envie de faire le contraire.

— Tu as vraiment changé !

— Tout juste.

Je ruminais toujours la remarque de Barbara quand je suis entrée dans le bureau de Petroc. Au cours des derniers jours, sachant que je n'interférerais pas avec sa façon de travailler, j'avais empilé ses dossiers et ses papiers de manière approximative. J'avais ainsi dégagé presque tout le sol, à part le long des murs, où les documents occupaient deux rangées, parfois sur une hauteur dépassant un mètre vingt. J'avais laissé son bureau tel qu'il était au moment où il l'avait utilisé pour la dernière fois. Sans savoir expliquer cette réticence, j'estimais que cette partie revenait à Tristan. Après tout, ce qui se trouvait là pouvait être de nature personnelle ou en rapport avec les affaires du domaine, et dans ce cas n'entrait pas dans le cadre de ma mission.

Je tombais, mais sans jamais m'écraser sur les rochers en contrebas. Mes membres refusaient de bouger. J'ai haleté, essayant de me réveiller. J'ai repoussé mes couvertures et me suis levée, me rappelant que ce n'était qu'un rêve. J'ai rapidement enfilé quelques vêtements ; j'avais besoin de prendre l'air. Les chiens ont été surpris de me voir, alors que je me dirigeais vers la porte de derrière, mais ils ont fini par me rattraper. Dans l'obscurité du petit matin, j'ai suivi le chemin côtier à une allure irrégulière. Quand je suis sortie du couvert des arbres, des nuages traversaient les champs en direction du fleuve. Je n'y voyais pas grand-chose, mais j'entendais la mer s'écraser contre les rochers en contrebas. Trébuchant sur une racine, je suis tombée lourdement sur mes genoux. Les chiens m'ont rejointe en quelques secondes.

L'esprit trop occupé par mes parents qui ne me rappelaient pas, j'avais pratiquement marché jusqu'au cap sans m'en rendre compte. En fait, j'avais quitté le chemin pour un boqueteau de chênes nains. Si près du sol, j'ai senti l'humidité et l'odeur d'herbe écrasée. M'intéressant à la végétation environnante, j'ai repéré de minuscules boutons à proximité des barbelés qui marquaient l'endroit où la falaise chutait de façon spectaculaire. J'ai rampé vers les fleurs, puis j'ai mis mes lunettes. Après un examen plus attentif, elles ressemblaient à des orchidées, mais je n'étais pas vraiment une spécialiste de ces plantes. Des fleurs parfaites au bout de tiges sans feuilles. Dans la lumière du petit matin, leur apparition avait quelque chose de spectral.

Les chiens m'attendaient à distance prudente.

— Je vais bien, les ai-je rassurés.

Des nuages bas ont basculé par-dessus la falaise, et mes cheveux ont bougé comme si quelque chose m'avait effleurée. Je me suis levée et me suis approchée du bord. Une pierre délogée est tombée sur les rochers. Je me suis remise d'aplomb, chancelante, et j'ai tenté de regarder en bas. Me penchant autant que je l'osais, j'ai plissé les yeux. La crique était déserte ; seule la marée se retirait de la plage de galets.

Les chiens flairaient le sol, et Gin s'est lancé à la poursuite d'un lapin. J'ai prudemment enjambé la clôture (comment avais-je pu traverser sans m'en apercevoir ?) et me suis éloignée du bord. Les débris et les rochers accumulés en contrebas indiquaient qu'un glissement de terrain d'envergure avait dû se produire ici à un moment donné. Ce n'était pas récent ; le peu que j'avais vu de la paroi semblait solide et ancien. Tout cela me rappelait un peu trop mon cauchemar de ce matin. En retournant vers la maison, Gin a filé devant moi, tandis que Rhum me talonnait. Ils se comportaient comme de véritables gardes du corps, l'un jouant les éclaireurs, l'autre se chargeant de la protection rapprochée. Regardant par-dessus mon épaule, j'ai tenté de distinguer la mer du ciel.

Le soleil se montrait enfin à l'horizon. J'ai grimpé sur un rocher de la plage de Pengarrock et j'ai levé mes jambes contre moi. L'enterrement était prévu demain. Une semaine s'était écoulée depuis que Petroc avait succombé à une attaque foudroyante. Tristan devait arriver dans la matinée, d'après Helen qui semblait sur le point de craquer. Apparemment, ce qui la perturbait le plus était le fait qu'il ait décidé de s'occuper de tout à distance. « Il devrait être là », n'arrêtait-elle pas de marmonner chaque fois qu'elle raccrochait le téléphone. Elle lui avait dit le fond de sa pensée sans mâcher ses mots, mais ça n'avait rien changé. Il ne viendrait que vingt-quatre heures avant l'enterrement, et je ne pouvais m'empêcher de penser que je n'avais plus ma place ici. En même temps, je n'avais pas envie de partir. Que ce soit la magie de l'œuvre de Petroc ou simplement la beauté de Pengarrock et de l'Helford, je n'aurais su dire ce qui me retenait.

Au cours des derniers jours, j'avais adopté un rituel qui consistait à sortir mes valises pour faire mes bagages ; puis, alors que je n'en étais qu'à la moitié, j'arrêtais et je rangeais à nouveau mes affaires. C'était une totale perte d'un temps que j'aurais pu consacrer à mon travail dans le bureau de Petroc. Après tout, on me payait pour ça (je l'espérais, en tout cas). J'avais la lettre qui confirmait mon salaire et la date de début de ma mission ; Tristan serait bien obligé d'en honorer les termes. Bon sang, je ne savais plus quoi penser, sauf que je ne supportais pas l'idée qu'il puisse arriver quelque chose à Pengarrock. J'avais conscience des rumeurs qui circulaient déjà. Tristan allait vendre. Tout le monde semblait en être persuadé. Mais ce que je ne parvenais pas à comprendre, c'était *pourquoi*. J'ai jeté un galet dans l'eau. Comment pouvait-on ne pas vouloir devenir le gardien de tant de beauté ? Le soleil se levait au-dessus de la baie de Falmouth. Si Pengarrock avait été à moi, j'aurais remué ciel et terre pour le protéger. Mais ce n'était pas le cas ; le domaine appartenait à cet ingrat de Tristan Trevillion. ITT. J'ai ri, puis j'ai regardé autour de moi pour m'assurer que les chiens et moi n'avions pas de témoins.

— Rhum.

Elle a levé la tête depuis le bord. Je l'ai lu dans ses yeux : elle avait décidé de s'offrir une baignade matinale. J'ai soupiré. Elle avait peut-être envie de faire trempette dans l'eau glacée, mais elle connaissait le prix à payer en rentrant : un lavage au jet – tout aussi froid. Qu'allaient devenir les chiens ? Je m'étais rapidement attachée à eux ; ces derniers temps, ils avaient même commencé à m'obéir. Tristan habitait Londres. Dans mon esprit, je l'imaginais installé dans un appartement de luxe au sommet d'une tour de verre et d'acier. Pas le genre d'endroit où ces boueux compagnons sont bien accueillis. J'ai jeté un bâton dans l'eau, que Rhum m'a consciencieusement rapporté. Après s'être ébrouée, elle m'a suivie sur le sentier. À mon appel, Gin a surgi des bois. Peut-être que certaines de mes questions obtiendraient une réponse aujourd'hui.

Le crissement des pneus sur le gravier de l'allée et le claquement d'une portière m'ont avertie que le maître des lieux venait d'arriver. Il était presque midi, à en croire la pendulette ancienne sur le bureau de Petroc. J'avais pris l'habitude de la remonter tous les deux jours. C'était la seule chose que j'avais touchée. Pour une raison difficile à expliquer, elle était comme le cœur de cette pièce qui aurait semblé bien vide sans ses battements. Bravant le ruban jaune invisible que j'avais placé autour du bureau, je l'avais donc maintenue en état de marche, et je m'étais immédiatement sentie beaucoup mieux. J'ai d'abord entendu Helen ouvrir la porte d'entrée. Puis les aboiements des deux chiens. Je me suis demandé si je devais les rejoindre, comme pour jouer la scène de l'accueil du maître par les domestiques dans un téléfilm historique. Finalement, je n'ai pas bougé. Je ne voulais pas donner cette impression, mais je devais bien avouer que j'étais curieuse. Tristan ressemblerait-il à son père ? Alors que je sortais lentement du bureau, je me suis surprise à l'espérer.

— Pas trop tôt, a dit Helen.

Elle serrait Tristan dans ses bras au moment où je suis arrivée dans l'allée. Ses paroles étaient en totale contradiction avec ses actes. Pendant la semaine écoulée, elle n'avait pas eu de mots assez durs à son sujet ; pourtant, la voilà qui pleurait à chaudes larmes en l'étreignant. Et il ne lui opposait aucune résistance. Rhum et Gin ont tourné autour d'eux, attendant leur tour. Tristan a levé la tête, et j'ai été surprise par l'intensité du vert de ses yeux. Leur couleur évoquait davantage la mer démontée d'une peinture maritime du dix-neuvième siècle que l'émeraude. Je ne pensais pas avoir déjà vu cela ailleurs que sur une toile.

Il s'est penché vers les chiens, mais a continué à m'examiner. Son expression était impénétrable ; je n'aurais pas voulu l'avoir comme adversaire dans une partie de poker. Sans que je puisse l'expliquer, il ne me plaisait pas. Pourtant, il était plutôt beau garçon : bien bâti, la mâchoire décidée, il me faisait penser à une version plus jeune de Petroc, mais sans son âme. Heureusement, il a fini par s'intéresser aux chiens. Clairement, ils le connaissaient bien. Je ne pouvais pas en dire autant, et je me suis sentie comme une idiote, plantée là tandis qu'Helen séchait ses larmes et que Gin et Rhum couvraient le fils prodigue de grands coups de langue. Non, cette image ne convenait pas. Nous n'allions pas tuer le veau gras pour lui ; il avait l'intention de le vendre.

— Judith, m'a-t-il saluée, me tendant sa main.

Je l'ai serrée ; sa poigne était ferme et pleine d'assurance. J'ai eu des picotements dans les doigts quand il m'a lâchée.

— Tristan, ai-je répondu d'un ton qui m'a paru terriblement emprunté.

J'ai presque été tentée de me fendre d'une petite révérence.

— Appelez-moi Jude.

— Helen m'a dit que vous avez été d'un grand secours.

Je me suis forcée à sourire, me demandant pourquoi cette remarque sonnait comme une insulte.

Il s'est détourné de moi.

— Helen, combien de personnes dormiront ici cette nuit et la prochaine ?

— Pas beaucoup. Juste tes tantes et ton cousin. Tu veux ajouter quelqu'un à cette liste ?

— Peter Brooks.

— Je peux le mettre dans la chambre bleue, a-t-elle proposé en fronçant les sourcils.

— Parfait.

— Alors, pas de problème. Tout est prêt, a lâché Helen avant de tourner les talons et de retourner à l'intérieur.

J'ai observé le visage de Tristan. Sa bouche s'est crispée l'espace d'une seconde, puis il a sorti un petit sac de voyage et une housse pour costume du coffre de sa voiture. J'ai décidé de faire profil bas.

Dans le calme du bureau, j'entendais une conversation ailleurs dans la maison. La cadence de la voix de Tristan était similaire à celle de Petroc, mais, avec une pointe d'impatience. Helen s'agitait. Le cousin de Tristan, à peine arrivé, ajoutait à la tension ambiante. J'étais assise en tailleur sur le sol en train de noter les informations concernant un livre quand Tristan est entré en coup de vent dans la pièce. Il ne m'a pas vue ; il est simplement resté debout devant le bureau de son père. Comme il me tournait le dos, je n'avais aucun moyen de savoir ce qu'il pensait. En revanche, j'ai pu constater qu'il était en forme, mais un peu maigre. Ses cheveux étaient plus clairs que n'avaient dû l'être ceux de Petroc avant de grisonner. Il avait la même posture que son père, et, quand il a mis les mains dans ses poches, ses épaules se sont penchées de manière similaire. Sans m'en rendre compte, j'avais mémorisé ces détails chez Petroc. Il s'est approché du bureau et s'est assis dans le fauteuil, puis il m'a dévisagée. En fait, il m'a lancé un regard furieux. Je n'étais pas certaine que sa colère fût dirigée contre moi ; je me trouvais probablement juste au mauvais endroit au mauvais moment.

— Désolée. Je vais vous laisser.

J'ai rapidement fermé mon ordinateur portable et je me suis levée.

— Qu'est-ce que vous faites exactement ici, Judith ? a-t-il demandé.

Ses yeux verts me fixaient, et je me suis sentie ridicule dans mon short et mon tee-shirt, une tenue qui ne donnait pas une image très professionnelle, bien qu'elle fût parfaitement adaptée pour crapahuter sur le sol et trier de vieux papiers par une chaude journée.

— Appelez-moi Jude. Votre père m'a engagée pour cataloguer ses livres et sa documentation.

— Mettre de l'ordre dans ses affaires ? Comme une secrétaire ?

— Non, pas une secrétaire. Je suis une archiviste, spécialisée dans les jardins.

— Une jardinière ?

Il faisait exprès de ne pas comprendre.

— Vous voulez voir mon CV ?

Mon short m'a soudain paru trop court. J'ai tiré dessus, espérant me couvrir davantage les jambes. Les remarques continuelles de ma mère sur l'importance des apparences ont résonné dans ma tête. À l'arboretum, personne ne mettait en cause mes qualifications ou mon intelligence, mais je n'étais pas chez moi, et Tristan ne connaissait pas Jude Warren.

— Si vous y tenez, mais je doute qu'un doctorat soit nécessaire pour trier les gribouillis de mon père.

— Ce ne sont pas des gribouillis, mais un travail d'une grande valeur intellectuelle. Personne ne comprenait le développement des jardins mieux que lui.

J'ai transféré mon poids d'une jambe sur l'autre. Il a ri.

— Vous faites ça depuis combien de temps ? a-t-il demandé, regardant les piles autour de lui, avant de remonter le long de mes cuisses.

Si j'avais voulu faire preuve d'indulgence, j'aurais dit qu'il pouvait difficilement les éviter, mais je n'étais pas d'humeur. Il m'inspectait comme un objet et se moquait bien de mes compétences.

— Presque deux semaines.

J'ai tenu mon ordinateur devant moi.

— Au cours de cette période, avez-vous trouvé quoi que ce soit qui ait la moindre valeur ?

— Oh oui !

— Avant que vous ne commenciez à me vanter les mérites de son travail, permettez-moi de reformuler la question. Je parlais de valeur aux yeux du monde extérieur, en termes d'argent. Vous comprenez, Judith, mon père était un rêveur et il était fauché. Le domaine est au bord de la faillite.

J'ai ouvert la bouche pour répondre, mais Helen est entrée dans la pièce.

— Tristan, tes tantes sont arrivées.

Il s'est levé et a marché vers elle.

— Nous parlerons de votre départ après l'enterrement ! m'a-t-il lancé en conclusion. Nous en profiterons pour décider comment nous débarrasser de tout ça.

Je me suis adossée au mur. Tout mon travail – et celui de Petroc – ignoré à cause de son absence de valeur vénale. Je me suis précipitée dans ma chambre pour faire mes valises. Tristan pouvait aller au diable ; je n'avais aucune intention d'être sa complice.

DIX

Venue de la mer, une brume persistante enveloppait l'église de St Anthony. La marée, exceptionnellement haute, couvrait la majeure partie de la grève. Se garer relevait de l'exploit le long du petit chemin, mais J.C. a réussi à se glisser dans une des places réservées pour l'occasion. Descendant de voiture à la suite d'Helen, j'ai eu le sentiment d'être remontée dans le temps. Un homme en jaquette et haut-de-forme organisait les porteurs du cercueil devant l'église. Le regard fixe, Tristan accueillait les gens à l'entrée. Après notre dernier échange dans le bureau, je n'avais aucune envie de lui parler. Afin de donner un peu d'intimité à la famille, j'étais restée dans ma chambre la veille au soir, où j'avais continué à me disputer avec Tristan dans ma tête. Il avait tort, mille fois tort. Mais le moment était mal choisi pour le lui expliquer ; peut-être cette occasion ne se présenterait-elle jamais. Et cela m'attristait énormément. Passant devant lui, j'ai pénétré dans l'obscurité de la petite église, uniquement éclairée par des candélabres – pas la moindre lumière électrique.

L'endroit était déjà plein. Helen a tenté de m'entraîner vers les places réservées à la famille, mais je lui ai résisté, préférant m'installer sur un banc prévu pour trois, mais où s'entassaient déjà cinq personnes. Les derniers arrivants sont restés debout au fond. Apercevant quelques visages croisés à l'épicerie du village, je me suis demandé qui étaient les autres. Des représentants du monde universitaire, pour certains, trahis par leur âge ou les taches de thé sur leur cravate. J'ai reconnu un professeur d'histoire de Trinity College. Dommage que Barbara n'ait pas pu se libérer ; j'aurais tant voulu avoir quelqu'un à qui parler. Tristan est allé s'asseoir à côté d'Helen au premier rang. Après quelques notes d'orgue hésitantes, les portes se sont ouvertes sur le pasteur qui précédait le cercueil. Mark se trouvait parmi les porteurs. Sur notre banc, personne ne pouvait bouger sans l'assentiment des autres ; nous nous sommes donc tous retournés en même temps.

Faute de place, j'ai suivi sur la feuille de cantiques de ma voisine. Tristan avait sans doute laissé Helen et le pasteur choisir les chants et les lectures. Je ne comprenais pas son détachement, une attitude dont il ne s'est pas départi à mesure que progressait la cérémonie. Le pasteur a évoqué de manière éloquente la vie de Petroc, son œuvre et son amour pour Pengarrock. Helen a pleuré doucement, soutenue par un J.C. décomposé, mais le visage de Tristan est resté un masque de gravité. Tout le monde s'est levé pour le dernier cantique. Le cercueil a quitté la petite église au son assourdi des cloches, et l'assistance a suivi derrière lui. La brume s'était levée, et le contraste entre l'intérieur froid et humide et la chaleur qui régnait à l'extérieur était saisissant. Dans ma robe portefeuille noire, j'ai senti le soleil me cuire le dos. Le filet de sueur qui coulait dans mon décolleté m'a ramenée quelques semaines en arrière. J'ai chassé ce souvenir de mon esprit. Le cortège funèbre a gravi les quelques marches qui menaient au cimetière et à la tombe ouverte. Alors que le pasteur entamait la bénédiction finale, j'ai observé les pierres tombales autour de moi.

En souvenir
D'Ann
Épouse bien-aimée de
John Baldwin
Morte à Breage
À l'âge de 70 ans.
Septembre 1880

Je suis passée à la suivante après avoir remarqué que John avait rejoint sa femme huit ans plus tard.

À la mémoire
d'Oliver Edwards,
du hameau de Condurrow,
qui a quitté ce monde
le 11 juillet 1850,
à l'âge de 81 ans.

Lui aussi était parti à un bel âge, et sa femme l'avait rejoint deux ans plus tard. La dernière ligne m'a rendue triste ; pourtant, j'ai souri.

Car toute chair est comme l'herbe.

Le bruit de la terre tombant sur le cercueil m'a ramenée dans le présent. Tristan s'est détourné de la tombe, et la foule a commencé à se disperser. Visible à travers les arbres, la crique miroitait au soleil. Raide comme un piquet, Helen bavardait avec quelqu'un. Qu'est-ce qui la tracassait ? Elle ne s'exprimait presque que par monosyllabes depuis ce matin. J'ai tendu l'oreille pour entendre les conversations autour de moi.

« Très belle cérémonie. Le pasteur a fait honneur à Petroc, surtout quand il a insisté sur son attachement profond à toutes les choses de la vie, et en particulier Helford, le village qu'il aimait tant. »

« Il va juste vendre au plus offrant ; il se moque bien de la communauté. »

« Le fait qu'il n'ait pas souffert est une bénédiction. »

Au lieu de crier, *« Non, Petroc est mort trop tôt »*, j'ai continué à écouter tout en admirant les pélargoniums qui ornaient certaines tombes.

— Une bénédiction pour lui, mais pour nous, j'en doute.

— Qu'est-ce que Tristan va faire, à votre avis ?

— Vendre. Il a quitté la région depuis si longtemps. Je ne me souviens même pas de sa dernière visite.

— Moi, si. Il est venu avec ce mannequin. C'était quelque chose.

Ne me sentant pas concernée, je me suis éloignée pour me rapprocher de Tristan, qui discutait avec Peter Brooks.

— Regarde-les : tous n'attendent qu'une chose, venir boire un verre à mes frais.

— Tu es cynique, lui a répondu Peter, souriant aux gens qui se pressaient autour d'eux.

— Qui, moi ? a dit Tristan en riant.

— Non, tu as raison, ils meurent aussi d'envie de voir l'intérieur de la maison.

— Surtout que ce sera peut-être leur dernière occasion.

Peter a regardé autour de lui.

— Il va falloir commencer à se soucier de la validation du testament.

— Quel cauchemar ! En combien de temps ça peut se régler ?

— Six mois, minimum. Mais avec un domaine de cette importance, ce sera plus long.

— Ici, tout fonctionne au ralenti, a fait Tristan avec une grimace.

Le professeur que j'avais reconnu s'est approché des deux hommes.

— Bonjour, Tristan. Je ne vous ai pas vu depuis des années.

Le fils de Petroc a affiché son masque courtois.

— Oui, des années.

— J'ai été navré d'apprendre la mort prématurée de votre père.

Tristan a hoché la tête.

— C'est un peu tôt, mais avez-vous songé à faire don de ses papiers à son ancienne université ?

Je me suis soudain rappelé son nom : Latimer.

Tristan a cligné des yeux.

— Je n'y ai pas vraiment songé.

— Ils seront d'une grande valeur.

— Intellectuelle ou vénale ?

Tristan m'a aperçue dans la foule ; je me suis demandé si je devais me joindre à eux ou m'éloigner.

— Les deux, je suppose. Quelle que soit votre décision, je serais ravi de jouer les intermédiaires.

— Nous y réfléchirons, est intervenu Peter. Tout dépendra de leur valeur.

Il a souri.

— Peter Brooks ; je suis l'avocat de Tristan. Laissez-moi votre carte et je reprendrai contact avec vous. Nous aurons clairement besoin des services d'un expert.

— Je pense qu'on a déjà ce qu'il nous faut en interne, a dit Tristan, me faisant signe de les rejoindre.

Je me suis approchée sur le sol inégal.

— Je vous présente Judith Warren. Elle assistait mon père.

— Docteur Latimer, quel plaisir de vous revoir ! Vous ne vous souvenez probablement pas de moi, mais j'ai passé mon doctorat à Trinity College.

Que Tristan prenne ça comme il le voulait, je lui en donnerais, moi, des secrétaires ou des jardinières.

— Oui.

Latimer m'a saluée.

— Une étudiante brillante. Vous êtes en de bonnes mains, a-t-il ajouté en s'adressant à Tristan. Ensuite, quelqu'un a pris Tristan à part, et Helen m'a appelée. Je me suis donc excusée auprès de Peter Brooks et du Dr Latimer, qui avait commencé à parler de l'œuvre de Petroc.

— Je dois rentrer pour m'assurer que tout est en ordre avec le traiteur, m'a dit Helen en lissant sa robe.

— Il peut bien se débrouiller sans vous.

Elle a serré son mouchoir dans sa main ; j'ai remarqué la blancheur de ses articulations.

— Je sais, mais je préfère être là.

Helen s'est interrompue, alors que Mark approchait et l'embrassait sur la joue.

— On vous retrouve à la maison ? lui a-t-elle demandé.

— Non. Avec le changement de propriétaire, je ne serai pas le bienvenu.

Il a jeté un coup d'œil à Tristan.

— Petroc aurait voulu que vous soyez là, a soupiré Helen.

Tristan est venu vers nous.

— J'ai entendu que tu avais décidé de vendre Pengarrock ? lui a lancé Mark.

— C'est ce que dit la rumeur.

La posture de Tristan m'a rappelé celle d'un boxeur.

— Elle dit aussi que tu es diablement pressé de repartir de Cornouailles.

Tristan a baissé la voix.

— Peut-être, mais je ne suis pas le seul à avoir quitté la région.

— C'est vrai, mais je suis revenu, a répliqué Mark.

— J'espère que ça en valait la peine.

— Sans le moindre doute.

Mark s'est détourné après avoir serré la main d'Helen en geste de soutien. De mon côté, je mourais d'envie de connaître la raison de l'animosité entre les deux hommes.

— Je te retrouve à la maison, a dit Helen à Tristan.

Puis, elle m'a prise par la main, et nous avons rejoint J.C. qui patientait près de la voiture.

Les gens se sont répandus sur la terrasse depuis le salon. Il faisait très chaud ; l'air était immobile. Le vacarme ambiant donnait une fausse idée du caractère solennel de l'occasion. Peu de visages connus. J'ai regretté l'absence de Barbara, mais elle n'avait vraiment pas pu se libérer. Je me sentais seule parmi la foule. Qu'est-ce que Petroc aurait pensé de tout ça ? Ses anciens collègues avaient trouvé le chemin de la bibliothèque. Était-ce pour l'admirer ou déjà pour se partager le butin ? Non, j'étais injuste. Ils avaient perdu un pair et un ami.

Je suis remontée dans ma chambre. Le bourdonnement des conversations s'est invité par la fenêtre. J'ai retiré ma robe pour enfiler un jean et un vieux tee-shirt de papa. J'avais besoin de prendre l'air et très envie d'être sur l'eau. Au lieu d'emprunter l'escalier principal, j'ai suivi un couloir qui m'a conduite dans une pièce spacieuse, visiblement une ancienne nursery, qui s'étendait sur toute la largeur de la maison. J'ai jeté un rapide coup d'œil, notant l'ordre, mais aussi l'atmosphère d'abandon qui régnait dans cet endroit. Des livres soigneusement rangés occupaient les étagères ; les jouets avaient été rassemblés contre les murs. Tristan avait probablement été le dernier enfant à s'amuser ici. Je me suis approchée de la table de ping-pong et j'ai saisi une raquette. J'avais du mal à me l'imaginer petit et vulnérable. Quelqu'un m'avait dit qu'il n'avait que huit ans à la disparition d'Imogen, mais n'avait pas précisé la cause de sa mort. Helen pourrait m'en dire plus, si je restais assez longtemps pour que nous abordions le sujet. Mon sac était prêt. Demain, je parlerais à Tristan. J'avais déjà commencé à tâter le terrain pour un autre travail. Je me suis assise sur une banquette sous une fenêtre, les yeux tournés vers l'amont, en direction d'Helford Passage. Tout semblait si paisible à cette heure de la journée. Le bassin était plein de voiliers et de canots à moteur ; la saison d'été allait débuter. C'était pareil à la maison, mais plus tôt dans l'année ; le port, vide avant Memorial Day, se remplissait avant la fin du week-end.

J'ai sorti un livre de la bibliothèque sous la banquette. Qu'avait donc lu le jeune Tristan, ou même Petroc ? Sans surprise : *Le lion, la sorcière blanche et l'armoire magique*. Une partie de moi avait espéré trouver *Fusions et acquisitions pour les nuls*, ce qui m'aurait aidé à expliquer la froideur de Tristan. Secouant la tête, j'ai remarqué un livre sur le sol, très ancien. Comment appelait-on ça déjà ? Un *chapbook* ! *Nouveau livre des énigmes ou la pierre à aiguiser des esprits émoussés*. J'ai souri. Esprits émoussés. Je n'ai pas pu m'empêcher de tressaillir en constatant qu'une main d'enfant avait colorié l'illustration de couverture (sacrilège !). J'ai touché les pages jaunies et légèrement froissées, probablement imprimées à la fin des années 1700. Les traces d'usure montraient qu'on l'avait souvent lu – et aimé.

De tous les livres, celui-ci est le plus gai.
C'est une pilule pour chasser les idées noires ;
Pour effacer les gros chagrins,
Et faire rire aux éclats.

Pour effacer les gros chagrins... Si seulement il en avait eu le pouvoir ! J'ai rangé les livres et suis sortie de la nursery. J'avais le cœur gros et peu de temps devant moi. J'aurais probablement quitté Pengarrock avant la fin de la semaine. L'escalier de derrière m'a menée tout droit au couloir à côté de l'office. Les employés du traiteur faisaient la navette entre la cuisine et le buffet. Je me suis glissée parmi eux, puis hors de la maison. La rive du fleuve m'appelait.

Le calme était revenu à Pengarrock. Un jour après l'enterrement, la cuisine avait retrouvé une activité normale. Debout devant l'évier, Helen regardait par la fenêtre. Elle avait l'air si lasse et si triste que je n'ai pu m'empêcher d'aller la serrer dans mes bras. Avec un soupir, elle m'a tapoté la main.

— Je ne sais plus où j'en suis, m'a-t-elle avoué.

— Je comprends, l'ai-je réconfortée, plus une impression qu'une certitude.

À l'heure où l'avenir de Pengarrock se jouait, Helen était la personne que cela affecterait le plus.

— Vous êtes une brave fille ; vous devez tenir tête à Tristan pour qu'il n'anéantisse pas le travail de son père. Je sais que c'est ce qu'il va faire.

Je me suis écartée.

— Je ne peux pas faire grand-chose.

— Si. Faites comprendre à Tristan la valeur de l'œuvre de Petroc. J'ai confiance en vous.

Ses yeux brillaient de larmes.

— Je ferai mon possible, je vous le promets, mais je ne suis pas très optimiste. Je ne serai probablement plus là à la fin de la semaine.

— Pas si vous vous rendez indispensable. Vous devez lui ouvrir les yeux.

— J'ai beau devoir mon prénom à saint Jude, je ne sais pas faire de miracles.

— Je n'y avais pas pensé, mais nous sommes dans une situation désespérée.

Helen m'a versé un café et m'a tendu la tasse. Tristan est entré dans la cuisine. Avait-il entendu notre conversation ?

— Tristan.

Helen a levé les yeux du plan de travail où elle avait commencé à découper des légumes. Il l'a saluée de la tête.

— Helen, la lecture du testament est prévue dans vingt minutes, dans la salle à manger.

Il a tourné les talons, puis s'est immobilisé sur le seuil.

— Judith, j'aurai à vous parler après, puisqu'il sera probablement fait mention des travaux de mon père dans son testament et que vous semblez être l'experte sur place.

J'ai cligné des yeux. Ou comment se montrer peu élogieux sans en avoir l'air.

— D'accord.

Helen, qui n'avait pas lâché son couteau, l'a laissé tomber sur la table devant moi.

— Mes tantes préfèrent ne pas repartir trop tard, a ajouté Tristan ; alors, finissons-en.

Puis, il est sorti de la cuisine. Helen a marmonné tout bas.

— Il est toujours aussi bavard ? ai-je demandé en buvant une gorgée de café.

— Ah ! Ça fait si longtemps qu'il n'est pas venu… J'ai l'impression de ne plus le connaître.

— Que voulez-vous dire ?

— Rien.

Elle s'est arrêtée de hacher ses légumes.

— Tristan est parti il y a des années et il n'est de retour que par obligation.

Une larme a coulé sur sa joue.

— Je suis vraiment désolée, ai-je dit, faute de mieux, alors que ses épaules tremblaient.

— À cette minute, je pourrais le tuer. Vendre son patrimoine. *Notre* patrimoine. L'amour de son père ; mais ce pauvre gamin...

Helen a posé un bol de porridge bien plein devant moi avec un bruit sourd, renversant presque son contenu sur la table. Je me suis laissée aller en arrière sur ma chaise, tout ouïe.

— J'ai élevé ce garçon ; il devrait avoir plus de bon sens.

Elle s'est interrompue un instant.

— Il aurait dû rester ici quand Imogen...

Helen a empoigné le couteau à pain. Elle a secoué la tête, puis m'a regardée avant de me couper soigneusement une tranche. J'ai attendu qu'elle continue à parler, mais elle n'a rien ajouté. Elle m'avait aiguisé l'appétit, pas pour la nourriture qu'elle me servait, mais pour davantage d'informations. Jouant avec mes floccons d'avoine, j'ai réfléchi à ce que je venais d'apprendre sur Tristan. Le décès d'Imogen avait clairement laissé des traces. Perdre sa mère est toujours une épreuve atroce, mais si jeune... Cela avait dû lui porter un coup terrible. À huit ans, on est encore un enfant, déjà capable de comprendre, mais pas nécessairement d'accepter les choses. J'ai regardé le porridge dans mon bol. Mon estomac a protesté. Je me suis levée en direction de l'évier.

— Laissez. Je débarrasserai, a dit Helen.

— Non, Helen. Je vais le faire.

J'ai posé la main sur son épaule quand elle passa à côté de moi.

— Merci pour cet excellent petit-déjeuner. Désolée de n'avoir pas pu tout finir.

— Pas étonnant que vous soyez si maigre.

Elle a froncé les sourcils.

— Je promets de faire un effort, ai-je répondu, la main sur le cœur.

— Je compte sur vous !

Elle a ri.

— Ne vous laissez pas intimider par Tristan. Vous devez défendre l'œuvre de son père. Si nous n'arrivons pas à sauver Pengarrock, nous devons au moins ça à Petroc. Je vous en prie.

Elle a serré ma main.

— Je ferais mieux d'aller arranger mon visage.

Une fois Helen partie, je me suis demandé quelle était ma marge de manœuvre. Tristan paraissait avoir déjà décidé d'une ligne de conduite, et seul le potentiel marchand des travaux de son père semblait pouvoir le retenir de s'en débarrasser. Malheureusement, ce ne serait sans doute pas suffisant à ses yeux, mais j'espérais me tromper.

J'étais dans la cuisine pour me servir un verre d'eau quand j'ai remarqué un plateau avec du café et des tasses. Pour soulager Helen, j'ai décidé de l'apporter à sa place. Regardant autour de moi pour m'assurer que rien ne manquait, j'ai aperçu Tristan assis sur le muret de la terrasse avec les deux chiens à côté de lui. La lecture du testament devait être terminée. Alors que j'allais lui demander à qui était destiné le café, je me suis figée en voyant ses épaules trembler ; Rhum a posé ses pattes sur les genoux de son maître et lui a léché le visage. Il pleurait. Au lieu de repousser le chien, comme je m'y attendais, il a enroulé ses bras autour de l'animal et l'a serré contre lui.

Reculant en silence, j'ai saisi le plateau. Si je me dépêchais, je pourrais détourner les gens de la cuisine et donner un peu d'espace à Tristan. Parfois, le chagrin venait par vagues, vous prenant complètement au dépourvu. Encore aujourd'hui, après toutes ces années, il m'arrivait d'être profondément ébranlée par la mort de Rose. J'ai avalé la boule que j'avais dans la gorge et me suis dirigée vers l'entrée. Helen se tenait au pied de l'escalier, une valise dans chaque main ; le cousin de Tristan se trouvait derrière les deux sœurs, tel un berger rassemblant son troupeau. Elles se plaignaient vertement d'avoir été injustement traitées, inconscientes de se donner en spectacle de manière absurde. Je me suis demandé ce qui avait pu provoquer à la fois leur colère et les larmes de Tristan.

Surprenant mon regard, Helen a levé les yeux au ciel. J'ai pincé les lèvres. Que les familles pouvaient être compliquées ! Alors qu'Helen les raccompagnait, j'ai porté le café au salon.

Les journaux du jour étaient posés sur la table. En attendant Helen, je les ai feuilletés avant de me plonger dans le quotidien local, rempli de photos des fêtes et festivals de l'été ; la triste histoire d'un garçon, mort au cours de son séjour à Londres, était aussi amplement couverte. En une du cahier immobilier figurait un ravissant cottage situé à Helford, à proximité de la crique. Son prix donnait le tournis et a étouffé dans l'œuf mon rêve d'acquérir une petite maison au bord de l'eau dans la région. J'étais en train d'envisager un bien dans l'arrière-pays – peut-être plus à ma portée – quand j'ai vu une photo de Pengarrock avec comme légende : À VENDRE, D'UN SEUL TENANT OU PAR LOTS – PRIX SUR DEMANDE. Mes mains ont tremblé lorsque j'ai reposé le journal sur la table. Tristan n'avait pas perdu de temps. La terre sur la tombe de son père était encore fraîche.

ONZE

Le parfum des roses s'engouffrait par les fenêtres du bureau. J'ai fermé les yeux, me laissant envelopper par cette odeur pure, intacte – comme Rose. Ma vie aurait-elle tourné différemment si j'avais eu ma sœur pour la partager avec moi ? Quand j'ai ouvert les yeux, Tristan était là, son mobile collé à l'oreille, penché sur une boîte à archives posée à même le sol.

— Préviens-moi dès que l'audit préalable sera terminé, a-t-il dit à son interlocuteur, puis il s'est levé et a rangé son téléphone dans sa poche. Est-ce que mon père passait son temps à regarder la vue au lieu de classer ses documents ?

Je me suis appuyée contre le chambranle de la porte et j'ai tenté de jauger Tristan. Hormis un charme évident, voilà un homme qui bradait son patrimoine au mépris de la communauté qui en dépendait, sans même laisser les gens faire leur deuil. Détestait-il vraiment cet endroit à ce point ?

— Je suis sûre que ça a dû lui arriver, mais le sol de son bureau lui servait également de système de classement. C'est moi qui ai semé le désordre avec mes piles et mes boîtes à archives.

Je suis entrée dans la pièce.

— Vraiment ? a dit Tristan.

— Oui, vraiment.

— D'accord. Écoutez, mademoiselle Warren, il faut qu'on parle. J'ai trouvé votre CV et la lettre que mon père vous a envoyée – plutôt vague, comme il se doit.

Il s'est assis sur un coin du bureau.

— Que voulez-vous savoir ? ai-je demandé.

— Pourquoi vous a-t-il engagée, exactement ?

J'aurais eu l'impression de trahir Petroc en avouant à son fils que je m'étais moi-même souvent posé la question.

— Petroc pensait avoir besoin d'aide pour mettre de l'ordre. Je crois qu'il a voulu vous éviter d'avoir à le faire.

— Dans ce cas, il est mort trop tôt.

J'ai froncé les sourcils.

— C'est vrai, mais...

J'ai cherché une formulation qui ne semblerait pas trop étrange.

— À mon avis, il savait qu'il n'en avait plus pour longtemps et a tenu à mettre ses affaires en ordre.

— Quelques semaines au service de mon père vous ont suffi pour arriver à cette conclusion ?

— Oui ; il voulait que d'autres puissent poursuivre son œuvre ; pour lui, j'étais le moyen d'y parvenir.

— En faisant quoi, exactement ? Sa lettre ne le précise pas.

— J'établissais un catalogue de toute sa documentation.

— Vous faisiez une liste ?

— En simplifiant, oui.

— J'aime que les choses soient simples. Il faut vraiment être titulaire d'un doctorat pour faire ça ?

— Oui et non. J'étais disponible et je possédais les connaissances nécessaires pour évaluer l'importance des différents contenus.

J'ai marqué un temps d'arrêt, tentant de déchiffrer son expression. Ne vous inquiétez pas, je serai partie à la fin de la semaine. Tristan m'a regardée et a esquissé un sourire.

— Je doute que quoi que ce soit ait la moindre valeur dans tout ce bazar, mais puisqu'on en parle, nous devrons procéder à une estimation pour que le percepteur touche sa part.

D'un geste de la main, il a désigné les classeurs pleins à craquer.

Franchement, je pense qu'un feu de joie réglerait plus vite le problème.

— Ce serait une énorme erreur.

Tristan a haussé les sourcils ; avant qu'il ne prenne la parole, j'ai levé la main.

— Votre père était un universitaire respecté et un merveilleux écrivain, également connu pour sa vaste collection de livres, de documents et de photos sur le thème des jardins, en particulier ceux de Cornouailles. Son ouvrage sur les jardins médiévaux a été l'une de mes principales références.

Tristan a écarquillé les yeux.

— Vous avez lu ses bouquins ?

— Tous, sans exception.

Je dégageais un peu d'espace sur le dessus d'un meuble de rangement quand je l'ai entendu rire. Je me suis retournée ; il souriait – probablement le premier sourire franc que je voyais sur son visage. Il en était transformé.

— Bien, Judith. Apparemment, j'ai besoin de vous. Quelqu'un doit trier tout ce bazar, et ce ne sera pas moi. J'ai bien assez de soucis avec le reste du domaine et je dois aussi m'occuper de mes propres affaires si je veux éviter qu'elles ne périclitent. Je vous demande donc de poursuivre votre mission, mais dorénavant en tenant compte de la valeur vénale de chaque article, d'accord ? Vous continuerez à toucher le salaire convenu.

J'ai eu envie de refuser, mais je n'avais pas d'autre job en perspective.

— D'accord, ai-je dit, même si j'avais le cœur brisé en pensant à ce dont je me faisais la complice.

— Parfait. À propos : l'éditeur de mon père a pris contact avec moi ; vous voulez bien regarder où il en était de son livre ?

— Je n'ai pas trouvé le manuscrit, seulement certaines de ses notes. Je continuerai à chercher.

Tristan s'est assis sur le bord du bureau et m'a observée.

— Une dernière chose : qu'est-ce qui pousse quelqu'un d'aussi qualifié que vous à accepter un boulot de stagiaire ?

J'ai toussé. Je ne pouvais tout de même pas lui dire la vérité : que j'avais abandonné un homme à l'autel et fui les conséquences de mes actes.

— J'ai été disponible suite à un imprévu.

— Ça sent l'euphémisme à plein nez. Alors, quoi ? Vous avez été virée ?

— Non. J'avais pris un congé sabbatique pour un projet qui ne s'est pas concrétisé.

Je me suis détournée de lui, le front en sueur. Le moment était venu de changer de sujet... Peut-être avec une pointe d'humour ?

— Maintenant, si vous voulez bien débarrasser le plancher, j'aimerais reprendre le travail – ou faire semblant en admirant cette vue merveilleuse.

— Je vous laisse ; quelqu'un va peut-être enfin bouger dans cette foutue baraque, a-t-il répondu.

Puis, il est sorti par les portes-fenêtres pour parler au jardinier. Tristan l'a aidé à soulever un grand bac à fleurs, me permettant de constater qu'il remplissait bien son jean et son tee-shirt.

Cela m'a fait une drôle d'impression, que je me suis hâtée de chasser afin de me mettre au travail. Je me demandais comment j'allais pouvoir procéder à l'estimation qu'on me réclamait. Tout était encore tellement désordonné ! Respirant profondément, j'ai pris une boîte à archives vide, et une autre que j'avais déjà remplie. Si je faisais un tri en fonction de trois catégories – éléments à valeur vénale, documents concernant le domaine et affaires personnelles –, ce serait un début. Pourtant, je détestais travailler sur la base de ces critères. Malgré son manque d'organisation apparent, Petroc avait un plan. Malheureusement, il n'avait pas jugé utile de m'en faire part.

Le bruit répétitif d'une mouche se cognant contre une vitre m'a ramenée au vingt et unième siècle. J'ai étiré mes jambes sur le sol devant moi. Elles m'ont semblé mortes ; je n'étais pas sûre de pouvoir me lever. Il était quinze heures. J'ai regardé mes notes : cinq pages, noircies d'une écriture serrée, qu'il me faudrait transcrire sur ordinateur. J'avais commencé par travailler directement dessus, mais aujourd'hui j'avais décidé de changer d'approche en adoptant une méthode qui paraissait plus adaptée. Peut-être qu'en m'y prenant comme Petroc je découvrirais ce qu'il avait en tête. Presque au hasard, parmi ses notes, il avait griffonné :

Ni sur terre
Ni sur mer
Elle ne se montre
Que pour August Rock

Pourquoi revenait-il encore là-dessus ? C'était un homme sensé, son œuvre en témoignait. Tout ce qu'il avait publié avait fait l'objet de recherches méticuleuses, et le voilà qui semblait obsédé par cette énigme. Il y avait forcément quelque chose de plus… À moi de le découvrir.

Posant les mains sur le sol, je me suis retournée et me suis redressée sur mes genoux. Les picotements que je ressentais dans mes jambes étaient presque douloureux. J'aurais dû avoir assez de bon sens pour ne pas rester assise sans bouger aussi longtemps. Mais j'avais été absorbée par le contenu de la boîte : des informations palpitantes sur les nombreux naufrages qui s'étaient produits dans la région ; l'un d'eux en particulier avait retenu mon attention : celui du voilier *Columbia*, qui avait coulé sur August Rock en 1845. J'ai parcouru les documents – une bien triste lecture. Tous les passagers avaient été portés disparus, y compris le propriétaire du bateau, lord Frederick Peters. J'ai fait le lien avec ce que m'avait dit Petroc, à savoir que lady Clarissa aurait pu se trouver à bord. Mais qu'est-ce qui avait pu l'amener à penser cela ?

J'aurais dû me contenter de trier, mais je ne pouvais pas m'empêcher de lire. Le travail de Petroc était incroyable ; aussi étrange que cela puisse paraître, j'avais l'impression qu'à travers ses notes glissées entre les pages des livres, il était toujours là. Qu'il conversait avec moi.

Une fois debout, j'ai respiré profondément. L'odeur des roses s'était évaporée, remplacée par le parfum du jasmin dans la chaleur de l'après-midi. Sur le fleuve, la brume matinale s'était levée. L'eau semblait si bleue, et les champs, si verts ; des couleurs plus foncées marquaient le contour de chaque parcelle, avec de grands pins couronnant le promontoire qui s'élevait depuis la mer.

Sur la pelouse est, j'ai aperçu Tristan avec les chiens. Cet homme était une énigme ; une énigme très séduisante, mais une énigme tout de même. Rhum avait incliné la tête sur le côté, afin de faciliter à Tristan, qui le grattait, l'accès à son cou.

Qui étais-je pour le juger ? J'étais bien partie de chez moi. En quoi était-ce différent ? Clairement, il ne ressentait aucun attachement pour Pengarrock. Ses parents étaient morts. Les miens étaient en vie. Il ne cherchait pas à se libérer d'eux, mais de cet endroit. Ma maison familiale, bien que belle et située au bord de l'eau, n'était pas chargée d'histoire. Pengarrock exsudait l'histoire par toutes ses pierres, mais cela changeait-il quoi que ce soit ? Oui et non. Vendre Pengarrock, surtout aussi vite, était une grave erreur. Tristan était stupide... ou aveugle.

J'ai feuilleté un carnet relié en cuir rouge que j'avais trouvé coincé entre deux gros albums photo. C'était le journal de Petroc, daté d'il y a deux ans. Il avait consigné presque quotidiennement ses pensées. La plupart du temps, il s'agissait de réflexions sur la beauté du fleuve et des terres environnantes. Certains jours, il se contentait de simples songeries, d'un fragment de poème – ou de ce qui y ressemblait à mes yeux. Entre la poésie et la prose, il avait parfois noté des rappels concernant une ligne de recherche à poursuivre ou un problème à régler au domaine. Tous les coûts d'entretien d'une propriété de cette taille apparaissaient clairement dans ce journal.

— Jude ?

Helen est entrée dans le bureau.

— Une lettre est arrivée pour vous ce matin.

Elle m'a tendu une enveloppe.

Grâce à l'écriture, j'ai deviné qu'elle venait de ma tante. Elle m'avait toujours encouragée à faire ce qui m'intéressait sans me soucier de ce que mère attendait de moi.

— Merci. Tout va bien ?

Helen a levé les yeux au ciel avant de repartir dans sa cuisine. J'ai posé la lettre, qui me promettait des nouvelles de toutes sortes. Je m'en réservais la lecture pour plus tard, quand je pourrais la savourer. En attendant, une promenade m'aiderait à m'éclaircir les idées. Je suis montée dans ma chambre récupérer mes lunettes de soleil ; au passage, j'ai aperçu la sortie papier de l'e-mail de John, reçu ce matin.

Chère Jude,
J'ai réfléchi. Il faut que je te voie. Je n'ai pratiquement pas cessé de penser à toi. Tu m'as terriblement manqué, et on a des choses à se dire.

J.

Je devais lui répondre, mais je m'en occuperais plus tard. Après avoir pris mes lunettes, j'ai dévalé l'escalier et filé vers la porte, fonçant droit sur Tristan.

— Désolée.

J'ai regardé sa main sur mon bras.

— On se sauve ? a-t-il demandé.

Ses doigts sont restés en place ; à son toucher, j'ai senti la chaleur se répandre.

— Non ! ai-je dit en reculant de manière à rompre le contact. Vous m'avez surprise, ai-je précisé.

— Désolé.

— Pas de problème.

J'ai cherché mes lunettes de soleil perchées sur ma tête, mais elles avaient dû tomber lors de la collision. Je me suis baissée pour les ramasser.

— Où allez-vous ? a-t-il voulu savoir, fronçant les sourcils.

— À la plage, histoire de me dégourdir les jambes ; et il faut que je me surveille : Helen me gave.

J'ai frotté mon ventre ballonné. Ses yeux ont suivi mon geste, et je me suis hâtée de retirer ma main.

— Ne vous en faites pas, l'ai-je rassuré. Je n'en ai pas pour longtemps.

— Comment ça s'est passé ce matin ?

— Oh ! plutôt bien.

— « Plutôt » au sens où l'entendent les Américains ou les Anglais ?

— Je... Oh ! la version américaine.

J'ai fait la grimace.

— J'ai bien avancé, ai-je confirmé, enfonçant mes mains dans mes poches. Mais, comme je ne veux pas m'absenter trop longtemps, je ferais bien d'y aller.

Sans me soucier de la direction que je prenais, je me suis éloignée à grandes enjambées, sentant son regard sur moi.

Au bout de la pelouse, je suis arrivée à un portillon où je me suis enfin accordé une pause pour souffler. Pourquoi Tristan me perturbait-il autant ? Je ne m'intéressais vraiment pas aux hommes en ce moment, aussi beaux soient-ils.

Sous la voûte verte des arbres, l'air s'est rafraîchi, et l'odeur de terreau de feuilles est devenue plus forte à chaque pas qui m'entraînait plus profondément dans la vallée boisée. Bientôt, j'ai aperçu des éclats bleus au loin à travers le feuillage et j'ai entendu le vrombissement d'un moteur. Regardant autour de moi, j'ai constaté que j'étais seule, entièrement seule. Je m'étais coupée de tout le monde. Plus personne n'avait d'idée préconçue sur moi. Tout ce que je faisais, la moindre de mes actions était riche de possibilités. Je n'avais pas besoin de rester pour aider Tristan. J'avais signé un contrat avec Petroc, pas avec son fils. Rien ne me forçait à participer au partage du butin par simple politesse. Mère n'était pas là pour me dicter ma conduite. J'arrivais au bout du sentier ; la plage apparaissait clairement, à présent. Les rochers ont renvoyé l'écho de la voix d'un enfant qui appelait sa mère. Que voulais-je faire de ma vie ?

— Grandis un peu, Jude, ai-je lancé aux arbres.

Ils n'ont pas réagi.

Après trois semaines à Pengarrock, j'ai enfin pénétré dans la bibliothèque. La pièce, orientée à l'est, avait trois de ses murs tapissés du sol au plafond de livres de toutes sortes, sans ordre apparent. Un thriller avoisinait un recueil des poèmes de Shakespeare. Je n'arrivais pas à croire que j'avais attendu jusqu'à aujourd'hui et je me demandais si je parviendrais jamais à quitter cet endroit. Au milieu trônait une table en acajou, où s'entassaient livres et papiers, une nouvelle preuve, si besoin était, que Petroc avait tendance à « s'étaler » quand il travaillait. Le reste du mobilier se composait d'un canapé Chesterfield usé et de deux fauteuils, avec des dessertes – également envahies. À elle seule, la bibliothèque représentait des semaines de labeur… Mais quel plaisir !

J'ai prélevé un livre relié en cuir d'une des étagères. Au dos, l'âge avait effacé le titre de cette première édition d'un recueil de poésies d'Henry Wadsworth Longfellow publié en 1878 et signé de la main de l'auteur. Une page marbrée a glissé hors du volume, révélant une dédicace à Alan Trevillion, à l'occasion de son quarantième anniversaire. Je me suis souvenue d'avoir lu Longfellow au lycée. Encore aujourd'hui, je récitais sans peine des pans entiers de *La chevauchée de Paul Revere*.

Rangeant le livre à sa place, je me suis demandé si la bibliothèque cachait d'autres trésors du même genre. Tristan aurait peut-être besoin des services d'un expert en livres anciens. Internet me donnerait une valeur approximative, mais je doutais que ce soit la manière la plus productive d'occuper mon temps. À elle seule, cette pièce me prendrait une éternité, et j'avais encore tant à faire au bureau, sans compter les parties de la maison que je n'avais toujours pas visitées.

Je suis retournée à la table, où j'ai aperçu le carnet de croquis d'Octavia. Petroc avait dû venir ici après que nous en avions parlé. Soulevant soigneusement ma trouvaille, j'ai regardé les ouvrages cachés en dessous, ainsi que ceux à proximité.

Tous m'ont surprise : uniquement des livres pour enfants. Helen ou Tristan avaient-ils déplacé quelque chose dans cette pièce depuis la semaine précédente ? Peut-être Tristan avait-il cherché quelque chose. C'était une explication qui se tenait. J'ai pris le carnet de croquis et j'ai quitté la bibliothèque. Chaque jour suffisait sa peine.

Tristan est sorti la mine renfrognée de la salle de billard. Il m'a toisée, et son regard s'est arrêté sur le livre que j'avais à la main.

— Je suppose que cette vieillerie ne vaut pas un clou ?

Résistant à une forte envie de serrer le carnet contre ma poitrine, je l'ai ouvert à la page de la première aquarelle.

— À elle seule, cette peinture a de la valeur. Je ne suis pas une experte en art, mais je sais que des gens peu scrupuleux et pressés de se faire un peu d'argent facile n'hésiteraient pas à détruire un important document historique en cédant séparément chaque croquis. On en tire généralement un meilleur prix que pour le tout, entier et intact.

— Formidable. Combien de peintures ?

— Non.

— Non ? Vous n'avez tout de même pas le culot de me dire que je n'ai pas le droit de vendre ce qui m'appartient.

Après l'avoir foudroyé du regard, j'ai tourné les talons et me suis éloignée. Il ne pouvait pas être le fils de Petroc, pas avec ce genre d'attitude.

Alors que j'entrais dans la cuisine, Helen a levé les yeux de l'évier.

— Vous êtes une brave fille.

Penchant ma tête sur le côté, je l'ai observée.

— Curieux, comme remarque.

— Non, c'est vrai.

— Eh bien, merci.

Helen m'a paru frêle. Elle avait perdu beaucoup de poids en peu de temps et semblait à la fois avoir rapetissé et diminué en volume.

Elle a allumé la bouilloire.

— Je nous prépare une bonne tasse de thé.

— Helen, laissez-moi faire.

— Hors de ma cuisine.

— Bien, m'dame. En attendant, je vais couper des fleurs pour la maison.

— Excellente idée.

Armée d'un sécateur, je suis sortie. Une promesse de pluie flottait dans l'air ; j'espérais qu'elle serait tenue. La région avait connu un été trop sec pour les fermiers. Je me suis approchée des rosiers ; la première pousse était passée depuis longtemps, mais ils produisaient encore de belles fleurs. J'en ai prélevé quelques-unes pour la cuisine.

Je me suis arrêtée quand j'ai entendu qu'on sonnait à la porte.

— Judith, vous voulez bien voir qui c'est ? m'a lancé Helen.

— D'accord.

J'ai fait le tour de la maison, devant laquelle attendait un livreur.

— Bonjour ?

— J'ai deux colis pour Pengarrock House. Il me faut une signature.

Je suis entrée pour poser les roses et le sécateur sur la table. Helen arrivait.

— Je vais signer, a-t-elle dit tandis qu'elle s'essuyait les mains sur son tablier.

— Vous pouvez m'aider ? a demandé le livreur.

Nous avons porté les deux colis à l'intérieur ; la forme des caisses m'a rappelé les emballages utilisés pour les tableaux lors des déménagements.

— On ferait mieux de les laisser ici jusqu'à ce que Tristan réapparaisse. Je ne pense pas que vous et moi soyons assez fortes pour les déplacer, et de toute façon lui seul sait où il veut les mettre, a-t-elle marmonné avant de repartir vers sa cuisine d'un pas décidé.

L'humeur d'Helen ne s'était certes pas améliorée depuis les funérailles, quarante-huit heures plus tôt. Chaque jour, elle se repliait davantage sur elle-même. Je me faisais du souci pour elle. Tristan n'était pas très causant non plus, d'ailleurs. La situation me rappelait mes derniers jours au cap Cod. Je me trouvais dans le bureau quand j'ai entendu Tristan pousser un juron en se cognant aux caisses. Alors que je me retournais pour regarder dans l'entrée, je l'ai vu se frotter le tibia.

— Qu'est-ce que c'est ça, bon sang ? a-t-il demandé.

Helen est sortie de sa cuisine.

— Pas la moindre idée. Je me suis dit que tu avais fait des achats. Que tu avais peut-être envisagé de refaire la décoration.

— Ne prends pas tes désirs pour des réalités, Helen.

Tristan a tourné son attention sur les étiquettes des caisses. Incapable de résister à la curiosité, je les ai rejoints. J'avais décidément du mal à comprendre cet homme. De bien des façons, il était à l'image de Petroc, et je mourais d'envie de voir le sourire espiègle de son père apparaître sur son visage, au lieu de ce sempiternel air renfrogné.

— Quand est-ce arrivé ? a-t-il demandé.

— Il y a une dizaine de minutes, a répondu Helen.

— Ça vient de chez lady Rutherford. Tu la connais ? Une amie de papa ?

— Jamais entendu parler.

Le dos raide, Helen a fait volte-face et a commencé à s'éloigner.

— Merde, Helen ! s'est emporté Tristan. Je sais que tu ne veux pas que je vende Pengarrock, mais il faudra t'y faire. En attendant, ça n'empêche pas de se comporter avec un minimum de courtoisie.

— Très bien, a-t-elle répondu de manière lapidaire, mais d'un ton éloquent.

Reculant de quelques pas, j'ai tenté de m'éclipser. Ma place n'était pas ici, et je n'avais pas envie de me laisser entraîner dans une dispute qui ne me concernait pas.

— Restez, Judith, a dit Tristan. Je vais avoir besoin de votre aide.

Il a posé une main sur la plus grande des deux caisses.

— D'accord.

Lentement, je suis revenue sur mes pas, les regardant tour à tour. Helen était folle furieuse, terriblement crispée. Tristan, lui, semblait calme, mais ce n'était peut-être qu'une façade, comme permettait de le penser le soupir exaspéré qui lui a échappé alors que je m'approchais de lui.

Il a poussé le haut de la caisse la plus grande vers moi, tandis qu'il empoignait l'extrémité de la plus lourde.

— On les met au salon, a-t-il proposé. Il y a davantage de place et plus de lumière.

Tant bien que mal, nous avons atteint notre destination sans dommage.

— J'ai pensé que tu aurais besoin de ça, a dit Helen en lui tendant quelques outils.

— Merci, a-t-il répondu.

Alors qu'il abattait le marteau sur le tournevis, j'ai prié pour que le contenu ne soit pas fragile, m'efforçant de ne pas tressaillir à chaque coup.

— On dirait une toile, ai-je suggéré d'une voix qui se voulait plus détendue que je ne l'étais réellement.

— On sera bientôt fixés.

Tristan a glissé le tournevis dans l'ouverture afin de faire levier.

— Je pense que vous avez raison.

Une lettre est tombée sur le sol ; je me suis baissée pour la ramasser et l'ai jetée sur le canapé avant d'aider Tristan à hisser le tableau hors de son emballage.

— Prêts pour le dévoilement ? a-t-il demandé en posant la main sur le papier.

— Ne fais pas durer le suspense, s'est impatientée Helen.

J'ai noté un changement dans l'atmosphère de la pièce, où l'excitation était devenue palpable. La protection est tombée, et Helen et moi avons retenu notre souffle. Je ne pensais pas avoir jamais vu une femme aussi belle. Le peintre l'avait aimée avec chacun de ses coups de pinceau, pour un résultat à la fois parfaitement serein et étonnamment sensuel. La lumière caressait les joues du modèle en coulant vers le haut de ses seins. J'ai dégluti.

— Qui est-ce ? a demandé Helen. Une chose est sûre, c'est une Trevillion.

— Qu'est-ce qui te fait dire ça ? a fait Tristan, tenant la toile bien droite.

— Elle porte le saphir des Trevillion.

— Cette foutue broche...

Tristan s'est passé la main dans les cheveux.

— La plupart des châtelaines de Pengarrock ont posé avec le saphir pour leurs portraits, a ajouté Helen.

J'étais presque envoûtée par la beauté de cette femme et du tableau.

— C'est vrai ? a demandé Tristan.

Il s'est penché afin d'étudier la dame au joyau.

— Tu n'as donc jamais regardé autour de toi ? a marmonné Helen.

— Clairement, non, a-t-il répondu avec un haussement d'épaules.

— C'est le cas de le dire.

Helen a toussé. Je me suis demandé si je devais garder le silence et les laisser régler leurs comptes. Comme ce n'était pas mon combat, je me suis glissée derrière le tableau.

— Lady Clarissa Trevillion, ai-je annoncé. 1845.

— Celle qui a disparu ? s'est enquise Helen, qui a étudié la peinture de plus près.

— Je ne pense pas qu'il y en ait eu une autre.

J'ai continué à explorer l'arrière de la toile.

— Autre chose ? est intervenu Tristan d'une voix posée.

— Non. Juste l'identité de l'artiste : Frederick Peters. Je suppose que la deuxième caisse contient également un tableau.

Tristan a quitté le salon pendant que je réfléchissais à ce nom, Frederick Peters. Revenant de l'entrée avec la caisse plus petite, il a dit :

— Alors, de qui s'agit-il, d'après vous ? Les paris sont ouverts…

— Un ou une autre Trevillion ? ai-je proposé.

Je me suis placée devant le tableau de lady Clarissa pour admirer sa beauté. Quelle œuvre rayonnante ! Des yeux chauds et sensuels, mais avec une lueur presque amusée.

Une bouche pleine, qui esquissait un sourire. J'ai eu l'impression qu'elle était sur le point de révéler un secret.

— Bravo pour votre intuition, mais s'agit-il d'un deuxième portrait de la même femme ou de quelqu'un d'autre ? a demandé Tristan.

— Ne nous fais pas languir, a dit Helen, l'aidant à soulever le couvercle en bois et à retirer l'emballage à bulles. Regarde ses yeux, Tristan. Comme elle a l'air sérieuse. Un peu comme toi, quand tu étais jeune et charmant, a-t-elle ajouté en lui tapotant le bras.

— Parce que je ne le suis plus ? a-t-il relevé.

— Certainement pas en ce moment.

Helen s'est penchée afin de lire les informations à l'arrière du tableau.

— Octavia Trevillion, 1845. Même peintre : Frederick Peters.

— Qu'est-ce qui ne va pas, Judith ? On dirait que vous avez vu un fantôme, a plaisanté Tristan.

— C'est l'impression que ça donne après avoir consulté une partie de la documentation de Petroc et le fameux carnet de croquis.

J'ai dégluti.

— Frederick Peters était-il *lord* Frederick Peters ?

Tristan m'a lancé un regard.

— Je vois : la chasse au trésor de mon père.

— Il a mené un important travail de recherche, l'ai-je défendu.

— Une perte de temps, même si je reconnais que ce saphir aurait été une belle trouvaille.

Helen s'est éloignée des tableaux.

— Ça ne t'empêcherait pas de vendre Pengarrock, a-t-elle conclu avant de sortir du salon à grands pas.

Je me suis tournée vers Tristan.

— Que vous a dit votre père à propos de ce trésor ?

— Pas grand-chose ou, pour être entièrement honnête, je ne l'écoutais pas. Mais je suppose qu'il pensait que sa découverte serait la solution à tous les problèmes de Pengarrock.

Il a secoué la tête tandis qu'il regardait les tableaux.

— Quel rêveur !...

Son téléphone a sonné. J'ai ouvert la bouche pour protester : Petroc n'était pas un rêveur, mais un visionnaire. Tristan avait déjà pris l'appel et quitté la pièce. Au cours de sa carrière, Petroc avait toujours basé ses conclusions sur un travail de recherche minutieux. Pourquoi aurait-il procédé différemment pour sa chasse au trésor ?

DOUZE

La lumière avait baissé sur le fleuve, mais le ciel était toujours d'un bleu chaud. J'étais adossée contre le mur sur le patio de la cuisine. Cet après-midi, pendant que je travaillais, je n'avais pas pu m'empêcher de faire la leçon à Tristan (et au chapitre des reproches, je ne m'étais pas épargnée non plus). Dommage, il n'avait pas été là pour entendre ce que j'avais à lui dire. Au cours de notre dispute virtuelle, j'avais décidé de laisser tomber. Je ne pouvais pas rester pour l'assister dans son entreprise. N'avait-il donc pas de cœur ? Pourtant, je ne voulais pas quitter cette maison. Et puis, j'avais presque promis à Helen. De toute façon, je n'avais nulle part où aller.

En dépit de Tristan, il faisait bon vivre à Pengarrock. Ce soir, il flottait dans l'air une légère odeur de chèvrefeuille ; la lune, réduite à une fine tranche pâle, venait d'apparaître sur l'horizon.

— Vous voulez manger quelque chose, ou simplement continuer à regarder la vue ? m'a lancé Tristan depuis la cuisine.

— Pas facile, comme décision.

Je suis rentrée.

— Mais je vais écouter les grognements de mon estomac.

— C'est la voix de la sagesse.

Il m'a souri, me prenant à nouveau au dépourvu. Il pouvait se montrer charmant quand il le souhaitait.

— Et si on mangeait dehors ?

Il a froncé les sourcils.

— Oui, pourquoi pas ?

— Vous n'aimez pas ça ? ai-je demandé, cependant que je chargeais un plateau avec des assiettes et de la nourriture.

— Si, mais je ne l'ai pas fait depuis une éternité.

— Par une si belle soirée, c'est le moment idéal pour recommencer.

Il a haussé les épaules.

— Si vous le dites.

— Parfaitement.

J'ai dressé la table pendant qu'il nous cherchait à boire. Ça semblait tellement intime : juste nous deux, du poulet froid et une délicieuse salade, avec une bouteille de blanc bien frais. Les apparences étaient parfois trompeuses.

— Vous voulez bien me passer le poulet, s'il vous plaît ? a demandé Tristan.

— Il est très bon.

— Un peu de vin ?

Plus guindé que ça, tu meurs.

— Merci. Cette roquette est vraiment excellente.

— Oui, a répondu Tristan, son regard plongé dans son verre.

Il nous fallait d'urgence trouver un nouveau sujet de conversation. J'avais un tas de questions qui me brûlaient les lèvres, mais je ne le connaissais pas assez pour les lui poser. Il y avait forcément un peu de Petroc en lui. Quelque chose dans ses yeux me disait que je ne devais pas me fier à son image de séducteur imbu de sa personne. Je mourais d'envie de savoir pourquoi il vendait Pengarrock.

Le téléphone a sonné, m'arrachant un soupir de soulagement. Pendant qu'il répondait, j'ai siroté mon vin en me demandant de quoi nous pourrions bien parler.

Tristan est revenu.

— Ça ne devrait même plus m'étonner..., a-t-il marmonné.

— Quoi donc ?

— Un fermier qui voulait savoir quand l'installation des nouvelles canalisations sanitaires était prévue.

— Et ça pose un problème ?

— Oui. J'ai passé en revue tous les papiers du domaine, et il n'est fait mention nulle part d'un chantier de ce genre.

— Peut-être que vous trouverez quelque chose sur le bureau de Petroc ; je n'y ai pas encore touché pour l'instant.

— Non. J'ai déjà regardé. Idem pour les classeurs.

— Rien ?

— Juste des vieilleries.

— Hé ! ai-je protesté.

J'ai tapé du plat de la main sur la table en riant.

Les yeux verts de Tristan se sont éclaircis, et les plis qui se sont formés en dessous quand il s'est esclaffé à son tour l'ont humanisé.

— Et du côté de l'intendant ? ai-je suggéré.

— Il n'a rien dit à ce propos.

— Il débute ?

— Il n'est à ce poste que depuis quarante ans.

J'ai gloussé.

— Il n'a pas fini d'apprendre, alors ?

— De toute évidence.

Le rire de Tristan m'a fait l'effet d'une bouffée d'air frais. Il s'est détendu. Peut-être que je pourrais lui poser certaines de mes questions.

— Ce domaine est dans votre famille depuis longtemps, ai-je dit.

— Depuis la nuit des temps.

J'ai haussé un sourcil.

— Quelques centaines d'années, a-t-il rectifié. Je ne m'y suis jamais vraiment intéressé et, clairement, quand on voit le triste état dans lequel il se trouve, je n'ai pas été le seul.

— Vraiment ? Et vous pensez qu'en faisant preuve de plus d'attention dans le passé, vous auriez pu éviter les problèmes actuels ?

— Vous, vous vous été laissé embrigader par Helen.

— Pas seulement.

Il a eu un rire sec.

— En ce moment, vous êtes éblouie par la beauté du fleuve en été, mais je peux vous assurer que cet endroit peut se révéler très démoralisant. Suivez mon conseil : fuyez aussi vite que vous le pourrez.

Je l'ai dévisagé.

— Ça semble un peu extrême. Vous voulez bien me dire pourquoi vous détestez à ce point Pengarrock ?

— Non.

Le sourire avait quitté ses yeux.

— Je m'y attendais, mais qui ne tente rien n'a rien.

— Bien essayé, mais la réponse est non.

— J'ai compris.

J'ai regardé Pengarrock ; son histoire me fascinait, mais Tristan, s'il la connaissait, semblait décidé à ne pas la partager avec moi.

Il s'est levé et a marché jusqu'au muret qui entourait la terrasse. J'ai frissonné. La température avait brutalement chuté. Ça m'a rappelé les nuits d'été au cap Cod : pull exigé, presque toujours. J'ai fait mine de débarrasser la table, et Tristan s'est cogné contre moi en faisant la même chose.

— Désolé.

— Désolée.

Il a croisé mon regard. J'ai retenu ma respiration l'espace d'une seconde.

— Permettez, a-t-il dit, ramassant une fourchette tombée par terre.

— Quelle empotée je fais ! ai-je bafouillé.

— Pas du tout.

Il m'a de nouveau dévisagée et je me suis détournée. J'allais vraiment devoir être sur mes gardes avec lui ; à tous points de vue.

— Laissez-moi débarrasser. Je suis sûr que vous êtes fatiguée ou que vous avez du travail qui vous attend.

Alors qu'il me prenait les assiettes des mains, ses doigts ont frôlé les miens. Il s'est figé. J'ai reculé.

— Euh, oui, j'ai juste quelques bricoles à récupérer dans le bureau, ai-je répondu, un peu fébrile.

— À demain matin.

Sa voix m'a suivie alors que je cherchais le journal de Petroc pour l'année 2009. Puis, je suis montée dans ma chambre, où m'attendait un rappel brutal de mon incompétence avec les hommes : l'e-mail de John dans ma boîte de réception. Je devais lui rendre sa liberté et reprendre la mienne par la même occasion. Malheureusement, je n'étais pas certaine de savoir comment faire.

J'étais moite de sueur et j'avais la gorge sèche ; j'ai tendu la main vers le verre d'eau posé sur ma table de nuit. Secouant la tête pour chasser les derniers vestiges de rêves qui s'estompaient déjà, je ne suis pas parvenue à effacer les images de John à l'autel, en train de me chercher du regard. Je n'arrêtais pas de crier en frappant sur le mur en verre qui nous séparait afin d'attirer son attention pour m'expliquer. Pas étonnant que je sois épuisée.

Me débarrassant des couvertures, je me suis levée en m'étirant. L'e-mail de John me hantait – je le connaissais par cœur. J'ai allumé mon ordinateur et commencé à rédiger une réponse.

Cher John,
Merci pour ton e-mail.

Oh mon Dieu ! C'était vraiment nul. J'ai effacé le brouillon.

John,
Je t'aime aussi, mais je ne sais plus ce que je veux.

C'était déjà mieux, mais ça craignait encore. Je suis revenue en arrière.

John,
Je ne sais plus où j'en suis.

Ce n'était pas vrai. J'ai rabattu l'écran et suis allée me brosser les dents. Je ferais une nouvelle tentative après avoir eu ma dose de caféine. Un seul regard dans la glace a suffi à m'effrayer. Des cernes noirs soulignaient mes yeux. Ce n'était vraiment pas beau à voir.

— Les cauchemars sont excellents pour le teint, ai-je ironisé en m'adressant au miroir avant de sortir de la salle de bain.

Munie de mon bloc-notes et du journal de Petroc, je me suis assise à côté de la fenêtre. La lumière s'insinuait dans le ciel ; bientôt, le soleil se lèverait sur la baie. J'ai caressé le cuir du carnet avant de feuilleter les pages afin d'en estimer l'intérêt professionnel ou théorique.

Le 2 janvier 2009, Petroc avait écrit :

De retour de Londres. Je n'aime pas passer Noël là-bas, mais Tristan refuse de venir à Pengarrock.
Pris contact avec lady Rutherford.
Demain, début de la cueillette des jonquilles.

Petroc avait donc effectivement été en contact avec lady Rutherford. Cela expliquait au moins la livraison des peintures. Je trouverais probablement davantage d'informations sur leurs relations dans ses notes ou ses journaux. Il semblait avoir consacré énormément de temps à la recherche du saphir, d'une manière ou d'une autre. J'ai baissé les yeux vers le carnet.

Le chêne tend ses branches tordues,
Nues et noueuses,
Vers le miroir immobile
De la surface de l'eau.

J'ai relevé la tête, cette image gravée dans mon esprit, mais rapidement remplacée par une vue des promontoires de la rive nord du fleuve. Ils apparaissaient plus distinctement à présent, alors que le soleil commençait à faire ressortir leurs caractéristiques.

Un voilier esseulé se dirigeait vers la baie de Falmouth. Je n'avais pas fait de bateau depuis une éternité. Une envie forte d'être sur l'eau s'est soudain emparée de moi, mais je me suis rappelé que j'étais là pour travailler, pas en vacances.

Agitée, je suis descendue ; Tristan se trouvait dans l'entrée.

— Vous êtes bien matinal, lui ai-je dit avec un sourire, notant le petit sac de voyage qu'il tenait à la main.

— Oui, a-t-il répondu, marquant un temps d'arrêt à la porte. Je pars pour Londres. À mon retour, j'espère que vous serez en mesure de me donner une idée approximative de ce que valent toutes ces foutaises.

La brutalité de cette dernière remarque m'a laissée sans voix ; avant que j'aie trouvé quelque réplique cinglante, sa voiture a disparu dans l'allée en gravier dans un crissement de pneus sonore. Pensait-il sérieusement que l'estimation d'une collection comme celle de son père n'était l'affaire que de quelques jours ? Il était fou. Après que j'ai fermé la porte, mes pas m'ont conduite vers la cuisine. Je serrais toujours le journal de Petroc dans ma main.

— Bonjour, Helen. Je ne m'attendais pas à vous voir ici aussi tôt.

— J'avais à parler à Tristan et je me suis dit qu'il ne traînerait pas longtemps dans les parages après l'enterrement.

— Oh ! je n'avais pas compris qu'il partait pour de bon.

— Si.

Elle a disparu dans le jardin.

L'émotion d'Helen était justifiée, mais je n'étais pas certaine qu'elle ait raison, au moins sur un point. La cupidité ne suffisait pas à expliquer que Tristan veuille vendre son héritage. Je n'avais pas encore trouvé ce qui le poussait à agir ainsi, mais je me refusais à croire que quelqu'un puisse abandonner tout ça simplement pour de l'argent.

Pour une femme, peut-être ; s'il l'aimait suffisamment et qu'elle détestait vraiment cet endroit. Avait-il quelqu'un dans sa vie ? Si oui, pourquoi n'était-elle pas venue aux obsèques ? L'expérience m'a montré que les gens se comportent de façon bizarre en de telles circonstances.

Les émotions sont plus intenses, plus vives. J'ai songé à mes parents et moi, à la mort de Rose. Un rien aurait suffi à mettre le feu aux poudres. Helen devait faire preuve d'un peu de compréhension vis-à-vis de Tristan.

La veille au soir, j'avais vu une facette différente de cet homme, nettement plus agréable. À ma grande satisfaction, le fils n'était pas totalement dépourvu du charme du père. Et il tenait de ses deux parents pour sa beauté. Entendant le vrombissement de la tondeuse, j'ai regardé par la fenêtre. Le jardinier attachait un rosier qui poussait en tous sens. *Rose.* Il était temps pour moi de me libérer. Je ne pouvais plus laisser la mort de ma sœur déterminer ma vie.

Contrairement au plateau encombré, les tiroirs du bureau de ministre de Petroc étaient impeccables. Fallait-il y voir la trace récente des recherches de Tristan, ou Petroc était-il allé contre sa nature ? Je me suis assise et j'ai attendu. Quoi, exactement, je n'en étais pas certaine, mais ce sentiment d'attente a persisté. Le sous-main en cuir usé, marqué par l'encre et les taches circulaires des tasses, témoignait des heures de travail passées ici. Mes doigts ont déchiffré les empreintes laissées par les mots. Quelles avaient été ses pensées ? J'ai levé la tête vers la vue. De cet angle, l'embouchure du fleuve apparaissait dans l'encadrement de la porte-fenêtre, avec la balise flottante qui signalait August Rock. Il avait eu cette énigme en face de lui tous les jours.

Dans le tiroir du milieu, j'ai trouvé les suspects habituels : cartouches d'encre, papier à lettres et une agrafeuse. J'ai sorti une feuille. Dans le coin gauche, en haut, on pouvait lire, en caractères noirs bien nets :

Petroc Trevillion
Pengarrock
Manaccan
Cornouailles

— Reposez en paix, ai-je dit.

J'ai rangé la feuille. La pendulette continuait son tic-tac. Comme je ne l'avais pas remontée depuis quelques jours, Tristan avait dû s'en charger. J'ai quitté le bureau afin de chercher mon bloc-notes. Pourquoi tant de réticence à fouiller ces tiroirs ? Qu'est-ce qui me mettait aussi mal à l'aise ? Je me conduisais comme une idiote. Je me suis rassise et j'ai ouvert le premier tiroir de droite. Une chemise en papier kraft se trouvait sur le dessus. Quand je l'ai sortie, une photocopie d'article de journal extrait du *West Briton* et daté de 1846 en est tombée.

UNE TEMPÊTE SOUDAINE CAUSE LE NAUFRAGE D'UN VOILIER ET NE LAISSE AUCUN SURVIVANT.

Le 31 août 1846
Samedi dernier, le voilier Columbia a été pris dans une tempête aussi violente que soudaine, au moment de quitter Falmouth. Le navire s'est fracassé sur les Gedges, des récifs plus connus dans la région sous le nom d'August Rock. La tempête était si terrible que rien n'a pu être tenté pour sauver les passagers et l'équipage. Les éléments déchaînés ont durablement marqué les esprits, des témoins parlant d'éclairs qui zébraient le ciel et éclairaient la scène comme en plein midi. Des corps et des débris continuent à s'échouer sur les rives de l'Helford et aussi loin que le cap Lizard. À bord du navire se trouvaient son capitaine, Zachariah Henderson, et son propriétaire, lord Frederick Peters, membre de l'Académie royale des arts.

J'ai sursauté. C'était donc bien lui, le peintre. Allumant mon ordinateur, j'ai lancé une recherche sur Peters qui m'a permis de reconnaître immédiatement son style. En revanche, les portraits ne figuraient nulle part dans la liste de ses œuvres. Curieux.

J'ai rangé la photocopie dans la chemise et regardé le reste de son contenu, à savoir d'autres articles à propos du naufrage. Le dossier se terminait par une photo de la stèle commémorative élevée à la mémoire des disparus du *Columbia*. Je l'ai retournée, mais aucune information ne figurait au verso. Feuilletant à nouveau les documents, je me suis aperçue que tout était classé chronologiquement. C'était inhabituel ; d'ordinaire, Petroc fonctionnait par niveau de pertinence, mais, dans ce cas, il avait strictement observé l'ordre donné par les dates.

Le dossier suivant dans le tiroir concernait uniquement lord Frederick Peters, membre de l'Académie royale des arts. Là aussi : organisation chronologique, sans aucune annotation. Cela ne ressemblait guère à la façon de travailler de Petroc. Il aurait trié ces coupures de presse par ordre d'importance, et non par date.

Il aurait pris des notes, si ce n'est dans la marge, au moins sur des bouts de papier ; il aurait partagé ses pensées. À quoi étaient destinées toutes ces recherches méticuleuses ? Croyait-il réellement que le saphir des Trevillion se trouvait encore à August Rock ? Si personne n'avait retrouvé les bijoux après que le bateau avait coulé en 1846, ils devaient être perdus à jamais ; la force des marées et des courants y avait certainement veillé. J'avais du mal à imaginer que quelque chose ait pu subsister à cet endroit, mais peut-être me trompais-je. Je n'avais pas vu le récif personnellement.

Le dossier suivant contenait des informations sur le saphir des Trevillion. Il y avait là des copies des différents portraits des châtelaines de Pengarrock qui le portaient.

À un moment de son histoire, on avait changé la monture du joyau. Le dernier article avait pour thème les grosses gemmes, en particulier celles qui avaient « disparu ». Si un saphir de cette importance arrivait sur le marché, le monde entier serait au courant, à moins qu'il ne soit retaillé. Petroc avait donc également fait des recherches sur les pierres plus petites lors de leur apparition.

Le doute m'a envahie alors que je notais le contenu des dossiers avant de refermer le tiroir. Les fragments de l'histoire que je connaissais ne cadraient pas les uns avec les autres.

Alors que je me mettais en route pour retrouver Helen et J.C., du brouillard a tourbillonné dans l'allée, atténuant les contours de l'écurie. Sans l'antenne satellite plantée sur le toit, on aurait pu se croire en 1846. Lady Clarissa m'intriguait. Que lui était-il arrivé ? Il y avait forcément davantage d'informations sur elle.

La brume étouffait tous les sons, y compris le grondement grave d'un tracteur qui m'a semblé terriblement loin, comme le reste du monde, d'ailleurs. Les arbres se réduisaient à des formes sombres se détachant sur le ciel. Je savais ce qu'ils étaient parce que je les avais déjà vus. Mais qu'aurais-je pensé s'ils m'étaient apparus ainsi la première fois, menaçants, s'interposant entre moi et le peu de ciel visible ? Quelques semaines à peine nous séparaient du solstice d'été ; il aurait dû faire jour tard, mais avec cette brume il faisait artificiellement sombre.

Je devais rentrer chez moi. C'était la seule façon de faire face à ce que j'avais fait, d'assumer mes responsabilités. Avait-on vraiment encore besoin de moi ici ? Ce qu'il adviendrait des travaux de Petroc et de Pengarrock avait-il de l'importance ? Avec Tristan décidé à tout vendre, ne valait-il pas mieux que j'ignore la suite ? Que je ne prenne pas part à ce processus ?

À chaque pas qui me rapprochait de la maison d'Helen, je me sentais davantage convaincue que c'était la chose à faire. Demain, je mettrais de l'ordre dans ce que j'avais déjà accompli, puis je prendrais contact avec Tristan et je lui dirais de trouver quelqu'un d'autre pour faire son sale boulot. Je ne participerais pas à la destruction de Pengarrock.

— Vous voilà enfin, ma chérie, m'a accueillie Helen. Quel temps épouvantable ! Et juste après une journée magnifique...

Elle et J.C. m'attendaient à la porte de leur jardin.

— Bonsoir, a dit J.C.

C'était la troisième fois que je rencontrais le mari d'Helen, et le quatrième mot que je l'entendais prononcer. Vivant avec Helen, il n'avait probablement pas souvent l'occasion d'en placer une.

— Comment c'était, Truro ? ai-je demandé, calquant mon pas sur le leur.

Pour une femme aussi petite, Helen avançait à une allure remarquable.

— Bien, a-t-elle lâché d'un ton sec.

— Ça n'en a pas l'air.

Je me suis tournée vers elle, tentant de déchiffrer son expression.

— Hmmm.

— Je lui ai fait visiter des propriétés, a expliqué J.C. en gloussant.

— Des propriétés ? ai-je répété, fronçant les sourcils.

Arrivés au carrefour, nous avons pris la direction du village.

— Oui, a dit Helen. Comme nous n'aurons bientôt plus de maison, mon mari pense que le moment est venu de déménager et de nous rapprocher de Jenna et des enfants dans le Devon.

— Truro n'est pas près du Devon, a répliqué J.C., pressant le pas.

— J.C. est originaire du nord de la Cornouailles, a précisé Helen, comme si cela expliquait tout.

— Maintenant que Petroc est parti, a dit J.C., Pengarrock n'en a plus pour longtemps. Il n'y a plus de place pour nous ici.

Helen a soupiré.

— Il a raison, et ça me met dans une colère noire.

Nous sommes arrivés devant la porte du pub.

— Tristan n'a pas le droit de faire ça

— Si, bien sûr. Tout lui appartient maintenant, ai-je répondu avant de me précipiter à l'intérieur, hors de portée d'Helen.

Je comprenais ce qu'elle voulait dire, mais Tristan était le propriétaire du domaine et, à ce titre, libre d'en faire ce que bon lui semblait.

— Il oublie que ça ne lui donne pas que des droits, mais aussi des responsabilités et des devoirs, a marmonné Helen.

J.C. nous a commandé à boire, et la conversation a embrayé sur les personnes présentes dans le pub. De nombreux visages m'étaient familiers, à présent, mais j'avais encore quelques difficultés avec les noms.

— Judith, je ne sais pas si vous avez déjà rencontré Tamsin ? m'a demandé Helen, poussant une femme souriante vers moi.

— C'est possible, ai-je répondu.

Je lui ai tendu la main en tentant de me souvenir.

— Je n'en suis pas sûre, a dit Tamsin. Alors, qu'est-ce que vous pensez de notre petit coin de paradis ?

— Extraordinaire.

— C'est vrai, a approuvé Tamsin avec un large sourire.

— Il ne le restera pas longtemps, une fois que les agents immobiliers auront mis le grappin dessus.

Je ne savais pas qui avait parlé, mais la voix était pleine de colère.

— Comment lui en vouloir ? a répliqué une autre. Il déteste cet endroit et il va en tirer une fortune.

— Et le club de cricket, qu'est-ce qu'il devient ? On n'a aucun contrat en bonne et due forme. J'ai vérifié cet après-midi.

— Qu'est-ce que dit le testament, Helen ?

Tous les yeux se sont tournés vers elle.

— Ça ne vous regarde pas.

Elle a levé le menton et m'a conduite à une table.

— Je suis peut-être en colère, mais je refuse de me laisser entraîner dans ce genre de discussion. Je pense que Tristan abuse, mais il est à moi, a-t-elle ajouté d'une voix à peine audible. Il est l'un des nôtres, mais il l'a oublié parce qu'on l'a envoyé en pension. Ce pauvre Petroc a cru agir au mieux.

Elle a secoué la tête.

— Et maintenant, on en est là : le village se chamaille, et tout le monde se prépare au pire. Ce n'est pas bien. Petroc n'aurait pas voulu ça. Mais assez parlé : qu'est-ce qui vous ferait plaisir pour dîner ?

Je me suis gratté la tête.

— Je n'en ai pas la moindre idée.

Comment pouvait-elle passer du coq à l'âne de cette façon ?

— Pas de problème. Je vais commander pour vous.

Elle est repartie vers le bar tandis que J.C. venait s'asseoir à table avec une bouteille de vin.

— Je me fais du souci pour Helen, lui ai-je confié.

— Moi aussi, mais on ne la changera plus.

Avant que je puisse ajouter quoi que ce soit, elle nous a rejoints. Alors qu'elle se laissait tomber sur sa chaise, elle m'a paru plus menue que jamais.

— Le testament sera homologué d'ici quelques mois, a-t-elle dit. Après, la vie ici ne sera plus jamais la même.

De retour du village, Helen était essoufflée quand nous sommes arrivés au carrefour. J.C. a froncé les sourcils et je me suis demandé si elle n'en avait pas un peu trop fait pour l'enterrement et pendant les quelques jours qui avaient suivi.

— Tout va bien, ma chérie ? s'est inquiété J.C., plaçant une main sur son bras pour la forcer à ralentir alors que nous approchions du poteau indicateur.

Helen a hoché la tête, mais elle a dit :

— Je crois que ce curry m'est resté sur l'estomac.

Elle semblait moite de sueur.

— Tout d'un coup, je ne suis pas dans mon assiette. Je me sens mal.

J.C. l'a rattrapée avant qu'elle ne touche le sol. J'ai passé mentalement en revue les rudiments de secourisme appris quelques années plus tôt pour devenir maître-nageur. D'après moi, elle ne souffrait pas d'une intoxication alimentaire. Mon instinct me soufflait le seul diagnostic possible.

— J.C., elle fait une crise cardiaque. Mettez-la en position latérale de sécurité.

Je l'ai aidé à l'étendre avec précaution sur le sol, puis je me suis assurée qu'elle respirait.

— Helen, vous m'entendez ? Si oui, est-ce que vous pouvez tousser, s'il vous plaît ?

Aucun air ne sortait de son nez ou de sa bouche. J'ai regardé sa poitrine. Rien. J'ai lancé mon téléphone à J.C.

— Appelez les secours !

Ensuite, j'ai fait rouler Helen sur le dos et j'ai commencé la réanimation cardio-pulmonaire. Pas question que Pengarrock perde un autre de ses habitants. Pas si j'avais mon mot à dire.

TREIZE

Mes yeux me brûlaient après cette longue nuit passée à attendre des nouvelles d'Helen entre la vie et la mort. J'avais conduit J.C. à l'hôpital ; ensuite, il m'avait renvoyée à la maison pour que je me repose. N'ayant pu trouver le sommeil, j'en avais profité pour prendre enfin le temps de lire la lettre de tante Agnes avec l'attention qu'elle méritait. Cela m'avait changé les idées, mais une information m'avait paru inquiétante : papa était absent. Absent ? Il n'allait jamais nulle part sans ma mère. Peut-être qu'à quatre-vingt-quatorze ans, ma grand-tante s'embrouillait un peu.

J.C. m'a rappelée de l'hôpital pour m'annoncer que l'état d'Helen était jugé stable, mais qu'ils préféraient tout de même la garder en unité de soins intensifs pour l'instant. Il m'a semblé exténué, mais j'ai été soulagée d'apprendre que leur fille venait d'arriver du Devon. Prévenir Tristan la nuit dernière s'était révélé un exercice extrêmement frustrant. Il avait éteint son mobile et, quand j'avais enfin réussi à le joindre, il n'était de toute évidence pas seul. Je me sentais encore gênée par cet épisode. Mais il avait rappelé plusieurs fois, depuis. Son inquiétude était palpable, ce qui le rachetait un peu, à mes yeux. En revanche, je ne croyais pas un instant à son excuse de téléphone en panne. Il l'avait en permanence sur lui et toujours collé à l'oreille : ses affaires n'attendaient pas.

J'avais le sentiment persistant que la discussion au pub à propos de la vente de Pengarrock avait provoqué la crise cardiaque d'Helen. Ç'avait été la goutte d'eau. Avec la décision de Tristan, elle ne perdait pas seulement son travail ; sa vie entière s'en trouvait bouleversée, et le fait qu'elle ait élevé Tristan n'arrangeait pas les choses.

Gin et Rhum aboyaient ; j'ai suivi le bruit jusqu'au salon. Un oiseau était entré et ne parvenait pas à retrouver la sortie. Il n'arrêtait pas de se jeter contre la fenêtre fermée. Les chiens ajoutaient à sa détresse. Après lui avoir rendu sa liberté, j'ai regardé l'étendue des dégâts causés par les fientes du volatile. À l'aide d'un mouchoir en papier, j'ai essuyé la bible familiale. Quelqu'un avait coincé une liasse de feuilles à l'intérieur. Après examen, il s'agissait d'un chapitre du livre de Petroc. Apparemment, il traitait de Tallan et Octavia. Avec elle s'achevait cette branche des Trevillion. J'ai parcouru les pages qui retraçaient l'implication des Trevillion dans Pengarrock et l'activité fluviale. Au bas de la dernière, Petroc avait écrit au crayon :

« Quels secrets garde l'Helford ? Ni le temps ni la marée ne les révèlent. »
Août 1849

D'où provenait cette citation ? J'ai pris le chapitre et j'ai soigneusement refermé la bible avant de retourner au bureau. Où Petroc avait-il bien pu mettre le reste de son livre ? Il n'était pas là, et je ne l'avais pas trouvé non plus dans la salle de billard. Dans son journal daté de l'année 2009, Petroc avait indiqué qu'en 1879, Pengarrock avait fait un pas de plus dans la direction de sa branche des Trevillion quand le mari de Clarissa était mort sans descendance. Petroc écrivait admirablement à propos du domaine, de ses travaux et du sentiment de perte que lui causait sa relation avec son fils. Je me suis demandé ce qui s'était passé. Parcourant à nouveau le carnet, j'ai découvert une note que j'ai dépliée. Sur une feuille de son papier à lettres, Imogen avait dressé une liste de noms à l'encre violette.

Lady Rutherford
Frederick Peters
Lady Clarissa
Octavia

Plus un objet, qu'elle avait entouré.

Saphir

Enfin, au bas de la page, elle avait écrit : *Une quête pour Tristan*. Il existait un lien, mais je ne le voyais pas encore.

J'ai emmené les chiens faire une promenade, une façon agréable de compenser une nuit sans sommeil et une journée frustrante. Maintenant, j'avais besoin d'un bon bain. Il était plus tard que je ne le pensais. Déjà dix heures. Ces longues soirées étaient trompeuses. De l'autre côté de la fenêtre de la salle de bain, le ciel était encore clair.

J'avais tant de choses à faire, mais aucune envie de sortir de l'eau. Auparavant, je n'avais jamais connu de baignoire où je puisse m'étendre complètement. D'habitude, j'avais froid aux genoux, aux pieds ou au torse. Mais là, j'étais immergée jusqu'au cou. Un moment de pure décadence, mais ma faim ne me permettrait pas de traîner beaucoup plus longtemps.

Avec une jambe dans le bain et l'autre hors de l'eau, j'ai tendu le bras vers ma serviette. Me maintenant prudemment en équilibre, j'avais ma main dessus quand mes cheveux se sont dressés dans ma nuque. Je n'étais pas seule. Après être complètement sortie de la baignoire, je me suis rapidement enveloppée dans la serviette. Mon peignoir se trouvait sur le lit, mais je ne pensais pas avoir le temps de l'attraper.

Fouillant du regard la salle de bain à la recherche d'une arme, j'ai aperçu un vieux débouchoir à ventouse derrière la cuvette des cabinets. Je l'ai empoigné et me suis préparée à l'attaque alors que les pas approchaient.

— Judith, vous êtes là ?

La porte s'est ouverte et, avant que je puisse retenir mon geste, j'avais frappé Tristan sur la tête. Entraînée dans mon élan, ma serviette est tombée sur le sol. Je me suis agenouillée pour la ramasser et sauver ma pudeur, notant au passage l'expression horrifiée de Tristan. J'ai rougi des pieds à la tête, ce que la serviette blanche n'a fait qu'accentuer une fois remise en place.

Il a reculé vers la porte, se frottant la tête. J'avais tapé de toutes mes forces avec une arme peu efficace.

— Tristan, je suis désolée. Je ne savais pas que c'était vous. J'ai juste entendu du bruit.

— Vous recevez toujours les voleurs complètement nue et armée d'un débouchoir ? a-t-il demandé avec le sourire.

J'ai ri.

— Oui, bien sûr. Ils sont tellement choqués que ça me laisse le temps de filer.

— Vous avez déjà testé cette méthode ?

— Oh oui ! Souvent.

— Avec des Américains, alors. Parce que je vous assure qu'un Anglais ne réagirait pas ainsi.

J'ai cru mourir de honte quand Tristan lorgna ce que ne cachait pas la serviette trop petite.

— Je vous laisse, a-t-il repris. Je vais voir si je peux trouver quelque chose à boire et à manger.

— Je peux me joindre à vous ? Je n'ai pas dîné et je suis affamée.

— Bien sûr.

— Juste le temps de m'habiller...

— Vous pouvez rester en serviette, si ça vous chante, mais oubliez le débouchoir.

Je l'ai jeté dans sa direction alors qu'il battait en retraite. Son rire a résonné autour de moi. *Chapeau, ma grande ! Dévoiler son anatomie devant son employeur et le frapper sur la tête... Bien joué, Jude.*

Après avoir enfilé un jean et un pull léger, je me suis demandé comment j'allais gérer cette situation. Comme aucune excuse ne saurait masquer mon embarras, j'ai décidé de ne pas mentionner cet incident sauf si lui en parlait. Redressant les épaules, je suis entrée dans la cuisine.

— Une omelette, ça vous tente ?

— Parfait. Je peux vous aider ?

— Oui, versez-vous un verre de vin et asseyez-vous. Vous m'avez encore l'air un peu secouée.

— Merci.

Je me suis servie, mais je savais que ma voix en disait plus que je ne l'aurais souhaité.

— Vous avez dû avoir une peur bleue lorsque vous avez pensé qu'un inconnu se trouvait dans la maison avec vous. J'aurais dû sonner, mais j'avais la tête ailleurs.

— Vous êtes allé voir Helen à l'hôpital ?

— Oui.

— Comment va-t-elle ?

— Elle se remet lentement. J.C. et Jenna étaient là aussi.

J'ai observé ses gestes habiles pendant qu'il préparait les omelettes. Son aisance devant les fourneaux m'a surprise, tout comme le fait qu'il ait tout laissé tomber après que j'avais enfin réussi à le joindre pour l'informer de la crise cardiaque d'Helen. Je n'avais pas pensé qu'il viendrait aussi vite. Il n'était rentré à Londres qu'hier.

Mon regard a suivi ses doigts qui hachaient adroitement de la ciboulette. Ils bougeaient avec aisance sur le manche du couteau. Il avait de très belles mains. Le vin devait me monter à la tête.

Tristan s'est retourné et a posé une assiette devant moi.

— Et une omelette, une ! En espérant qu'elle soit à votre goût.

— J'ai tellement faim que je mangerais n'importe quoi. Je n'ai rien avalé depuis des heures.

Il a rempli nos deux verres. Levant le sien, il m'a regardée droit dans les yeux.

— Oui, c'est vrai que vous avez l'air vorace.

J'ai cligné des yeux. Si je ne me trompais pas, il flirtait avec moi.

J'avais la tête pleine de verbes latins. Je n'étais pas certaine de ce qui avait déclenché ce phénomène, mais j'avais de nouveau lu le journal de Petroc, la nuit dernière, avant de m'endormir. Les noms de plantes que j'avais croisés au fil des pages m'avaient-ils renvoyée sur les bancs de l'école ? Avec mon ordinateur sur les genoux, j'étais perchée sur le muret devant la cuisine.

— Bonjour.

— Hein ?

J'ai sursauté.

— Vous m'avez fait peur. Après la journée que vous avez connue hier, je ne pensais pas que vous seriez levé aussi tôt.

— Le soleil m'a réveillé. Il reste du café ?

Les cheveux de Tristan étaient encore humides. Apparemment, il venait de sortir de la douche.

— Non, je ne crois pas, mais il serait froid, de toute façon.

— Dois-je comprendre que vous en reprendriez bien une tasse ?

— Oui, merci.

Le regard perdu au loin, j'ai écouté les bruits dans la cuisine. On devinait Durgan sur l'autre rive du fleuve.

— Vous avez nourri les chiens ? a-t-il demandé en me tendant ma tasse.

J'ai baissé les yeux vers Gin.

— Il tentera peut-être de vous convaincre du contraire, mais je vous assure qu'il a eu sa ration.

— Gin a toujours été un goinfre.

Tristan a tapoté sa cuisse ; le chien a avancé vers lui pour se faire gratter derrière les oreilles.

— Pas encore blasée ? a voulu savoir Tristan en regardant l'Helford.

— Non.

— Vous êtes pourtant là depuis assez longtemps pour en avoir eu tout votre content.

— Je ne crois pas que je pourrais jamais me lasser de cette vue. Elle est différente chaque fois que je lève les yeux de mes dossiers, mais chaque aperçu est aussi beau que le précédent.

— Mon père vous a ensorcelée.

— Vous ne ressentez pas la même chose ?

— Non.

J'ai secoué la tête, puis j'ai tourné mon attention vers l'horizon lointain, où un grand pétrolier traversait la baie de Falmouth. C'était un matin d'été parfait.

— Petroc aimait profondément cet endroit. Ses écrits témoignent de cette passion.

— Il n'a vécu que pour lui.

J'ai noté le changement dans sa voix.

— Pour vous aussi.

J'ai marqué une pause.

— Je suppose que vous et votre père ne vous entendiez pas bien.

— Pas exactement. Petroc n'était pas doué avec les enfants, pas tant qu'ils n'étaient pas en âge d'avoir une discussion intellectuelle avec lui.

— Il était distant ?

— Non, je ne dirais pas ça. Absorbé, plutôt.

Il a passé sa main dans ses cheveux, ébouriffant les petites boucles qui avaient commencé à apparaître en séchant. Tristan avait dû être un beau petit garçon.

— Ça n'a pas dû être facile pour vous. J'imagine que vous n'étiez pas trop branché discussions intellectuelles.

— Pas assez tôt pour nouer des relations dignes de ce nom. Quand je suis devenu intéressant à ses yeux, j'étais déjà à l'université et je ne m'intéressais plus à lui.

— Aïe ! Aviez-vous tout de même quelque chose en commun ? ai-je demandé, pleine d'espoir.

— Oh oui !

Tristan a sifflé, et les deux chiens sont sortis en courant de la cuisine.

— Gin et Rhum ?

— Oui.

Il a pris le temps de les flatter.

Leurs prédécesseurs aussi : Whisky et Stormy.

— Stormy ?

— Comme dans Dark & Stormy, le cocktail à base de rhum et de ginger-beer.

— Ça s'accordait aussi au tempérament du chien[1] ?

J'ai caressé la tête de Rhum.

— Absolument. Stormy était la mère de Rhum.

---

1 *Stormy* : d'un caractère violent, emporté. (NDT)

Tristan a souri.

— Qu'avez-vous étudié à l'université ? ai-je demandé, décidant de tenter une approche différente.

— La chimie.

— Vraiment ?

Il ne correspondait pas à l'image que je me faisais d'un scientifique.

— Oui. J'ai choisi une matière aussi éloignée que possible de l'univers de mon père

— C'est vrai. Mais vous n'avez pas poursuivi une carrière scientifique ?

— Non. Je n'en ai jamais eu l'intention, mais j'aimais le côté clair et précis de cette discipline. Pas de place pour de vieux bouquins bizarres ou des débats interminables sur le passé : juste des produits chimiques et des réactions.

— Et que faites-vous, aujourd'hui ?

— Je dirige une société d'investissement.

J'ai renversé la tête et j'ai ri.

— Pas de volumes savants, juste du fric et des affaires louches.

— Oui.

Il a penché la tête, cachant son sourire.

— Mais ce n'est pas si éloigné de ce que j'ai étudié à la fac : tout repose sur l'association des bons produits pour obtenir le résultat attendu.

— Une chimie des temps modernes, alors ?

— Oui. Mais l'argent ne fait pas tout. Il faut également avoir le don de trouver les bonnes personnes. Une opération ne fonctionne que si le courant passe entre les gens.

— Vous les utilisez comme des éléments d'une formule, ai-je suggéré.

— On peut dire ça.

— Vous croyez les comprendre suffisamment pour savoir comment ils interagiront les uns avec les autres ?

— Oui.

Je me suis levée pour prendre le journal de Petroc.

— Curieux ; j'ai toujours pensé qu'on pouvait davantage se fier aux livres qu'aux êtres humains, trop instables, trop versatiles.

— Chacun son truc.

Le téléphone de Tristan a sonné ; il a regardé l'écran.

— Un appel d'Extrême-Orient.

Alors qu'il marchait vers les canons, je me suis demandé quel genre de vie il menait.

Après avoir garé la voiture, je suis entrée dans la cuisine avec le sac de courses et j'ai écrit *Bateau* sur un post-it. Ainsi, je n'oublierais pas d'aborder le sujet avec Tristan au dîner. S'il continuait à faire aussi beau, je tenais absolument à admirer cet endroit depuis le fleuve. En dépit du grand nombre de naufrages répertoriés par Petroc dans ses recherches, l'Helford ne devait pas présenter de danger particulier pour les amateurs de voile ; il suffisait, pour s'en assurer, de regarder la foule de pratiquants qui l'empruntaient. August Rock semblait être la seule menace réelle à proximité, et une balise en marquait clairement l'emplacement. Chaque jour, en promenant les chiens, je trouvais la plage occupée par des familles.

Tout ce petit monde était plutôt jovial. Les enfants couraient dans et hors de l'eau. Hier, il avait fait si chaud que j'avais prévu de me baigner en début de soirée, mais je n'avais réussi qu'à tremper un pied. Le reste de mon corps avait catégoriquement refusé d'aller plus loin. Des doigts glacés m'avaient empoignée, et j'avais rapidement battu en retraite, regrettant soudain la chaleur du détroit de Nantucket.

Tristan serait bientôt rentré d'Helston. Nous avions développé une routine de travail efficace au cours des deux derniers jours. Après le lamentable épisode du débouchoir, j'avais craint pour la suite de nos relations, mais j'avais eu tort. En fait, le courant passait mieux entre nous depuis. J'attendais nos conversations avec impatience, et la façon dont il s'occupait d'Helen m'avait amenée à réviser mon jugement sur lui. J'ai sorti mes notes. Petroc avait fait référence à un livre sur l'histoire de Trellowarren, laissant entendre que l'ouvrage était en sa possession. Une rapide visite dans la bibliothèque s'imposait. Petroc était resté vague sur l'apport de ce document en particulier ; il se trouvait forcément quelque part dans la maison, tout comme son manuscrit, qui n'avait toujours pas refait surface.

J'ai mordu le bout de mon stylo et parcouru ma liste. Ce que j'avais catalogué jusqu'à présent serait précieux pour n'importe quelle université, mais attribuer une valeur vénale à tout cela s'avérerait difficile. Et je n'avais pas encore traité les livres du bureau, sans parler de la bibliothèque ou de la chambre de Petroc. Mais je me suis rappelé que je n'étais là que depuis peu.

J'adorais la façon dont les arbres s'élevaient dans la vallée jusque vers la plage, alors que ceux qui poussaient en hauteur avaient vu leur croissance compromise par le vent hurlant, leurs branches tordues comme les cure-pipes avec lesquels je jouais enfant. Malgré le soleil estival, il m'apparaissait clairement que la région pouvait être soumise à de violentes rafales.

Le téléphone a sonné.

— Pengarrock.

— Jude ?

— John ?

Je me suis effondrée sur une chaise.

— Oui.

J'avais oublié sa voix.

— Comment vas-tu ?

— Tu me manques.

Ce n'était pas sain. Il avait probablement appelé Barbara pour obtenir ce numéro.

— Je me demandais si je pouvais venir te voir.

Alors que je me levais brusquement, mon crâne a heurté le linteau au-dessus de la cuisinière.

— Merde !

Je me suis frotté le cuir chevelu, où j'ai senti une bosse se former.

— Désolée, ce n'est pas toi. Je me suis cogné la tête.

— Oh !

Il a hésité une seconde.

— Écoute, j'ai besoin de te voir, a-t-il balbutié.

— John, je…

Je me suis interrompue. Tout à coup, John et l'immense gâchis que j'avais laissés derrière moi m'ont semblé un peu trop proches.

— La Cornouailles, ce n'est pas la porte à côté. Tu ne vas tout de même pas faire tout ce trajet depuis Londres juste pour une journée.

— Cinq cents kilomètres à peine. J'ai besoin de te voir.

— Je ne pense pas que ce soit une bonne idée, ai-je répondu, tripotant mon bracelet.

Je ne voulais pas de lui ici.

— Tu me dois bien ça, Jude.

J'ai respiré profondément. Un argument imparable. Il avait raison : je lui devais bien ça.

— D'accord, mais je reste persuadée que c'est une très mauvaise idée.

— Tu as tort, fais-moi confiance. Ce sera si bon d'être avec toi.

— Ne te fais pas d'illusions.

J'ai fermé les yeux. Je devais prendre des gants.

— Quand comptes-tu arriver ?

— Ce week-end. Ça va pour toi ?

Tout en moi a crié non, mais je n'avais aucune raison plausible de refuser.

— D'accord. Tu devras trouver un endroit où loger.

— C'est arrangé.

J'ai soupiré. C'était loin d'être arrangé. Alors que je raccrochais le téléphone, j'ai serré Gin contre moi. J'aurais dû écrire à John quand j'en avais encore l'occasion. Il avait sans doute interprété mon absence de réponse comme une ouverture.

QUATORZE

— Ohé ! ai-je lancé en arrivant dans l'entrée, suivie par mes fidèles compagnons, Gin et Rhum.

Les cheveux à nouveau en bataille, j'écartais sans arrêt les boucles brunes qui me tombaient sur le front. J'aurais voulu pouvoir les porter court, mais c'était encore pire.

— Par ici, a répondu Tristan depuis le salon.

— Quand êtes-vous rentré ? Les chiens vous attendaient, mais leur impatience a fini par l'emporter.

Je me suis arrêtée dans l'embrasure de la porte, alors que je regardais Tristan enlever sa veste de costume. Quand il s'est tourné vers moi, il m'a rappelé le cavalier du portrait dans l'escalier. Quelque chose dans la forme de sa mâchoire et la lueur dans ses yeux. Ma gorge s'est serrée. Il était beaucoup trop beau.

— C'est vrai ?

Gin et Rhum se sont approchés de lui d'un pas traînant en remuant la queue.

— Oui. Ce soir, la plage était déserte. Mais nous avons tout de même eu de la compagnie. Un phoque.

— Un phoque ?

— Je sais. Moi-même, je n'en ai pas cru mes yeux. Mais j'ai avancé sur les rochers pour regarder de plus près. C'était bien un phoque, et un gros.

Tristan a souri.

— Je n'en ai pas vu depuis mon enfance.

— Il profitait du calme de la plage, comme moi. Heureusement, les chiens ne l'ont pas remarqué. Ils semblaient bien plus intéressés par l'exploration de petites grottes.

Je me suis effondrée sur le canapé, d'où j'ai inspecté mes ongles de pied vernis que j'avais continué à parfaitement entretenir. Mère aurait été fière (ou pas). Le bas de mon jean, que j'avais retroussé, était légèrement humide. Je n'étais pas présentable – quel bonheur ! Aucune pression. Ici, mon apparence ou mon manque de savoir-vivre importait peu ; seul mon cerveau comptait.

— Thé ?

— Oui, merci. On le prend dehors ? ai-je proposé.

— Décidément, je ne parviendrai pas à vous arracher à cette vue.

— Non.

— C'est bien ce que je me disais.

Gin et Rhum m'ont emboîté le pas, alors que je sortais par les portes-fenêtres. J'ai longé le sentier de gravier sur la pointe de mes pieds nus jusqu'à un banc. Depuis mon poste d'observation, je voyais le reflet de Tristan dans la vitre ; il venait de dénouer sa cravate et la posait sur le canapé avec ses dossiers.

— Comment va Helen ? a-t-il demandé quand il m'a rejointe.

— Beaucoup mieux. Jenna doit m'appeler plus tard pour me tenir au courant. Elle pense qu'ils la laisseront sortir ce week-end, mais, d'après moi, c'est trop tôt.

— J'avais l'intention de lui rendre visite cet après-midi, mais j'ai été retardé à la banque.

— Ça s'est bien passé ?

Tristan a toussé.

— Non. Pas vraiment.

— Ah ?

Il a respiré profondément.

— Ça n'a été qu'une succession d'impasses. Toute la journée, j'ai laborieusement épluché des documents, tout ça pour découvrir qu'ils n'avaient jamais été finalisés. Les versions définitives sont ailleurs, mais où ? Les avocats pensaient qu'ils se trouvaient à la banque. Apparemment, ce n'est pas le cas. Mais, comme la salle des coffres a déménagé d'Helston à Penzance il y a un an et demi, ils ont accepté de procéder à une nouvelle vérification.

J'ai ri.

— Ce n'est pas drôle.

— Mais votre expression, si.

— Merci.

— De rien.

J'ai souri, observant l'activité sur le fleuve.

— Tristan, est-ce que vous avez un bateau ?

— Deux, même.

— Où sont-ils ?

— Bonne question. Juste un autre problème à résoudre. Comme papa ne s'en est pas servi depuis une éternité, ils traînent probablement dans une remise. Pourquoi ?

— J'aimerais beaucoup faire de la voile dans le coin. Je peux louer un petit bateau quelque part ?

— À St Anthony.

Je me rappelais ce village, où avait eu lieu l'enterrement de Petroc. Ça semblait à la fois si lointain et si récent.

— Vous connaissez l'énigme d'August Rock ?

— Pourquoi diable me demandez-vous ça ?

Il a froncé les sourcils.

— *Ni sur terre/Ni sur mer/Elle ne se montre/Que pour August Rock*. C'est une vieille comptine, rien de plus, et le fait que mon père ait consacré du temps, sans parler de l'argent, à une chasse au trésor continue à me mettre en colère.

— Il y voyait un moyen de sauver le domaine.

— Une meilleure gestion aurait été plus efficace que des rêveries inutiles. Cet endroit lui a fait perdre la raison et l'a tué à petit feu.

À l'intérieur, le téléphone a sonné ; il est allé répondre. Qu'était-il arrivé à Tristan qui expliquât sa haine de Pengarrock ? Il avait souri quand je lui avais raconté ma rencontre avec le phoque. Avant que je puisse m'attarder sur le sujet, il est revenu avec un bout de papier.

— Oh ! À propos, John a laissé un message plus tôt. Il veut que vous le rappeliez.

Mon cœur s'est arrêté de battre.

— Merci. Je finis d'abord mon thé.

— C'est si terrible que ça ?

— Possible.

Je me suis tue. J'étais rattrapée par le monde réel.

— Je vais préparer le dîner.

J'ai arpenté la cuisine, puis j'ai ouvert la porte du frigo avant de la claquer. John allait venir ici. *Merde.*

Tristan m'a rejointe. Je me suis tournée vers lui.

— Tristan ?

— Oui, a-t-il répondu, le regard circonspect.

— Je sais que ce ne sont pas mes affaires.

— Mais il en faut davantage pour vous arrêter.

Sa bouche a esquissé un sourire ironique que j'ai trouvé charmant.

— Pourquoi êtes-vous si pressé de vous débarrasser de Pengarrock ? Pourquoi vendez-vous ?

La lueur dans ses yeux s'est éteinte.

— Je n'en ai pas besoin.

Puis, il a tourné les talons et est sorti de la cuisine.

— Je ne pense pas que vous sachiez vraiment de quoi

vous avez besoin, monsieur Trevillion ! ai-je lancé dans la pièce silencieuse.

J'ai regardé les ingrédients disposés devant moi. Il m'avait donné une réponse, mais pas celle que j'attendais. Je n'étais pas d'humeur à faire à manger, et Tristan n'avait clairement pas l'intention de revenir. Je me suis souvenue de Tamsin et j'ai pris mon téléphone.

Vingt minutes plus tard, j'étais accoudée au bar du Shipwrights Arms avec un verre de vin devant moi. Mes épaules se sont décontractées. J'avais laissé une salade au frigo avec un mot sur la table, si jamais M. Trevillion se manifestait et cherchait quelque chose à manger.

— Mauvaise journée au bureau ? a demandé Tamsin avec le sourire.

— C'est une façon de présenter les choses, ai-je répondu avec une grimace.

— Juste quelques difficultés avec le patron, peut-être ?

J'allais hocher la tête quand je me suis reprise. Le fait que Tristan me rende folle de rage ne concernait pas le reste du monde. Les arbres lui cachaient la forêt, mais ce n'était pas mon problème. J'étais là pour travailler, et je ne devais pas me laisser distraire. Mark est entré et m'a souri.

— Tamsin, pourquoi Mark et Tristan ne s'entendent-ils pas ?

— Pourquoi cette question ?

Elle a posé son verre sur le bar.

— Simple curiosité.

— Un vilain défaut.

— Je plaide coupable, ai-je dit, haussant les épaules.

— Faites attention, tout de même. Par ici, on ne sait jamais ce qu'on risque de déterrer.

L'accent volontairement exagéré de Tamsin m'a fait sourire.

— C'est l'Américaine ? s'est enquise une femme avec la main dans le plâtre qui s'est approchée de nous.

— Je te présente Jude Warren, Linda.

— Comment ça se passe à Pengarrock ? Les commissaires-priseuses sont déjà là ?

J'ai écarquillé les yeux.

— Non.

— Je parie qu'il règne une drôle d'atmosphère avec Tristan dans les parages.

Je me suis éclairci la voix.

— C'est différent.

— Je veux bien le croire.

Elle a froncé les sourcils, puis m'a adressé un grand sourire.

— Dites, vous sauriez vous charger d'un compte rendu de réunion ?

J'ai incliné la tête. Quelle question curieuse !

— Oui. Il m'est arrivé de le faire pour les œuvres caritatives de ma mère.

— Merveilleux. Vous voulez bien nous aider ?

Elle a agité son plâtre dans les airs.

— Demain, c'est la dernière réunion avant la régate du village, et je suis incapable de prendre des notes. Vous pourriez me remplacer ?

J'ai regardé Tamsin qui a hoché la tête.

— Bien sûr. Où et quand ?

— Chez moi, a répondu Tamsin, buvant une gorgée de son vin.

Linda s'est penchée vers moi.

— Demandez à Mark de passer vous chercher. Ça commence à vingt heures. À demain, alors.

Elle a disparu dans la foule qui s'agglutinait au bar.

— Qu'est-ce qui vient de m'arriver ?

Tamsin a ri.

— Vous vous en remettrez. En fait, on s'amuse bien dans ces réunions, vous verrez. Et ça vous permettra de rencontrer de nouvelles têtes, ce qui n'est pas une mauvaise chose si vous avez l'intention de rester quelque temps parmi nous.

L'idée me plaisait ; mais comment en faire une réalité ?

J'ai pris le chemin côtier qui menait à St Anthony. Plus tôt dans la matinée, j'avais téléphoné à un marchand de fournitures pour bateaux qui avait exactement ce qu'il me fallait pour l'exploration que j'avais prévue. Le temps était plus frais, et le ciel, un peu couvert, mais il faisait toujours beau pendant que je marchais entre les arbres. Gin et Rhum n'avaient pas apprécié que je les abandonne. Tristan s'était enfermé dans la salle de billard ; collé au téléphone, il semblait y avoir pris ses quartiers. Apparemment, tout conspirait à contrarier ses projets ; la validation du testament était au point mort, et je ne pouvais pas m'empêcher de penser qu'il n'avait que ce qu'il méritait.

Une régate de bateaux à voile à corne remplissait la baie. Ils m'ont rappelé le Cotuit skiff de papa, sur lequel j'avais fait mes premières armes pendant mon enfance. Il adorerait cet endroit. Je me suis arrêtée de marcher. Ça lui aurait certainement beaucoup plu, mais comment aurait-il pu le savoir si je ne lui en parlais pas ? Je mourais d'envie de partager cela avec lui. Un SMS suffirait à briser le silence ; malheureusement, mes parents n'utilisaient guère leurs portables. Ils avaient tous les deux la fâcheuse habitude d'éteindre ces foutus appareils entre deux coups de fil. Un comportement qui ne manquait jamais de m'irriter. Je ne savais pas combien de fois je leur avais fait la leçon, mais sans résultat. Ils continuaient à agir comme bon leur semblait. Au moins papa recevrait-il mon message quand il se déciderait à allumer son mobile. Mais répondrait-il ? Je l'espérais.

J'ai d'abord grimpé une colline avant de descendre dans une crique et de traverser un champ, absorbant la beauté des lieux. En regardant en direction de Falmouth, je suis tout juste parvenue à distinguer St Mawes. Le temps n'était pas clair, aujourd'hui, et le vent s'était calmé un peu. Les paroles de Tamsin me sont revenues en tête. *« Faites attention, tout de même. Par ici, on ne sait jamais ce qu'on va déterrer. »*

Que trouverais-je en fouinant autour de Pengarrock ? Quelle était l'origine de la brouille entre Tristan et Mark ? Tamsin avait refusé d'en dire davantage. J'ai bâillé. Toute la nuit, j'étais restée allongée dans mon lit à écouter le vent mugir en agitant les feuilles des arbres. Pourtant, ce n'était pas le bruit des rafales qui m'avait tenue éveillée, mais le coup de téléphone de John en fin de journée m'annonçant son arrivée vendredi soir. Il avait réservé dans une chambre d'hôte. Passer du temps avec lui était bien la dernière chose dont j'avais envie. J'avais besoin d'espace et je ne voulais pas expliquer qui était John. Mais je n'avais pas eu le choix, et il serait bientôt là.

J'ai ralenti devant un pré occupé par des vaches. Elles semblaient plutôt paisibles, mais je n'étais pas sûre de la direction à prendre, bien que mes pas m'aient déjà entraînée par là avec Petroc. Un panneau pointait directement à travers champs, et donc à travers le troupeau. J'ai finalement choisi de faire un rapide détour afin de contourner les animaux.

Le soleil a percé les nuages et éclairé l'étendue d'eau devant moi. La lumière s'est réverbérée sur les vaguelettes qui roulaient dans Gillan Creek. Je me tenais à la pointe de Dennis Head, avec vue sur Nare Head. J'avais navigué pour la dernière fois huit ans plus tôt. Un petit tour en bateau avec un moniteur me permettrait de rafraîchir mes connaissances. Décidant que la confiance en soi était la meilleure attitude à adopter vis-à-vis des vaches, j'ai contourné le troupeau avec détermination, puis je suis passée devant l'église avant d'arriver au bord de l'eau. La marée montait, et la plage bruissait d'activité. J'ai passé la tête par la porte du marchand de fournitures pour bateaux.

— Bonjour !

Un jeune homme est sorti de l'arrière-boutique.

— Je peux vous aider ?

— J'ai appelé ce matin pour réserver un voilier et une heure de cours.

— Jude, c'est ça ?

— Oui.

J'ai regardé les rayons bien achalandés. Je me serais bien laissé tenter par le vaste choix de vêtements marins qui occupaient tout un mur. Le magasin proposait également de quoi satisfaire des besoins plus pratiques : cartes, horaires des marées, fusées éclairantes.

— Je me présente : Ollie. Votre moniteur. Vous avez loué un Wayfarer. Vous connaissez ce genre de bateau ?

— Disons que j'ai déjà fait de la voile et que sa description m'a paru familière.

— Vous êtes d'où ? a-t-il demandé.

Il s'est dirigé vers la caisse pour y prendre un téléphone portable, tandis que je lorgnais dans un bac qui contenait de délicieuses crèmes glacées.

— Du cap Cod.

— Vraiment ?

— Vous connaissez ?

— J'en ai entendu parler. Combien de temps vous restez en vacances chez nous ?

— Je ne suis pas en vacances.

Je l'ai suivi sur le ponton et l'ai regardé faire signe à quelqu'un dans un canot à moteur.

— Non ?

— Non.

— Où logez-vous, alors ?

Il a tourné son visage boutonneux vers moi et a souri. Je me suis demandé s'il avait une bonne raison de me cuisiner de cette façon, mais son sourire m'a convaincue qu'il se montrait simplement poli.

— Hé ! C'est vous l'Américaine de Pengarrock ?

J'ai marqué un temps d'arrêt. C'était tout petit ici, et tout le monde semblait me connaître. Autant m'y faire. Presque comme à la maison.

— Oui.

— Vous avez réagi au quart de tour avec Helen. Elle se remet, on m'a dit.

J'ai souri. Les nouvelles allaient vite

— C'est vrai.

— Tant mieux. On nous apporte le bateau.

À mon grand soulagement, il m'a effectivement paru familier. Rien de surprenant au premier abord. Ollie ne manquerait certainement pas de me rafraîchir la mémoire dès que nous serions partis. Depuis le fleuve, les promontoires semblaient plus gros, et les maisons, plus petites. Des rochers jonchaient le sol au pied des falaises. Alors que j'observais les nombreuses criques qui se découpaient dans Dennis Head, je me suis demandé au-dessus de laquelle j'avais vu les orchidées. Plusieurs des plages portaient les traces d'éboulements.Après avoir croisé au large de Nare Head, nous avons viré en direction de Porthoustock.

— Si vous regardez attentivement, vous constaterez que la géologie change sur la péninsule de Lizard.

J'ai scruté les rochers, notant les strates de différentes couleurs.

— C'est ce qui distingue la péninsule de Lizard du reste de la Cornouailles.

— Comment vous en savez autant sur le sujet ? ai-je demandé.

— Je fais des études de géologie, a-t-il avoué avec un sourire.

Il a pointé du doigt une falaise au loin.

— Là-bas, on a surtout affaire à du schiste cristallin, mais on trouve aussi beaucoup de serpentines.

— De serpentines ?

— Oui, ce sont simplement des morceaux du manteau supérieur de la Terre.

J'ai haussé les sourcils.

— On en a beaucoup extrait au cours de l'époque victorienne. Surtout pour en faire des petites sculptures et des bibelots.

J'étais captivée ; une fois de retour au port, j'ai continué à l'interroger. Je vérifierais plus tard si Petroc possédait des livres sur la géologie de la péninsule de Lizard. J'avais passé un moment merveilleux, à retrouver mes marques et à apprendre quelques particularités de la navigation autour de l'Helford. Comme je l'avais imaginé, la région semblait complètement différente depuis l'eau.

— Vous saurez vous débrouiller toute seule maintenant. Amusez-vous bien.

Ollie m'a saluée de la main tandis que je remontais vers la maison et retournais à la réalité de la visite de John. Je l'aimais. Comme un ami très cher. Bon sang, j'avais même failli l'épouser, et, jusqu'à présent, toute cette histoire m'avait paru si lointaine. Je me suis arrêtée pour reprendre mon souffle au sommet de la colline. Dennis Head était maintenant derrière moi, et Falmouth commençait à disparaître dans la brume. Le temps était censé rester sec pendant le week-end. Je pourrais au moins emmener John faire un tour en bateau. Ce serait parfait si Tristan partait pour Londres, mais il n'avait rien dit. Je ne voulais pas que lui et John se croisent. Mon mariage raté appartenait au passé et n'avait pas sa place à Pengarrock. Je n'étais plus la même. Les gens me prenaient au sérieux ici, alors qu'au cap Cod, j'étais toujours la fille Warren. L'ombre de mère ne portait pas encore outre-Atlantique.

Il se faisait tard, et je n'avais pas les idées claires. Heureusement, c'était au tour de Tristan de préparer à manger ce soir ; je n'avais donc pas à m'en occuper avant de me rendre à la réunion pour la régate. Mais j'aurais du souci à me faire s'il inspectait le bureau. À première vue, cela ne donnait pas l'impression que j'avais beaucoup progressé. Chaque jour, je pensais pouvoir avancer davantage, mais je n'avais complètement trié que dix boîtes à archives. L'esprit de Petroc fonctionnait de manière minutieuse. Il accordait son attention pleine et entière au plus petit élément. Parfois, cela l'amenait à faire de grandes découvertes, mais, le plus souvent, il se laissait entraîner dans des détours aussi charmants qu'insignifiants. Mon téléphone m'a signalé la réception d'un message. Papa ?

Salut, Jude
En déplacement pour un tournage. Viens de rentrer.
T'envoie un mail plus tard.
Bises,

Soph

J'étais ravie d'avoir de ses nouvelles, mais j'aurais tant voulu que papa reprenne contact avec moi. Que se passait-il à la maison ? Le silence de mes parents n'était pas normal ; mais comment savoir de quoi il retournait sans sauter dans le premier avion ?

Alors que je prenais mon sac à main, Tristan a levé les yeux de son journal.

— Vous sortez ?

— J'assiste à une réunion pour la régate du village, ai-je dit avec un sourire.

— Ne vous impliquez pas dans la vie locale.

Il a replié le quotidien.

J'ai grincé des dents avant de répondre.

— Ce que je fais de mon temps libre ne regarde que moi.

— Exact. Mais je vous aurai prévenue.

— D'accord. Vous savez, vous devriez essayer de vous impliquer un peu plus. Vous verriez peut-être les choses sous un angle différent.

— C'est peine perdue ; il n'y a rien à attendre de cet endroit.

Puis, prenant son journal, il est sorti de la pièce.

Cela avait le mérite d'être clair. Après avoir quitté la cuisine, j'ai remonté l'allée. Sur les ifs, le vert des nouvelles pousses gagnait en intensité au contact des rayons du soleil couchant. Une buse décrivait des cercles lents au-dessus d'un champ. Au bout d'un moment, j'ai marché un peu moins vite. Tristan. Comment pouvait-il être aveugle à ce point ? Au bout de l'allée, Mark bavardait avec J.C. Il n'avait pas vraiment refusé de venir jusqu'à la maison, mais j'ai senti qu'il valait mieux ne pas insister. Il serait peut-être disposé à me parler des raisons pour lesquelles Tristan détestait tant Pengarrock. L'animosité qui régnait entre les deux hommes n'en faisait certes pas un témoin parfaitement objectif, mais je devrais m'en contenter.

— La voilà, a dit J.C. Comment va ?

— Bien. Et du côté d'Helen ?

— Plus forte de jour en jour. Grâce aux petits-enfants. Ils vous redonnent la jeunesse.

J.C. a ri. Un cri perçant a résonné à l'intérieur.

— Le devoir m'appelle.

Il nous a salués, puis il est rentré.

Mark a souri.

— Content de vous voir. On m'a dit que vous avez fait une sortie en bateau aujourd'hui.

— Comment le savez-vous ? Non, pas la peine. Je connais la réponse.

— Vous avez loué un voilier. J'aurais pu vous en prêter un.

— Vous en avez un qui ne vous sert pas ?

— Oui. Vous pouvez me l'emprunter quand vous voulez ; il est sous-utilisé. Mais il n'est pas aussi gros qu'un Wayfarer.

— Voyons déjà comment va se passer cette semaine.

Et ce week-end avec John.

— Où habite Tamsin ? ai-je demandé en montant dans sa voiture.

— Pas très loin.

Il m'a jeté un coup d'œil.

— Ne vous laissez pas impressionner. Ils sont un peu chahuteurs.

— D'accord.

Nous nous sommes arrêtés devant une ferme dont les hautes fenêtres georgiennes rayonnaient dans la nuit. Quelques adolescentes sont parties au moment où nous sommes entrés.

— Tamsin a trois fils, a expliqué Mark.

— Ah.

Je me suis préparée mentalement, mais je suis immédiatement tombée sous le charme du salon avec ses grands canapés ornés de coussins à fleurs.

— Bienvenue, m'a accueillie Tamsin, m'embrassant sur la joue. On s'est tous réfugiés dans la cuisine, loin du bruit de la télévision. Ils sont en train de tuer la moitié de la population terrestre avec leur jeu vidéo, là-haut, a-t-elle ajouté, pointant le plafond du doigt.

Puis, elle m'a prise par le bras et m'a conduite dans une grande véranda attenante déjà pleine de monde.

— Bonjour, Jude. Encore merci pour le coup de main.

Linda m'a tendu un stylo et un bloc.

— J'espère pour vous qu'il n'y aura pas trop à noter ce soir.

Tamsin m'a désigné un siège et je me suis préparée mentalement à l'assaut. Puis, tout le monde s'est présenté avant de passer à l'ordre du jour.

— Tenez. Vous l'avez bien mérité, m'a dit Anthony, le mari de Tamsin, me tendant un verre de vin.

J'ai hoché la tête et fléchi mon poignet. Je ne me rappelais pas la dernière fois où j'avais écrit autant en si peu de temps.

— Alors, Jude, qu'est-ce que vous pensez de la région ? a demandé Linda, une main sur mon épaule.

— Je l'aime beaucoup.

— Ça fait plaisir à entendre. Qu'est-ce qui se passe à Pengarrock en ce moment ?

— Pas grand-chose, ai-je répondu, faisant un pas en arrière.

Linda a froncé les sourcils.

— Il va morceler le domaine pour en tirer le maximum.

— Comment le lui reprocher ? Il ne veut pas vivre ici, est intervenu Anthony, faisant circuler une assiette d'amuse-gueules.

— Fichez-lui la paix, a soupiré Tamsin. Tristan a ses raisons, quelles qu'elles soient, pour vendre et quitter la Cornouailles pour toujours. C'est son droit.

— Peut-être, mais nous sommes tous affectés. J'ai entendu une rumeur à Helston : un type d'Hollywood serait intéressé. Dans ce cas, les sentiers seront fermés. Il voudra protéger sa vie privée ! s'est emportée une femme dont le nom m'échappait.

Au ton de sa voix, une telle perspective la scandalisait autant qu'elle l'excitait.

Au début, j'ai essayé de suivre les échanges, mais j'ai fini par renoncer et laisser les mots glisser sur moi. Je suis retournée dans la cuisine, dominée par une imposante cuisinière à l'ancienne dans la vieille cheminée. Quelques peintures au doigt d'enfants encadrées décoraient les murs. C'était charmant.

— ... un véritable cauchemar, à tous points de vue.

Appuyée contre le chambranle de la porte, j'ai tendu l'oreille. Je ne pouvais rien ajouter, et ils avaient besoin d'exprimer leur frustration.

— Ce serait la mort du tourisme. La fin des marcheurs le long de la côte, a martelé Linda, soulignant son propos en agitant son verre dans les airs.

— Et ce n'est qu'un début.

Un homme a tendu le bras par-dessus mon épaule pour saisir une saucisse de passage.

— Si seulement Petroc avait cédé le terrain de cricket au conseil municipal, a dit un autre, se joignant à la discussion. Heureusement, le bail de notre maison n'est pas remis en cause pour l'instant.

— C'est un soulagement.

Anthony a de nouveau rempli les verres.

Linda est venue vers moi.

— Jude, vous n'avez pas moyen de l'arrêter ? Je ne vous parle pas de l'empoisonner ni rien de ce genre, bien sûr.

J'ai secoué la tête.

— Désolée, mais je ne peux pas vous aider.

Je me suis demandé si Tristan se doutait de ce que les gens pensaient de lui. Si tel était le cas, il semblait s'en moquer.

QUINZE

— Prête pour le dîner ? m'a demandé Tristan.

J'ai jeté un coup d'œil à la pendulette posée sur le bureau. Il était encore tôt – à peine dix-huit heures trente –, mais je préférais ne pas discuter.

— Bien sûr !

Tristan a touché la pendulette qu'il avait pris l'habitude de remonter, un détail qui ne m'avait pas échappé.

— Vous l'aimez beaucoup.

— Elle appartenait à ma mère.

Il s'est tourné vers moi.

— Il va vous falloir des chaussures.

J'ai froncé les sourcils.

— Pour manger dans le jardin ?

— Non ; ce soir, c'est *fish and chips*.

— Vous m'intriguez.

— Vous êtes là depuis presque un mois et vous ignorez que, le mardi soir, c'est *fish and chips* ?

— Oui.

Tristan portait une chemise à manches courtes ; il avait un peu bronzé, ce qui mettait en valeur la couleur de ses yeux.

— Vous allez vous régaler.

J'ai enfilé mes tongs.

— Vous n'avez rien de plus robuste que ça ?

— Pour une soirée *fish and chips* ?

— Faites-moi confiance.

— D'accord.

J'ai haussé les épaules.

— Mes baskets sont en haut ; ça fera l'affaire ?

Il a souri.

— Oui, parfait. Il n'a pas plu.

Alors que je me précipitais dans ma chambre, je me suis demandé si nous devrions pêcher notre dîner nous-mêmes, mais j'ai gardé mes doutes pour moi. Quand je l'ai rejoint, j'ai noté qu'il portait un sac, mais pas de canne à pêche. Nous sommes sortis de la maison et avons remonté l'allée.

— Mon père a bien acheté ces portraits à lady Rutherford, m'a-t-il confirmé.

— Ils sont magnifiques, vous ne trouvez pas ?

— Si, là n'est pas la question. Je n'ai vraiment pas besoin de deux tableaux de plus !

Je me suis tournée vers lui.

— Je suis persuadée que Petroc avait une bonne raison pour faire cette acquisition. Il pensait peut-être que ça l'aiderait à découvrir ce qui est arrivé au saphir.

— Ce foutu saphir, a juré Tristan, pressant le pas.

Au carrefour, nous avons pris la direction du village ; Tristan n'a ralenti que lorsqu'est apparue une camionnette bleue autour de laquelle s'était créé un attroupement. Il s'est approché – je n'en croyais pas mes yeux.

— Bonsoir, Tristan. Ça fait plaisir de te voir, l'a salué la femme qui prenait les commandes avec un large sourire.

— Merci. Il y a du monde ce soir.

Il a payé.

— Oui. Tu vas devoir patienter un peu, a-t-elle ajouté, regardant les bouts de papier sur le mur.

— Pas de problème.

Il s'est écarté afin de permettre à un client de récupérer son repas.

— Comment se porte Helen ? a demandé la femme.

— Un peu mieux chaque jour.

— Salut, Tristan, a dit un homme grand avec deux enfants dans son sillage. Ça rappelle des souvenirs, de te voir de retour parmi nous.

J'ai étudié le visage de Tristan afin d'observer sa réaction : il a souri. J'ai failli tomber à la renverse.

— Ça fait un bail. Mais en me privant de *fish and chips*, j'ai sans doute prolongé mon espérance de vie.

— Hé, je t'ai entendu ! a lancé une voix masculine depuis l'intérieur de la camionnette.

— Salut, Jude, m'a dit Tamsin, qui venait d'arriver.

— Alors, on n'a pas envie de cuisiner ce soir ? ai-je demandé.

— Jamais le mardi. C'est mon jour de repos ; et aujourd'hui, ça va être encore mieux : on sort le bateau pour manger sur l'eau. Vous et Tristan avez quelque chose de prévu ?

— Non, rien de particulier.

Il était en pleine conversation avec un vieux bonhomme, un fermier que j'ai reconnu.

— Dommage. Vous devriez demander à Mark de vous emmener faire un tour sur le fleuve.

Elle a regardé Tristan, mais je n'ai vu aucune trace de colère sur son visage, plutôt une expression de tristesse.

— Ma commande est prête. J'espère qu'on aura bientôt l'occasion de reprendre un café ou un verre ensemble, a ajouté Tamsin.

Elle a saisi ses sacs et a disparu.

L'odeur piquante du vinaigre n'a fait qu'aiguiser mon appétit, alors que nous descendions la route vers St Anthony. Je n'avais aucune idée de notre destination finale. Nous avions été les derniers servis. J'avais donc eu le temps de parler à tous les gens que je connaissais, y compris ceux qui avaient émis des doutes à propos de Tristan pendant la réunion de la veille.

Ce soir, ils les avaient gardés pour eux, et, à ma surprise, Tristan avait semblé plus détendu. Il était maintenant perdu dans ses pensées. Son retour à Pengarrock devait lui paraître très étrange, bien qu'il ne fût là que pour préparer la vente du domaine. Pour moi, la vie ici n'avait rien d'une épreuve, bien au contraire, mais lui ne ressentait pas la même chose. La mort de sa mère le perturbait toujours.

— Allez-vous enfin me dire où vous m'emmenez ?

— Vous verrez.

Il a souri, et mon cœur a palpité un peu.

— C'est une aventure, alors ?

Il a ri.

— Peut-être pour vous.

— Quoi qu'il en soit, j'espère qu'on arrive bientôt, car j'ai une faim de loup et l'odeur de la nourriture me rend folle.

— Un peu d'attente ne fait qu'ajouter au plaisir.

Il m'a lancé un regard de biais, et, l'espace d'une seconde, j'ai cessé de respirer.

— C'est vrai.

Une brise légère m'a caressé le visage, alors que nous nous arrêtions devant un portillon. Tristan a inspecté le champ avant de l'ouvrir, puis il s'est écarté pour me laisser passer et a refermé derrière nous. Heureusement, je n'ai aperçu aucune vache à l'horizon. Nous étions à proximité de Dennis Head, mais, comme d'ordinaire j'empruntais le chemin côtier pour venir, j'avais perdu mes repères habituels. Le champ était en pente. Nous sommes montés d'un pas ferme jusqu'au sommet ; en contrebas s'étendait Gillan Creek. Le soleil était sur le point de se coucher derrière les collines, et le ciel dégagé se reflétait dans l'eau.

— Ouah !

— Exactement, a dit Tristan.

Après avoir posé son sac, il en a extrait une bouteille de vin et deux verres. Alors qu'il débouchait le muscadet, j'ai caché ma stupéfaction. Il m'a tendu un verre avant de se servir.

— Pour quelqu'un qui répugnait à manger dehors, j'avoue que vous m'avez surprise.

— Parfait.

Il a levé son verre.

— À une bonne soirée et un coucher de soleil magnifique en agréable compagnie.

Je suis restée sans voix. Avais-je le vrai Tristan en face de moi ? Ou s'agissait-il d'un leurre laissé par les fées pendant que j'avais le dos tourné ?

— Asseyez-vous, m'a-t-il dit en me désignant le sol de la main.

J'ai obéi, mais seulement après m'être assurée de l'absence de bouses de vache. Il m'a donné mon *fish and chips*, puis a pris place à côté de moi, juste au moment où le soleil disparaissait et la couleur du ciel s'intensifiait.

La graisse avait fini par traverser les couches de papier ; de la vapeur s'est élevée des frites. J'étais affamée.

— On a pensé à emporter de la sauce tartare ? ai-je demandé.

Tristan a extrait quelques sachets de sa poche.

— Les désirs de madame sont des ordres.

— J'aime mieux ça.

Le *fish and chips* avait toujours été un sujet de désaccord entre mes parents. Fallait-il respecter la tradition à l'anglaise, avec une pâte à base de bière, ou accepter un compromis avec une préparation plus légère, comme on le faisait en Nouvelle-Angleterre ? Ils s'entendaient au moins sur une chose : la sauce tartare. Mordant dans le poisson, j'ai bien été forcée d'admettre que, pour une fois, j'étais du côté de ma mère – et de la tradition.

Alors que je regardais un héron s'élever depuis la crique, j'ai pris conscience que Tristan et moi mangions en silence. Nous avions tous deux une faim de loup. Chaque fois qu'il tendait le bras vers son verre, je sentais le mouvement de ses muscles ; pourtant, nous ne nous touchions pas.

Je me suis tournée vers lui.

— Merci pour ce merveilleux dîner.

— Tout le plaisir est pour moi.

Il a levé la main, et j'ai incliné la tête sans savoir exactement ce qu'il allait faire. Son index est passé sous ma lèvre inférieure avant de remonter vers ma bouche.

— Ça vous a échappé, a-t-il expliqué.

J'ai regardé le poisson, puis son visage. Je ne parvenais pas à déchiffrer son expression, mais j'ai senti comme un défi. Du moins refusais-je d'y voir quelque chose de plus. Me penchant en avant, j'ai rapidement avalé le petit morceau de poisson et de sauce, m'efforçant de ne pas trop penser à l'intimité de ce geste. Puis, j'ai détourné les yeux.

— Je propose qu'on rentre avant qu'il ne fasse nuit noire, a dit Tristan qui se levait.

— Bonne idée.

J'ai ramassé les papiers qui avaient servi à emballer mon repas pour les mettre dans le sac que tenait Tristan.

Par le chemin côtier ou par la route ?

Le sourire de Tristan a disparu.

— La route.

— Le chemin est plus pittoresque – plus rapide aussi.

— La route, a-t-il insisté d'une voix cassante.

— Très bien.

Je lui ai emboîté le pas, observant la ligne raidie de ses épaules larges. Où était passé mon charmant compagnon de dîner, et qu'avait-il à reprocher au chemin côtier ?

Je me tenais dans l'embrasure de la porte du bureau. J'avais fini de cataloguer tout ce qui se trouvait dans la pièce, à l'exception du contenu des classeurs ; j'avais commencé à explorer le bureau lui-même, mais je n'avais pas terminé. Autant continuer maintenant, ça me donnerait au moins l'impression d'avancer. J'ai fait coulisser le tiroir qui renfermait les dossiers consacrés au mystère du saphir des Trevillion et j'ai ouvert la page correspondante sur mon ordinateur. Contrairement aux autres livres et documents, je n'avais pas l'intention de les changer de place. D'une certaine façon, je ne m'en sentais pas le droit ; Petroc avait souhaité les avoir à portée de main, ou du moins leur avait-il donné un semblant d'organisation. Ils resteraient ainsi jusqu'à ce que Tristan m'informe qu'il avait vendu les meubles. Je me suis avachie sur ma chaise. Bientôt, les commissaires-priseurs envahiraient les lieux pour effectuer leur évaluation. Je gardais des souvenirs vivaces de ma mère, pendant les vacances d'été, écumant de vieilles demeures en ma compagnie. Dieu seul savait ce qu'elle cherchait, mais elle ne manquait jamais une occasion de rôder parmi les vestiges d'une maison en liquidation.

J'ai sorti tous les dossiers du tiroir. Résistant à la tentation de me replonger dans ceux que j'avais déjà parcourus, je les ai mis de côté. Celui que j'ai fini par ouvrir contenait des courriers de lady Rutherford qui expliquaient la livraison des tableaux. Elle réduisait la taille de sa collection et s'était demandé si Petroc serait intéressé. Tristan lui avait-il écrit pour accuser réception des portraits ? Je me suis noté de lui poser la question. Le dossier suivant était très mince, avec seulement trois feuilles de papier : l'acte de naissance d'Octavia, une photocopie d'un extrait du *Western Morning News* et un avis de fiançailles.

L'autre mercredi, M. Richard Hosken, coroner chargé de l'autopsie d'Octavia Trevillion, 18 ans, célibataire, a rendu ses conclusions. La défunte vivait à Pengarrock avec son père, Tallan Trevillion. Au matin de son mariage, elle est partie à bord d'un petit voilier. Les débris du bateau et le corps de la jeune femme ont été retrouvés le lendemain sur Parson's Beach. Le coroner a conclu à une mort accidentelle.

J'ai frissonné. Le jour de son mariage. Quelle tristesse ! La photocopie suivante provenait d'un journal inconnu.

Un mariage a été arrangé et sera rapidement célébré entre le capitaine Kenneth Edward Trevillion, du corps des Royal Marines, fils aîné du colonel E.J. Trevillion, VD[1]*, TD*[2]*, et de Mme Trevillion, de Hill House, à Launceston (Cornouailles), et Octavia, fille unique de Tallan Trevillion, de Pengarrock, à Manaccan (Cornouailles) et de feu lady Clarissa Trevillion.*

On l'avait fiancée à un autre Trevillion. Ça ne me disait rien qui vaille. C'était presque exactement le sort qu'avait connu sa mère. Le dossier se terminait par une feuille de notes manuscrites, mais pas de la main de Petroc.

---

1 Récipiendaire de la médaille d'ancienneté du service volontaire. (NDT)

2 Récipiendaire de la médaille territoriale. (NDT)

Que faisait-elle à August Rock ?
Cherchait-elle le trésor ?
Espérait-elle rejoindre Falmouth pour s'enfuir ?
Son carnet de croquis nous donne-t-il des indices ?

Quelque chose me titillait le cerveau. J'avais déjà vu cette écriture, mais où ? À force d'emmagasiner des informations, je me faisais l'effet d'un ordinateur à court de mémoire vive. Mais j'ai refermé le dossier en sachant que je devais résoudre cette énigme. Elle s'était sauvée le jour de son mariage, et ça me touchait d'un peu trop près. Le carnet de croquis aurait probablement des réponses à m'apporter. C'était ma seule source ; je n'avais rien trouvé d'autre ayant appartenu à Octavia.

SEIZE

J'attendais John à côté de la voiture, alors que les passagers sortaient de la gare de Truro. Sa venue provoquait en moi un sentiment de rejet que j'aurais voulu pouvoir réprimer. Pourtant, John était mon ami. J'aurais dû me réjouir de ces retrouvailles. Mais c'était encore trop tôt, trop compliqué. C'était ma faute ; j'aurais dû lui écrire une lettre de rupture claire. Il n'aurait sans doute pas fait le déplacement. Pas sûr. En tout cas, ici, j'étais différente et je n'avais aucune nostalgie de mon ancien moi. Rien ne m'obligeait à revenir en arrière, mais saurais-je résister ?

Sa tignasse blonde est apparue au-dessus d'un groupe d'adolescentes. Mon estomac s'est noué, mais d'une façon pas désagréable. J'avais oublié qu'il était si beau. Je lui ai fait signe de la main et il a hoché la tête, mais sans me sourire. À quoi pensait-il ou, plus important encore, que ressentait-il ? Il s'est frayé un passage dans la circulation et a laissé tomber son sac. Je n'étais pas certaine de la façon dont j'allais réagir. D'aussi près, les émotions de John étaient claires et n'auraient pas dû me surprendre. Il ne m'avait pas vue depuis plus d'un mois, et j'étais la femme qu'il avait suffisamment désirée pour vouloir l'épouser.

— Tu m'as manqué.

Il m'a serrée contre lui, et j'ai senti le contact de ses lèvres sur mon front.

— Mmmm, ai-je murmuré sans trop m'engager.

Lui aussi m'avait manqué, mais pas de la façon dont il l'entendait. Comment avais-je pu me tromper à ce point ? Je me suis écartée pour monter en voiture.

— Tu as fait bon voyage ?

— Oui. J'ai vu des paysages magnifiques.

— Tu n'as pas travaillé dans le train ? me suis-je étonnée, lui lançant un regard en coin.

— Pas pendant tout le trajet.

Il m'a touché la main.

— J'ai beaucoup pensé à toi.

— John...

Si je n'agissais pas immédiatement, la route serait longue jusqu'à Pengarrock.

— Je t'assure, Jude. Tu n'imagines pas à quel point tu m'as manqué. Comprends-moi : au lieu de profiter ensemble de notre nouvelle vie à Londres, je me retrouve seul dans cet appartement que nous avons choisi tous les deux.

— Aïe ! Désolée.

Je me suis mordu la lèvre. Ça n'allait pas du tout bien se passer. John avait parfaitement le droit de me dire tout ça. Je méritais d'entendre le mal que j'avais fait.

— Jude.

— Oui ?

— Tu as une mine superbe.

J'ai ri.

— Merci.

— Cet endroit te réussit.

Tenant fermement le volant à deux mains, j'ai résisté à la tentation d'étendre le bras vers lui. Le week-end s'annonçait difficile.

Pendant le cours trajet qui séparait la ferme où il avait réservé une chambre d'hôte de Pengarrock, j'ai parlé de mon travail. Après m'avoir écoutée en silence, John a dit :

— Tu adores cet endroit.

— Oui.

Je me suis garée et John est sorti de la voiture.

— Ouah !

J'ai regardé Pengarrock avec un œil neuf et me suis souvenue de ce que j'avais ressenti à mon arrivée. J'ai regretté Petroc et notre collaboration. Depuis sa disparition, mon travail avait pris une tournure qui me déplaisait.

— Je comprends que tu sois tombée sous le charme, m'a dit John.

Il avait raison. J'aimais Pengarrock plus que de raison. Je n'aurais pas dû éprouver un tel attachement pour un lieu que je quitterais tôt ou tard. Je m'estimais déjà heureuse d'avoir eu le privilège d'y séjourner. C'était une passion stérile, mais que je ne contrôlais pas, et c'était un peu effrayant.

— Tu m'as dit que c'était à vendre ?

— Malheureusement, oui.

Je l'ai conduit à l'intérieur, espérant que Tristan ne traînerait pas dans les parages, mais je n'avais aucune idée de son emploi du temps de la journée. Il n'avait pas été là pour le petit-déjeuner. J'essayais toujours de comprendre ce qui avait justifié son refus d'emprunter le chemin côtier. Il avait pourtant fait encore suffisamment clair, et, même si la petite route ne manquait pas de charme, elle ne pouvait pas rivaliser quant à la vue.

— Tu vis seule dans cette grande baraque ? a demandé John, ne sachant où poser son regard.

— Non, Tristan Trevillion est là en ce moment..., je crois.

La maison m'a paru étrangement vide.

— Le nouveau propriétaire ?

J'ai hoché la tête.

— J'ai réservé cette chambre d'hôte, mais ce serait plus sympa d'être ensemble.

Il m'a caressé la joue.

— John, je pensais avoir été claire, lui ai-je rappelé avec le sourire, histoire de faire passer la pilule qui n'en semblait pas moins amère.

— Je sais, mais je garde espoir ; tu ne peux pas me le reprocher.

— Oh ! John.

J'ai écarté sa main.

— Je t'ai blessé, j'en ai conscience et j'aurais préféré l'éviter. Mais aujourd'hui, j'ai acquis la certitude qu'en refusant de t'épouser, j'ai pris la bonne décision.

Il a blêmi.

— Mon Dieu, dit comme ça ça semble vraiment horrible, ai-je poursuivi. En fait, je n'étais pas prête à me marier ni avec toi ni avec un autre.

— Jude, mais de quoi tu parles, bon sang ?

— Je n'étais pas moi-même, tout simplement.

— Pas toi-même ? Ça n'a aucun sens.

— Oui, je sais, mais, aussi bizarre que ça puisse paraître, j'ai enfin compris que j'avais passé ma vie entière à essayer d'être une autre.

J'ai gravi les marches du perron et glissé la clé dans la serrure.

— La seule chose qui me navre, c'est qu'il m'a fallu tout ce temps pour m'en apercevoir.

Là, c'était dit : j'avais besoin de découvrir qui était « moi ». Une exploration personnelle déjà limite à vingt ans, mais franchement ridicule chez une trentenaire.

— Bienvenue à Pengarrock.

Après avoir ouvert la porte, j'ai invité John à entrer.

Il s'est tourné vers moi.

— Jude, qu'est-ce que tu es en train de me dire exactement ?

J'ai respiré profondément.

— Que je n'ai qu'une certitude : je ne sais pas qui je suis – ou plutôt, je ne le savais pas.

Il m'a prise dans ses bras.

— Mais tu es toi, Jude.

Il a déposé un baiser sur ma tempe, et je me suis rappelé papa qui embrassait mère dans l'église.

— Belle, aimante, attentionnée.

Je me suis dégagée.

— Ça fait plaisir, mais j'ai besoin de ressentir ces choses-là moi-même, pas seulement de les entendre dans la bouche des autres. Je dois décider qui je suis, ce que je suis, et pas seulement répondre aux attentes d'autrui.

— Je ne t'ai jamais forcée à faire quoi que ce soit.

— C'est vrai, mais tu es tombé amoureux d'une fille tellement soucieuse de l'opinion de son entourage qu'elle a fini par se perdre.

Je me suis mordu la lèvre.

— Pour être honnête, à force d'agir ainsi avec ma mère, j'ai probablement essayé de m'adapter à l'idée que je me faisais de tes désirs.

— Tu es injuste, a protesté John en serrant les poings.

— Non. C'est la vérité, mais tu n'y es pour rien.

Je lui ai touché le bras.

— Ne gâchons pas cette soirée en parlant du désordre qui règne dans ma tête. Dis-toi que tu l'as échappé belle.

— Je refuse de voir les choses de cette façon.

Le prenant par la main, je l'ai conduit hors de la maison. Peut-être qu'un bon repas et un peu de vin nous aideraient à tourner la page. Après tout, nous avions été amis pendant plus de vingt ans et n'étions devenus amants que deux ans plus tôt. Nous étions déjà arrivés au carrefour quand je me suis enfin sentie capable d'aborder le sujet de mes parents.

— Tu les as vus récemment ? Je suis sans nouvelles.

— J'ai vu ta mère, mais ton père est absent.

— Absent ?

Tante Agnes avait donc raison ; je lui ai adressé des excuses silencieuses.

— Parti pêcher au Canada.

John s'est arrêté devant un panneau indicateur.

— Comment tu prononces Manaccan ?

J'ai souri.

— « Man a can ». Mais n'essaie pas de me distraire. Papa est à la pêche ?

— Comme tu peux l'imaginer, je n'en sais pas beaucoup plus. Nos parents ne se fréquentent guère, ces derniers temps...

J'ai tressailli.

— Je suis vraiment désolée.

Il m'a regardée, et j'ai vu toute la peine que je lui avais causée. Rien de ce que je dirais n'arrangerait les choses.

— Je comprends mieux pourquoi papa ne donne pas signe de vie.

— Tu as parlé à ta mère, Jude ?

J'ai contemplé mes pieds.

— J'ai laissé des messages et envoyé des e-mails. Soit elle n'est pas à la maison, soit elle m'ignore.

— Essaie encore.

L'enfant en moi a crié qu'elle ne m'aimait pas. Seulement Rose, pas moi. Pour elle, je n'avais toujours été qu'un pis-aller, et je l'étais restée après la disparition de ma sœur. Je ne savais d'où me venaient subitement ces pensées. J'ai fait volte-face, les poings serrés, avant de me retourner vers la route qui menait au village. Je marchais tellement vite que nous sommes arrivés au South Café en quelques instants. La main de John a saisi la mienne. Je n'ai pas cherché à me dégager, même si ce n'était pas l'envie qui me manquait.

— Jude ?

— Oui.

J'ai souri. Je n'étais pas en colère contre lui.

— C'est déjà mieux. Maintenant, tu veux bien qu'on ait un dîner tranquille, comme au bon vieux temps ?

J'ai penché la tête de côté.

— Je ne te garantis rien, ai-je répondu sur le ton de la plaisanterie. Le mal est fait ; la nouvelle Jude n'est plus cette jeune fille sage.

— Prends-moi à sa place ! ai-je crié, mais la silhouette n'a pas bougé.

Je me suis redressée dans mon lit, les yeux ouverts et le visage trempé de sueur. Terrorisée, j'ai tiré les couvertures à mon cou. J'ai secoué la tête ; j'étais seule. Contrairement à mes rêves précédents, je n'avais pas été visitée par la Faucheuse qui m'arrachait Rose. La silhouette avait changé, mais n'en était pas moins effrayante. Ma conversation avec John la veille avait ranimé mes cauchemars.

Un rapide passage sous la douche m'a permis d'évacuer les peurs confuses qui me hantaient. Dieu merci, John ne logeait pas ici ; lui au moins avait pu prendre un copieux petit-déjeuner à la ferme. Comme je m'étais réveillée trop tard, je me contenterais d'une tasse de café. Nous avions prévu une balade en bateau, même si j'étais épuisée après avoir combattu mes démons toute la nuit.

Les chiens ont bondi vers moi en remuant la queue dès que j'ai franchi le seuil de la cuisine. Tristan était appuyé contre le plan de travail.

— Bonjour.

— Vous êtes sûre ? m'a-t-il taquinée, lançant un regard vers l'horloge accrochée au-dessus de la cheminée.

— Je ne dors jamais aussi tard, ai-je répondu, étouffant un bâillement.

— Café ?

— Oui, s'il vous plaît.

Je me suis figée en apercevant John assis à la table.

— L'avenir appartient à ceux qui se lèvent tôt, a-t-il dit, s'approchant de moi pour m'embrasser sur la joue.

J'ai jeté un coup d'œil vers Tristan qui nous tournait le dos.

— Du pain grillé ? m'a-t-il proposé.

— Je m'en occupe, merci.

J'ai réprimé un nouveau bâillement.

Tristan m'a tendu une tasse de café.

— Judith, à quelle heure vous êtes-vous couchée ?

— Oh ! on a fini vers minuit, pas vrai, Jude ? a répondu John à ma place.

J'ai hoché la tête et bu une longue gorgée.

— Tu es sûre que ça va ?

John m'a examinée attentivement, ce qu'il avait fait un peu trop fréquemment depuis son arrivée. J'avais l'impression que chaque tache de rousseur avait fait l'objet d'un diagnostic. Mes rêves provoqués par le stress me privaient du sommeil réparateur dont j'avais grand besoin, et le monde me semblait hostile, ce matin.

— J'ai mal dormi, rien de plus.

J'ai brandi la cafetière, demandant autour de moi si quelqu'un en voulait encore avant de verser le fond dans ma tasse.

— J'emmène les chiens faire une promenade, a annoncé Tristan, s'éclipsant par la porte de derrière.

— Il a l'air plutôt gentil.

J'ai froncé le nez. *Gentil*. John s'exprimait comme une grand-mère.

— Oui, sans doute.

J'ai marqué une pause.

— Tu es là depuis quand ? On avait pourtant convenu que je passerais te prendre, non ?

— Je me suis réveillé tôt. Alors, je suis sorti me balader et je suis arrivé ici vers huit heures et demie. Comme Tristan traînait près des voitures, j'ai décidé de me présenter.

J'ai froncé les sourcils, tâchant d'imaginer différents scénarios pour ces « présentations ».

— Désolée de ne pas avoir été là.

John a souri.

— C'est un type intéressant. Tu t'entends bien avec lui ?

— Oui. On n'a que peu de rapports, en fait. Je suis dans le bureau toute la journée ; lui s'enferme dans la salle de billard. Il se moque complètement des travaux de son père, sauf sous l'angle d'une éventuelle valeur marchande.

— Ils en ont une ?

— Les documents qu'il a amassés avec le temps sont inestimables d'un point de vue intellectuel, mais, pour l'argent, à part peut-être une ou deux premières éditions, c'est une autre affaire.

— Et ça l'inquiète ?

— Franchement, je pense qu'il s'en fiche.

Le grille-pain a recraché mon toast ; je l'ai saisi, ainsi que le beurre.

— Ah bon ?

— Il n'a qu'une hâte : quitter cet endroit. Mais, comme il semble vouloir faire les choses correctement, quelqu'un de compétent doit cataloguer la collection de son père avant de vendre.

Je me suis assise lourdement sur une chaise. J'avais besoin de me remuer un peu afin d'éviter de compromettre notre projet de balade en bateau. Bientôt, la marée se serait retirée trop loin, nous obligeant à attendre le début de soirée.

— Vous avez refait du café ? a demandé Tristan, de retour de sa promenade.

Les deux chiens ont préféré rester dehors pour profiter du soleil.

— Bien sûr. Sans ça, pas question de garder les yeux ouverts.

Il m'a adressé un sourire. Le mien était un peu forcé. J'ai regardé le ciel bleu radieux.

— L'autre jour, vous avez parlé d'aller naviguer, a repris Tristan, consultant sa montre. C'est une marée de morte-eau ; alors, vous devriez avoir encore une heure ou deux devant vous. Qu'est-ce que vous avez prévu exactement ?

John a haussé les épaules. La veille, il avait dit que tout lui convenait. Il voulait simplement passer du temps avec moi, et je devais avouer que c'était agréable de le revoir. Malgré toutes mes inquiétudes, tout se déroulait plutôt bien. Le ciel ne nous était pas tombé sur la tête.

— Je pensais préparer un pique-nique et essayer de trouver une plage à explorer. Des suggestions ?

— Ça me semble une excellente idée, mais est-ce que vous vous en sentez capable ? s'est enquis Tristan.

— Il a raison, Jude, tu es vannée. Tu sais comme moi que sans une bonne nuit de sommeil tu n'es pas au top, a dit John.

J'ai eu envie de rentrer sous terre. Si Tristan avait eu le moindre doute sur la nature de mes rapports avec John, ce n'était plus le cas.

— Merci.

— Qu'est-ce que vous proposez ? a demandé John en s'adressant à Tristan.

— Eh bien, si vous connaissiez le fleuve, il n'y aurait pas d'inquiétude à avoir...

Tristan a tapoté la table de ses doigts.

— John, vous faites de la voile ?

— Je suis un peu rouillé, mais je devrais me débrouiller.

J'ai senti le regard insistant de Tristan, bien que je lui aie tourné le dos pour faire face à la fenêtre.

— Écoutez, il fait un temps magnifique, et je n'ai pas fait de bateau depuis des années. La présence à bord de quelqu'un qui connaît la région ne vous ferait peut-être pas de mal. Et si je me joignais à vous ?

— Excellente idée ! a approuvé John.

Je l'ai regardé avec surprise. Enfin, si lui n'y voyait pas d'inconvénient, moi non plus. Je n'avais vraiment pas les idées claires, ce matin.

— Jude, montez vous reposer une heure, le temps qu'on s'organise. On viendra vous chercher.

Tristan m'a poussé hors de la cuisine. La sensation causée par le contact de sa main dans mon dos m'a troublée.

— Mais...

— Pas de « mais » : allez dormir. Même un peu, ça vous fera du bien.

La porte s'est refermée derrière moi.

DIX-SEPT

L'embouchure du fleuve était pleine de bateaux sur le départ. Je me suis installée confortablement, laissant Tristan et John à la manœuvre, pendant que je profitais du vent. Un peu plus tôt, j'avais sombré dans un profond sommeil, comme provoqué par une drogue ; Tristan était monté me réveiller. Fermant les yeux, je me suis rappelé l'expression de son visage. Je l'avais probablement imaginée, mais j'aurais juré y lire de la tendresse ; pourtant, cette émotion n'avait pas sa place dans la palette du Tristan que je connaissais.

Pour l'heure, il jouait les guides, pointant du doigt l'église de Mawnan qui servait autrefois de balise pour les marins. Aujourd'hui, les nombreux bateaux de plaisance faisaient presque oublier que la région avait jadis été un important foyer d'activité commerciale.

— Alors, dites-moi, Tristan, jusqu'où s'étend votre domaine ? a demandé John.

Il avait les cheveux en bataille, et ses yeux bleus dégageaient une telle chaleur. Je n'en revenais toujours pas qu'il soit là. En me redressant, j'ai failli me cogner à la bôme.

— Vous voyez là-bas ? C'est l'ancien poste de douane.

Tristan a pointé du doigt une structure bâtie dans les rochers. Je me suis efforcée de ne pas le regarder, de me concentrer sur le paysage. Je devais arrêter de penser ou j'allais perdre la tête. Qu'est-ce que je voulais ? Maintenant ? Avant tout découvrir qui j'étais. Surtout ne pas ressembler à l'idée que ma mère se faisait de moi et que John incarnait. La vie aurait été beaucoup plus simple si j'avais suivi cette voie. Mon regard s'est égaré sur la tête brune de Tristan. Non. C'était de la folie. Mais maintenant que j'avais laissé cette pensée entrer dans mon cerveau, elle refusait de partir.

John m'a souri.

— Jude, tu es avec nous ou tu dors les yeux ouverts ?

— Je suis bien là.

Autour de nous, j'ai vu que nous étions à nouveau dans la baie de Falmouth.

— Tristan, ai-je demandé, cette balise, là, c'est bien August Rock ?

Elle semblait très différente. Depuis les falaises ou la maison, on aurait dit une petite bouée, mais, de près, elle était énorme, menaçante.

Il m'a regardée d'un drôle d'air.

— Oui.

John a scruté la surface de l'eau.

— Où sont les rochers ?

— Juste là, entre la balise et Parson's Beach, a indiqué Tristan.

— Je vous crois sur parole.

John a touché ma cheville. Il était toujours amoureux de moi ; ses yeux le trahissaient. J'ai fermé les miens pour ne plus voir son désir. Ça n'allait pas du tout. Il devait tourner la page.

— Je me souviens d'avoir lu dans les papiers de votre père que cela signifiait peut-être « près des rochers ». Il avait écrit quelque chose en cornique, *Men Ogas*, juste à côté, mais je ne suis pas sûre qu'il s'agisse de la traduction.

J'ai croisé le regard de Tristan. Mauvaise idée. Quelque chose est passé entre nous. J'ai détourné les yeux.

— Ça se tient, a-t-il commenté avec un haussement d'épaules.

— Est-ce qu'August Rock a causé des naufrages ? a demandé John.

— Au moins un, ai-je répondu.

— Oui, a confirmé Tristan, mais, à ma connaissance, on n'a pas eu à en déplorer d'autres.

Il s'est tu un moment.

— Un peu plus au nord le long de la côte, le récif des Manacles a davantage contribué à la triste réputation de la Cornouailles dans ce domaine.

Nous approchions d'une plage tranquille, nichée au pied d'une falaise abrupte.

— Ça me paraît l'endroit idéal pour déjeuner, ai-je déclaré.

J'ai regardé par-dessus mes lunettes de soleil. La crique était située en face de Dennis Head, me donnant à nouveau l'occasion de constater ce qui en avait fait un fort défensif aussi efficace.

— J'ai pensé qu'on serait bien ici ; les autres plages sont bondées. On voit que ce sont les vacances d'été.

Tristan est resté à la barre pendant que John sautait à l'eau pour la dernière bordée.

J'ai trempé un pied hésitant et l'ai retiré immédiatement, estimant qu'il me faudrait trois grands pas pour atteindre la terre.

— Elle n'est pas aussi froide que l'autre jour, mais comment font les gens pour nager ? Ça me dépasse.

— Ce n'est pas pire que dans le Maine, Jude, a répliqué John, me tendant une main secourable.

— C'est vrai, mais je n'ai jamais aimé me baigner là-bas non plus.

J'ai fait un bond.

Tristan a ri alors qu'il attachait le voilier.

— L'eau est plutôt bonne aujourd'hui. Je parie que vous n'y résisterez pas. Vous verrez.

Je lui ai fait une grimace. Il a sorti notre repas et ouvert le vin. John revenait du bateau avec le dernier sac.

— Je crois que ceci vous appartient, madame.

— Merci, cher monsieur. Vous êtes bien aimable.

Je lui ai fait une petite révérence.

— Messieurs, vous avez bien travaillé. Il me semble que vous n'avez rien oublié, sauf les murs.

— Votre satisfaction est notre seul but, a plaisanté Tristan.

Il m'a tendu un verre de vin, et je me suis relaxée suffisamment pour lui sourire.

Nous étions à l'abri du vent, et le soleil tapait dur ; j'ai fouillé dans mon sac, à la recherche de mon chapeau. J'ai aussi jeté les deux pièces de mon bikini sur le sable.

— Je ne pense pas que j'aurai besoin de mon maillot de bain, ai-je précisé en me protégeant la tête.

— Tu as toujours ce vieux chapeau, Jude ?

— Je ne m'en sépare jamais ! Qui veut du fromage ?

J'en ai passé une tranche épaisse à John avec un morceau de baguette.

— Tristan ? Votre appétit s'est déjà réveillé ?

— Hmmm. Oui.

Il m'a regardée m'étendre sur ma serviette ; j'ai fait de mon mieux pour l'ignorer.

— Du fromage ou autre chose ?

J'ai dégluti. Ce n'était pas ce que j'avais voulu dire. Le rouge m'est monté aux joues. J'ai baissé mon chapeau.

— Du fromage, ce sera très bien, a répondu Tristan avec un large sourire.

— Qu'est-ce que je vois là-bas ? a demandé John, désignant les avancées de terre au loin.

— Où ça, exactement ? s'est enquis Tristan.

— Là, le cap le plus éloigné.

— C'est probablement Dodman Point.

— Je dois avouer que je ne m'attendais pas à ça.

John a tourné le dos à l'océan. Je me suis penchée en avant.

— Comment ça ?

— Ce temps magnifique, déjà. Il fait presque trop chaud au soleil. Je sens que je vais bientôt me baigner.

— Hmmm. Sans moi, ai-je dit en frissonnant.

— Poule mouillée. Moi, j'y vais.

— Je vous accompagne, a renchéri Tristan.

— Bonne chance à vous deux. Je préfère lire.

J'ai regardé les deux hommes ; tous deux valaient le coup d'œil. John était peut-être un peu plus grand, légèrement plus large d'épaules, mais Tristan était exceptionnellement bien bâti. La vue de ses cuisses m'a coupé le souffle.

— Merde, elle est froide, a juré John, de l'eau jusqu'aux genoux.

— Attendez de vous engourdir, et vous ne le remarquerez même plus.

Tristan a plongé. J'étais contente d'être restée sur la plage.

— Je crois que vous avez raison, Tristan. Ce n'est pas si terrible, une fois qu'on est dedans. L'eau est étonnamment limpide aussi.

Leurs voix ont résonné dans la crique.

— Jude, vous devriez essayer ! m'a lancé Tristan.

— Non, merci.

J'ai rabattu fermement mon chapeau sur mon visage

et me suis allongée pour profiter, l'estomac plein, de la chaleur.

Je m'étais endormie. En me réveillant, j'ai eu froid. Le soleil avait bougé, me laissant à l'ombre d'une falaise. En y regardant de plus près, elle avait connu un éboulement récent. À en juger par les débris accumulés au pied de la paroi, je n'avais aucune envie de me trouver dans les parages pour le prochain glissement de terrain. J'avais subi bien assez de séismes dans ma vie personnelle, ces derniers temps.

La visite de John me rappelait des choses auxquelles j'avais évité de penser. En fait, je croyais me souvenir d'avoir entendu John dire à Tristan que nous avions été fiancés. Pourquoi John aurait-il abordé le sujet ? Et en quoi cela pouvait-il intéresser Tristan ? Combien de temps m'étais-je assoupie ? Me redressant, j'ai consulté ma montre. Quinze heures trente. J'avais dormi deux heures. Où étaient-ils passés ?

La marée avait commencé à monter. Autour de moi se trouvaient les vestiges de notre pique-nique, mais aucune trace de Tristan et John. Notre bateau n'avait pas bougé. Les rochers qui s'avançaient depuis la crique étaient à nouveau presque submergés. À notre arrivée, il était possible de rejoindre la plage d'à côté à pied ; plus maintenant. La mer baignée de soleil offrait toujours un spectacle merveilleux, mais la falaise derrière moi semblait froide et infranchissable.

J'avais avant tout un besoin urgent de faire pipi, mais nulle part où me cacher. Toute la crique était visible depuis la mer. Cela ne me laissait pas d'autre choix que d'enfiler mon maillot et d'aller faire trempette. Cette idée me remplissait d'effroi, mais je ne pouvais plus me retenir.

Avec une serviette enroulée autour de moi, je me suis démenée pour mettre mon bikini, gardant un œil vers le large et un éventuel bateau de passage qui s'intéresserait un peu trop à mes activités. J'aurais peut-être pu tenter ma chance près de la paroi de la falaise, mais hormis le manque de stabilité, cette solution posait le problème d'un retour inopiné de Tristan et John. J'aurais pu supporter l'embarras de la situation avec John, mais avec Tristan ? Jamais de la vie. Je devais prendre mon courage à deux mains et entrer dans l'eau.

Avec mon chapeau toujours solidement planté sur la tête, je me suis donc approchée du bord, envoyant valser mes sandales. J'ai trempé mon pied gauche, que je me suis hâtée de retirer. Après avoir remis mes chaussures, j'ai marché vers un petit coin de sable encore chauffé par le soleil afin de répéter l'expérience. Cette fois, mon pied est resté dans l'eau.

Avec un luxe de précautions, j'ai introduit le deuxième avant de marquer un temps d'arrêt. Puis, une fois mes deux pieds engourdis, j'ai avancé jusqu'à mi-mollet et j'ai attendu. J'ai regretté d'avoir bu ce dernier verre de vin, certainement responsable d'avoir poussé ma vessie dans ses retranchements. Maintenant que je connaissais les conséquences, la prochaine fois, je saurais me montrer raisonnable.

À leur tour, mes genoux ont été submergés. L'eau ne paraissait pas aussi froide à cet endroit. Peut-être que si je m'accroupissais ici ? Non, tout le monde devinerait ce que je faisais. Mais je me suis rappelé que j'étais seule. Qui me verrait ? Qui s'en soucierait ?

J'ai avancé à mi-cuisse ; même la froideur extrême ne semblait pas réussir à convaincre ma vessie de se retenir un peu plus longtemps. Deux grands pas de plus, et j'ai eu de l'eau jusqu'à la taille.

— Ça caille, ai-je marmonné.

Impossible d'aller plus loin. J'ai vérifié si j'étais toujours seule. À ce moment-là, j'ai noté une marque rouge qui me balafrait le ventre à l'endroit où mon tee-shirt avait dû remonter pendant que je dormais. Alors que je vidais ma vessie, j'ai aperçu des épaules et des bras bronzés baignés de soleil fendre les flots avec souplesse. Mon cœur a battu un peu plus fort. Les cheveux humides de Tristan étaient presque noirs. Les mouvements pleins d'aisance de John ont suivi quelques instants plus tard. Il a souri en me voyant.

— L'appel de la nature, hein ? a fait Tristan d'une voix qui s'accordait à la lueur espiègle de ses yeux.

En flagrant délit. Mon visage a pris une teinte similaire à celle de la marque sur mon ventre.

J'ai baissé mon chapeau.

— J'en ai peur. Où étiez-vous passés, tous les deux ?

— On est allés marcher le long des criques.

Je me suis hâtée de sortir de l'eau, alors que John nageait vers moi.

— Vous ne restez pas ? a ironisé Tristan en haussant un sourcil.

— Non, merci.

Je me suis précipitée vers ma serviette.

— Il y a du thé dans la thermos, a-t-il ajouté avant de s'asseoir sur un des rochers toujours exposés au soleil.

J'ai rapidement détourné les yeux quand je me suis rendu compte que je fixais sa poitrine et les poils sombres qui traçaient une ligne droite sur son ventre plat vers le haut de son caleçon de bain.

— Merci. Quelqu'un en veut une tasse ? ai-je proposé d'une voix aussi égale que possible.

— Oui, merci.

Tristan s'est allongé sur le dos.

— Moi aussi, a dit John qui sortait de l'eau, les épaules dégoulinantes.

Je lui ai tendu une tasse. John faisait l'envie de mes amies jalouses depuis des années. En le voyant ainsi, je comprenais mieux pourquoi. Dire que cet homme avait été prêt à se donner à moi pour la vie. J'étais vraiment folle.

À l'abri de mon chapeau, j'ai jeté un coup d'œil furtif à Tristan, étendu sur un rocher plat. J'avais beau lutter, mon regard semblait refuser de m'obéir. Je devais me concentrer sur des choses pratiques, comme de lui apporter sa tasse de thé. Cette fois, le choc du premier contact avec l'eau n'a pas été aussi terrible. Peut-être que j'étais encore engourdie. Ce n'était certes pas ce que j'ai ressenti quand j'ai levé la tête et l'ai surpris qui m'observait attentivement alors que j'approchais. Son expression était indéchiffrable, mais je n'ai plus eu froid.

— Merci.

Il s'est redressé et j'ai fait de mon mieux pour ne pas lorgner ses abdominaux, mais en vain.

— De rien.

— Vous devriez mettre de la crème sur votre ventre. Vous avez attrapé un coup de soleil.

— L'eau froide me soulage.

— Je veux bien le croire.

Tristan a souri. Comment pouvais-je flirter avec lui avec mon ex assis sur la plage juste à côté ? Apparemment, ça ne me retenait pas. Heureusement, la température de l'eau permettait à la mienne de rester normale.

— Oui, et, avant que mon corps tout entier ne s'engourdisse, je vais vous laisser savourer votre thé tranquillement.

— Alors, comme ça, vous l'avez abandonné à l'autel ? a fait Tristan d'une voix si basse que je n'ai pas été sûre d'avoir bien entendu.

Je me suis brusquement retournée pour l'éclabousser.

— Hé ! a-t-il protesté.

Je n'avais pas rêvé. John lui en avait parlé. Pourquoi ? Avait-il remarqué que je me sentais attirée par Tristan ? Bien sûr, voyons, c'était mon ami. Il me connaissait mieux que personne. Ça devait crever les yeux. Essayait-il d'éloigner un rival ?

— Désolée, ai-je concédé à contrecœur.

— C'est ce que vous lui avez dit ?

Tristan a roulé sur le côté, réussissant l'exploit de ne pas renverser son thé.

— Pardon ?

— C'est aussi une façon de le dire.

— Vous dépassez les bornes. Je n'ai pas à vous fournir d'explication.

— Vous avez raison ; mais John en attend encore une, puisqu'il est toujours amoureux de vous.

— Et vous avez compris tout ça le temps d'une baignade et d'une promenade dans les rochers ?

Je n'arrivais pas à croire que j'avais cette discussion avec lui.

— Oui. John n'est pas vraiment avare de confidences en ce moment.

— Ah bon ? Eh bien, ça ne vous regarde pas.

J'ai à nouveau éclaboussé Tristan – comme il le méritait. De quel droit se mêlait-il de mes rapports avec John ? En plus, il ne me connaissait que depuis peu.

De retour sur la plage, je me suis enveloppée dans ma serviette avant de me replonger dans mon livre.

DIX-HUIT

J'attendais devant la chambre de Tristan, que j'avais évité depuis le départ de John. J'avais été très en colère contre ces deux hommes qui se croyaient autorisés à faire des commentaires sur ma vie. Pour John, je pouvais comprendre, mais Tristan n'avait aucun droit de se comporter de la sorte. Même plusieurs jours après, ses paroles continuaient à me rendre furieuse. Je ne parviendrais pas à tourner la page sans son aide.

J'ai frappé à la porte.

— Tristan ?

— Entrez.

J'ai aperçu les vêtements impeccablement empilés sur le lit.

— Vous faites vos bagages ? Pour aller où ?

— Londres, puis New York.

Il a arrêté de plier ses chemises.

— Quand partez-vous ?

— Dans quelques heures.

Il a levé la tête et saisi une liasse de papiers.

— Je suis tombé sur ça hier soir Je suppose que ça fait partie du bouquin de mon père, mais, pour moi, c'est du chinois. Comme j'ai l'éditeur sur le dos, vous voudrez bien vous en occuper en priorité ? Que je sache s'il y a quelque chose à sauver ou si je vais devoir rembourser l'avance que papa avait déjà dépensée.

— D'accord.

— Vous aviez besoin de quelque chose ?

Je me suis redressée.

— Désolée de vous déranger, mais la porte de ma chambre est coincée.

— Coincée ? Je pensais que vous étiez à l'intérieur.

— Non, j'ai passé la matinée dans le bureau et la bibliothèque. Je ne suis pas montée du tout. Mes notes d'hier sont sur mon lit, et je ne peux pas entrer.

Tristan m'a suivie au bout du couloir. J'ai tenté de tourner la poignée, mais elle n'a rien voulu savoir.

— Laissez-moi essayer.

Il a eu beau faire, même à deux mains, rien n'a bougé.

— C'est curieux. En plus, il n'y a pas de vent aujourd'hui ; il n'a donc pas pu créer un vide. Il y avait du jeu au niveau de la poignée de l'autre côté ?

— Pas que je me souvienne.

— Je vais chercher un tournevis à la cuisine ; on verra ce qui se passe si je la démonte.

— Vous êtes sûr de savoir ce que vous faites ? ai-je demandé en reculant d'un pas.

— Non, mais j'ai envisagé de faire des études d'ingénieur. Ça compte ?

— C'est un bon début. L'homme à tout faire de Pengarrock aura-t-il envie d'une tasse de thé ?

— Oui, merci.

Une fois dans la cuisine, j'ai rempli la bouilloire. Tristan ne semblait pas avoir remarqué mon silence des derniers jours. Le sourire aux lèvres, il fouillait dans un tiroir, en quête d'outils. Comment pouvait-il passer ainsi du charme à l'arrogance ? Avant ses commentaires sur ma vie, je l'avais vu s'amuser, et, quand il parlait à John de son domaine, j'avais presque cru distinguer une pointe de fierté dans sa voix. Pourquoi vendait-il ? Ça ne rimait à rien. Petroc était quelqu'un de gentil et d'attentionné. Les sautes d'humeur de Tristan ne pouvaient donc avoir qu'Imogen pour origine, ou quelque chose en rapport avec elle.

— Tristan, une question me taraude...

Je me suis interrompue quand il se tourna vers moi, le tournevis à la main.

— Voilà qui ne présage rien de bon...

J'ai eu un mouvement de recul.

— Vous pourriez blesser quelqu'un...

— C'est vrai. Vous disiez..., m'a-t-il encouragé en baissant son arme.

— J'aimerais savoir ce qui est arrivé à votre mère.

Son sourire a disparu, et l'atmosphère de la pièce a changé.

— Pourquoi ?

— J'ai découvert un autre journal de votre père ; il s'en dégageait une grande tristesse.

— Comme de juste pour quelqu'un qui a eu plus que sa part de responsabilité.

— Sa part de responsabilité dans quoi ? ai-je demandé, me passant une main dans les cheveux.

— Son suicide.

— Oh ! Tristan, je suis navrée.

Je me suis approchée de lui.

— Pas tant que moi.

Il est sorti de la cuisine, et j'ai essayé de le rattraper dans l'escalier. Je commençais à mieux comprendre. Le suicide d'Imogen avait-il un rapport avec la lettre qu'elle avait écrite à Petroc ? Sa liaison avait-elle mal tourné ?

Il est rapidement venu à bout de la poignée et a ouvert la porte. Je l'ai regardé, m'en voulant terriblement d'avoir abordé un sujet aussi douloureux. Les émotions qui se sont succédé sur son visage n'avaient rien à voir avec la tâche qui l'occupait. Il a démonté tout le mécanisme avant de le reconstituer.

— Ça devrait fonctionner normalement maintenant : c'était juste un problème de vis desserrées.

— Merci.

Je l'ai débarrassé du tournevis. Il a regardé autour de lui.

— Cet endroit tombe en ruine, a-t-il déclaré. Puis, il s'est retourné et est reparti vers sa chambre.

— Je suis sincèrement désolée.

J'ai respiré profondément.

— Je n'aurais pas dû aborder le sujet de votre mère.

Il s'est immobilisé.

— C'était il y a longtemps, mais les gens continuent à en parler. Ils feraient mieux de s'intéresser à leur vie plutôt que de se mêler de celle des autres.

Il est entré dans sa chambre et a fermé la porte derrière lui. Je suis restée plantée là. Il avait raison, mais le monde ne fonctionnait pas comme ça – j'étais bien placée pour le savoir.

J'ai écouté les pneus de la voiture crisser sur le gravier. Les pages écornées du manuscrit de Petroc m'attendaient sur le bureau. Tristan m'avait demandé de m'en occuper en priorité, mais j'avais tant à faire… Il me suffisait de regarder autour de moi. Le téléphone a sonné.

— Pengarrock.

— Jude.

— John.

J'ai levé les yeux au plafond. Je me sentais déjà terriblement coupable d'avoir évoqué la mort d'Imogen, et maintenant j'avais John au bout du fil.

— J'ai vraiment passé un bon moment ce week-end, même si je regrette que tu sois en colère contre moi.

— Mais non.

— Allons, Jude, je te connais trop bien.

— C'est ça.

— Jude…

— Oui ?

J'ai joué avec mon crayon.

— Écoute, ma visite aurait dû te convaincre que je t'aime encore ; et je pense que nous avons toujours une chance.

— On a déjà eu cette discussion, ai-je soupiré.

Il ne lâchait pas l'affaire. Rien d'étonnant de la part d'un avocat. Il voulait savoir ce qui avait changé le jour où nous aurions dû nous marier. Moi, je refusais de subir un contre-interrogatoire comme un témoin à la barre.

— Je n'appellerais pas ça une discussion, Jude. Tu m'as rembarré.

— Désolée. Sujet sensible.

— Ne m'en parle pas.

Il a soupiré.

— Il te faut du temps, je comprends. Je crois savoir ce qui s'est passé et pourquoi.

— Alors, tu as une longueur d'avance sur moi.

Je me suis levée.

— Comme toujours.

— Très drôle.

Je me suis appuyée contre un classeur ; une brise fraîche est entrée par la fenêtre ouverte.

— Jude, ton séjour en Cornouailles t'est salutaire, mais tu as aussi besoin de moi.

— Et modeste avec ça ? ai-je ironisé, retenant difficilement un sourire.

— Non, amoureux. Je t'aime.

— J'étais au courant.

J'ai tordu mon bracelet. Une telle déclaration aurait dû

me réjouir, mais je ne ressentais que davantage de culpabilité.

— Jude.

— Désolée, j'y suis allée un peu fort. Je t'aime aussi, John, mais pas comme tu le voudrais.

— Je suis persuadé du contraire, mais tu ne le sais pas encore.

— Télépathe en plus ?

— Absolument.

J'ai ri.

— Je préfère ça, a-t-il ajouté. Pense un peu à moi.

Je suis restée silencieuse. Je ne voulais plus penser à John.

— Il faut que je te laisse, a-t-il conclu, mais n'oublie pas ce que je t'ai dit.

Après avoir raccroché, j'ai arraché un à un les pétales d'une fleur dans un vase. Ce beau mâle m'aimait toujours. Je me suis frotté la tête, sachant pertinemment que la douleur ne disparaîtrait qu'avec du sommeil, une denrée rare en ce moment. Mes pas ont résonné dans l'entrée alors que je montais l'escalier. Une fois sur le palier, j'ai marqué un temps d'arrêt ; avec l'arrivée du brouillard, il faisait anormalement sombre pour un début de soirée. Mes rêves m'épuisaient. Toutes sortes de choses s'y bousculaient, un véritable méli-mélo. Et ces rêves n'étaient pas liés au stress, comme avant un examen pendant mes études, ou la veille d'une réunion importante au travail. Mais ils me réveillaient le cœur battant et en larmes.

Reprenant ma montée, j'ai adressé un signe de la tête aux hommes des portraits. Seul Tallan m'était antipathique. Si Pengarrock m'avait appartenu, je l'aurais décroché pour le remplacer par Mary, de la salle à manger. Elle était peut-être laide, mais lui avait l'air vicieux. Non, j'émettais des jugements un peu expéditifs, alors que je n'aurais probablement jamais l'occasion d'en avoir le cœur net. J'ai tourné vers ma chambre, me demandant si Tristan avait déjà procédé à un inventaire des peintures. Ça aussi, ça prendrait du temps. Tant de travail, juste pour tout vendre.

J'étais tellement excitée par le manuscrit de Petroc. J'avais enfin l'impression de me rendre utile, même si je savais que je n'étais pas la personne idéale pour le terminer. Sur le papier, j'étais une historienne diplômée qui n'avait plus à prouver sa compétence, mais il ne s'agissait pas d'un simple article de recherche.

Plus je réfléchissais au problème, plus je me disais que Barbara me serait d'une aide précieuse. À nous deux, nous pourrions donner au livre de Petroc une forme publiable et lui rendre l'hommage qu'il méritait. Pour ce que j'en avais lu, il m'avait paru très différent de ses précédents ouvrages universitaires et ne s'adressait pas du tout au même public. J'enverrais un e-mail à Tristan pour lui proposer de faire appel à Barbara. Il me répondrait probablement non, mais ça valait la peine d'essayer.

Aujourd'hui, je m'attaquerais au plus haut des classeurs à tiroirs du bureau. Celui du dessus a glissé facilement et m'a surprise : il était rempli de carnets à spirales bien rangés, chacun d'eux simplement daté en caractères violets impeccables. Ils étaient classés par ordre chronologique. Je me suis gratté la tête. Un rapide coup d'œil à l'intérieur de certains d'entre eux m'a confirmé ce que je soupçonnais : il ne s'agissait pas du travail de Petroc, mais de celui d'un botaniste. L'écriture m'a semblé familière ; je l'avais déjà vue quelque part ; c'était celle d'Imogen.

Dans les autres tiroirs, j'ai découvert une foule de notes en capitales impeccables, à l'encre noire ou violette. Malgré l'intérêt de cette trouvaille, je ne me suis pas attardée. Ce qui ne concernait pas directement Petroc ne relevait pas de ma mission. Mais je n'ai pas pu m'empêcher de grappiller au passage quelques informations sur les orchidées, ce qui m'a fait sourire tandis que je me rendais à la cuisine. Curieusement, au cours de mes études, j'avais totalement fait l'impasse sur le fait que les *Orchidaceae* formaient l'une des deux plus vastes familles de plantes à fleurs. Peu de gens savaient qu'elles devaient leur nom à leurs racines en forme de testicule : *orchis*, en grec. Mon travail me permettait vraiment d'apprendre toutes sortes de choses ! Dans la cuisine, j'ai découvert que j'avais de la compagnie.

— Helen ! Vous devriez être chez vous, en train de vous reposer !

— Pensez-vous ! C'est plus calme ici qu'à la maison. Et j'ai eu peur que vous vous sentiez un peu seule sans Tristan.

Je n'allais certainement pas l'admettre. Comment avouer à Helen que j'étais comblée par le rythme de ma vie à Pengarrock, de mes promenades quotidiennes avec les chiens à mon travail ? J'étais amoureuse de cet endroit, plus que je ne l'avais jamais été d'aucun homme. Allumant la bouilloire, j'ai décidé de garder cela pour moi. C'était préférable.

— D'accord, mais vous adorez vos petits-enfants.

— C'est vrai, mais un peu de silence ne fait pas de mal, a-t-elle soupiré, continuant son repassage.

J'ai constaté avec soulagement qu'il s'agissait de son propre linge.

— Vous devriez tout de même vous reposer. Reprendre des forces.

— Je me sens déjà beaucoup mieux. Ma crise cardiaque était liée au stress ; ça ne se reproduira plus. J'ai abandonné tout espoir que Tristan ne vende pas le domaine.

— C'est préférable. Il n'a jamais eu l'intention de le garder.

— Je sais, c'était stupide de ma part.

— D'après ce que j'ai cru comprendre, Tristan a quitté Pengarrock il y a longtemps.

— C'est vrai. Il n'avait que dix ans quand on l'a envoyé au pensionnat.

— Dix ans ? Ce n'est pas courant.

Ma mère était partie à huit ans, tout comme Barbara. Moi, à treize, un an après la mort de Rose.

— Après la disparition d'Imogen, Petroc a estimé que ce serait mieux pour lui.

Helen a éteint son fer.

— Il pensait que la compagnie d'autres enfants lui ferait du bien.

— Laissez-moi deviner : vous n'étiez pas d'accord.

J'ai posé ma main sur son épaule.

— Non. Il était trop jeune, il aurait dû rester auprès de ceux qui l'aimaient, pas être envoyé au milieu de gens indifférents.

— Ça vous tient à cœur, encore aujourd'hui.

J'ai fait un pas en arrière alors qu'elle se retournait.

— Ce garçon venait de perdre sa mère. Il n'avait pas besoin d'une école, mais d'amour.

— Vous savez pourquoi elle s'est suicidée ? ai-je demandé.

Helen s'est figée et m'a lancé un regard inquisiteur.

— Elle ne s'est pas suicidée. Qui vous a raconté ça ?

— Tristan.

— Quoi ?

Elle a pris une chaise et s'est assise.

— Imogen n'a pas mis fin à ses jours.

— Alors, pourquoi Tristan pense-t-il le contraire ?

— On a retrouvé son corps vers l'amont du fleuve, le cou

brisé. Elle est probablement tombée du haut d'une falaise pendant qu'elle se promenait.

Helen a baissé la voix.

— Le coroner a conclu à une mort accidentelle, et je le crois, même si on ne peut pas empêcher les rumeurs de circuler.

Elle a essuyé une larme.

— Pauvre garçon.

— Il n'y a donc aucun doute possible ?

Helen a serré les lèvres.

— Ce n'est pas à moi de le dire.

— D'accord.

Je voulais la cuisiner un peu, mais le moment était mal choisi. Elle n'avait pas besoin que je lui inflige un stress inutile.

— Je regrette simplement qu'il ne considère pas Pengarrock comme sa maison. À ses yeux, ce n'est qu'un fardeau.

— Certaines choses ne peuvent être changées.

— Non, mais rien n'interdit d'espérer, a soupiré Helen.

— C'est vrai, mais je ne miserais pas trop là-dessus.

Je me suis appuyée sur le plan de travail.

— Vous avez raison, bien sûr, mais je ne peux pas m'empêcher de penser que, s'il trouvait la femme qui lui convenait, il déciderait peut-être de rester et de s'accrocher à son patrimoine.

— Et s'il l'aime et qu'elle déteste Pengarrock ? Vous y avez songé ? Il choisira l'amour, à juste titre.

— Alors, elle ne serait pas la bonne.

Elle s'est levée.

— Maintenant, mes petits-enfants m'attendent.

Je l'ai regardée s'éloigner, me demandant si la vie était vraiment aussi simple.

DIX-NEUF

Sophie n'avait pas tenu sa promesse : aucun e-mail de sa part ne m'attendait dans ma boîte de réception. Je comptais pourtant sur elle pour me donner des nouvelles de ma famille. Papa aimait pêcher, mais ça ne lui ressemblait vraiment pas de s'absenter ainsi. Depuis qu'il avait pris sa retraite, mes parents étaient inséparables. Il ne partait nulle part sans ma mère. Quelque chose n'allait pas. J'avais encore tenté de le joindre plusieurs fois, mais je n'avais pu parler qu'au répondeur. J'ai regardé le téléphone sur le bureau de Petroc. Mes doigts ont composé le numéro, et j'ai attendu. Au bout de six sonneries, j'ai à nouveau été invitée à laisser un message.

— Bonjour, c'est Jude. Je rappellerai plus tard.

J'ai reposé le combiné à la hâte, puis je suis sortie en emportant le carnet à croquis d'Octavia. Je n'avais pas eu le temps de l'étudier pendant la visite de John et, depuis, j'avais accordé la priorité au livre de Petroc. Qu'il n'ait apparemment rien transmis de sa passion pour Pengarrock à son fils me laissait perplexe. Qu'est-ce qu'en avait pensé Imogen ?

Mais avant tout, j'avais faim. Une simple salade ferait l'affaire. Je me suis arrêtée net quand j'ai vu à nouveau Helen dans la cuisine.

— Vous m'avez fait peur, ai-je dit.

— Je n'en avais pas l'intention.

J'ai posé le carnet d'Octavia à l'abri, du côté de la table qui ne servait pas aux préparations.

— Est-ce qu'il y a jamais eu un moment où Tristan a voulu Pengarrock ?

— Oui, mais ça n'a pas duré, a soupiré Helen.

J'ai froncé les sourcils.

— Vraiment ?

— Il était très jeune et amoureux, mais elle en a choisi un autre.

— Vous m'intriguez.

— Mark et Tristan désiraient tous les deux la ravissante Clare, mais Mark a gagné.

— Et Tristan a gardé une dent contre lui depuis.

J'ai secoué la tête.

— C'est un peu puéril, non ? Les rivalités d'adolescents, ça s'oublie, passé trente ans.

— C'est un peu plus compliqué que ça. Et plutôt triste. Clare est morte quand Mark n'était pas là.

On a sonné à la porte ; Helen s'est levée pour répondre et je l'ai suivie. Un homme muni d'un appareil photo attendait sur le perron.

— Je peux vous aider ? a demandé Helen sur un ton bien peu obligeant.

— C'est l'agence immobilière qui m'envoie ; je suis venu prendre des photos de la maison.

Helen tenait la porte d'une poigne d'acier, la faisant tourner sur ses gonds. J'ai bien cru qu'elle allait la lui claquer au nez.

— Vous avez une pièce d'identité ? Personne ne m'a prévenue de votre passage.

— J'ai parlé à monsieur Trevillion, il y a déjà pas mal de temps. Il n'est pas là ?

— Non, a répondu Helen, bougeant à peine les lèvres.

J'ai mis une main sur son épaule. Il fallait qu'elle se

détende. L'homme a tiré son portefeuille de son sac et en a extrait une carte de visite. Le nom de la société correspondait à celui que j'avais vu sur l'annonce dans le journal.

— C'est bon, Helen.

J'ai fait un pas en avant.

— Entrez.

— Merci.

Il a contourné Helen qui bloquait toujours le passage.

— Je vous laisse régler ça, m'a-t-elle dit avant de sortir de la maison.

— Venez à la cuisine, ai-je proposé au photographe, et vous pourrez me parler des prises de vue que vous avez en tête.

J'ai maudit Tristan en silence. Ce n'était pas mon travail. Pire, il avait de nouveau réussi à bouleverser Helen. Une telle absence d'égards m'a estomaquée. Il n'avait décidément rien dans le crâne.

— J'ai besoin de photos de toutes les pièces principales, de la vue, de la plage et des jardins.

— Et ici ?

Il a regardé la cuisinière, le linteau en pierre et la grande table.

— Non, ce n'est pas vendeur.

— C'est un de mes endroits favoris dans cette maison, ai-je répliqué avant de pouvoir m'en empêcher.

Je ne voulais pas qu'on brade Pengarrock, mais je n'acceptais pas qu'on dise du mal de la cuisine. L'idée qu'un futur propriétaire puisse la rénover me révulsait. Elle était vieille, mais elle marchait bien.

— Pas assez moderne.

Je l'ai suivi dans l'office, une pièce encore moins « moderne ». Il a tout de même pris en photo le grand évier où j'avais mis les fleurs coupées ce matin. Je n'étais pas certaine que ce soit « vendeur », mais ça avait indubitablement un petit côté artistique.

Après, je l'ai emmené à la salle à manger.

— Trop sombre.

Il s'est arrêté devant le portrait de Mary.

— Belle pierre.

— En effet.

J'avais l'impression d'entendre ma mère.

— Allons directement au salon. Comme nous n'attendions pas votre visite, certaines des pièces ne sont pas prêtes à être photographiées.

J'ai patienté dans le couloir pendant qu'il mitraillait. Mes arrangements floraux ont semblé l'inspirer tout particulièrement. Je doutais pourtant que cela intéresse beaucoup un acheteur potentiel. La composition florale était l'une des rares techniques acquises auprès de mère qui se révélait enfin utile. Quel bonheur d'avoir à sa disposition un jardin abondamment fleuri, surtout en cette saison ! Je me sentais tout de même un peu coupable chaque fois que je coupais une agapanthe.

— Pièce suivante.

Je l'ai conduit au salon.

— Super, mais pas avec les tableaux.

— D'accord, aidez-moi.

Ensemble, nous avons déplacé les portraits dans le couloir. À chaque déclic de son appareil, la colère montait en moi. Je n'aurais pas dû jouer à l'assistante de ce type : j'avais du travail. Tristan aurait dû s'en charger. Mais j'ai serré les dents sans protester. Nous avons terminé tard ; j'étais épuisée. Il avait pris des centaines de photos, et j'avais perdu un après-midi.

Dans la cuisine, j'ai vu qu'Helen m'avait préparé un sandwich en me laissant un mot qui m'ordonnait de le manger. J'ai soigneusement ouvert le carnet à croquis à la première page avant de toucher à la nourriture. De sa belle écriture, Octavia avait noté son nom, *Pengarrock* et l'année. Elle l'avait commencé deux ans avant sa mort, et un an avant d'être fiancée. Elle ne serait pas partie chercher le trésor le jour de son mariage. Qu'aurait-il pu lui apporter ? À moins que Pengarrock ait déjà éprouvé des difficultés financières à l'époque ?

J'ai rapidement terminé mon sandwich et allumé la bouilloire. Après avoir fait du café et m'être soigneusement lavé et séché les mains, je me suis replongée dans le carnet à croquis. La première page contenait les mots :

Ni sur terre
Ni sur mer
Elle ne se montre
Que pour August Rock

Les vers accompagnaient une jolie aquarelle de Rosemullion Head, avec le récif affleurant à la surface de l'eau. La page suivante était d'un style très différent, presque anatomique. Un courlis se tenait dans un coin, face à un nid, le sien probablement, mais sans aucune légende. Tournant la page, je suis tombée sur quelque chose de similaire. Une très belle représentation d'une colombe, cette fois, puis une image plus petite, toujours du même oiseau, en train de nourrir son petit. Une autre aquarelle, presque une miniature, montrait également une colombe, mais en vol, avec une fleur dans le bec. Impossible d'en avoir la certitude sans une loupe, mais il s'agissait probablement d'un rameau d'olivier, signe de paix.

Alors que je parcourais le carnet jusqu'au bout, une feuille en est tombée. J'ai reconnu le papier, trouvé dans ma chambre, que j'avais utilisé pour écrire à tante Agnes.

Le tenant à la lumière, j'ai clairement distingué les lettres IMT en relief. Imogen. Regardant à nouveau la dernière page du carnet à croquis, j'ai vu les mots qu'avait notés Petroc.

Quels secrets garde l'Helford ?
Ni le temps ni la marée ne les révèlent.
Août 1849

Octavia en était donc l'auteure. Mais que faisait le papier à en-tête d'Imogen dans le carnet à croquis d'Octavia ?

J'ai failli sauter au plafond en entendant des pas derrière moi.

— Helen, qu'est-ce que vous faites encore là ? Vous m'avez flanqué une trouille bleue !

— Je ne l'ai pas fait exprès, mais j'ai oublié les sucrettes pour mon thé et je n'en ai pas à la maison.

Avisant le papier à lettres, Helen a ajouté :

— Je n'en ai pas vu depuis longtemps.

— Il y en a tout un stock dans ma chambre.

Elle a pris un air penaud.

— Pourquoi le papier à lettres d'Imogen se trouvait-il dans la chambre verte ? ai-je demandé.

Helen s'est détournée.

— Parce que c'était la sienne.

— La chambre d'Imogen ?

— Oui.

— D'accord. Au risque de vous sembler indiscrète – ou trop américaine –, j'aurais pensé que Petroc et Imogen faisaient chambre commune, non ?

Elle a ri.

— Oui, parfois, mais Petroc ronflait comme un bûcheron. Et ils traversaient une mauvaise passe, comme ça leur arrivait.

— Souvent ?

— Plus que d'autres. Il y avait une différence d'âge, vous comprenez.

Elle a caressé le papier.

— La plupart des mariages connaissent des hauts et des bas, mais peu de couples disposent de l'espace suffisant pour faire chambre à part.

— C'est l'expérience qui parle ?

— Croyez-moi, en quarante ans de vie commune, j'ai parfois regretté de ne pas avoir une pièce à moi, mais notre cottage est vraiment petit. Alors, que ça nous plaise ou non, J.C. et moi sommes coincés dans la même chambre et le même lit. Pour l'instant, on s'en est plutôt bien sortis.

Son visage s'est éclairé.

— Tant mieux. C'est une leçon que je m'efforcerai de retenir si je me marie.

— Oh ! ce jour viendra.

J'ai froncé les sourcils. Impossible de m'imaginer à nouveau en robe blanche à la porte d'une église.

— Pourquoi m'avoir installée dans la chambre d'Imogen ? ai-je demandé, me rappelant la surprise de Petroc quand elle le lui avait annoncé.

— C'est l'une des plus belles de la maison, a-t-elle répondu, le regard fuyant.

J'ai haussé un sourcil.

— Helen ?

— Si vous tenez à le savoir, j'en ai eu assez de voir Petroc planté là, parfois avec des larmes qui coulaient sur ses joues. Ça lui arrivait de plus en plus souvent, ces derniers temps.

Un frisson m'a parcouru la colonne vertébrale.

— Vous avez donc voulu y mettre un terme ?

Elle a hoché la tête.

— Il avait déjà bien assez de soucis sans se laisser à nouveau perturber par le passé.

— Imogen avait-elle une liaison ?

Elle m'a regardée.

— Pourquoi cette question ?

— J'ai trouvé une lettre qu'elle a adressée à Petroc.

Helen a blêmi.

— Elle a reconnu l'avoir trompé ?

J'ai songé à ses mots, à la façon dont elle avait supplié son mari de lui faire confiance.

— Non. Avait-elle une liaison, et avec qui ?

— Je ne sais pas. Elle était jeune.

— Petroc l'aimait.

— Ça ne fait aucun doute, mais il n'était pas le seul.

— Qui ?

— Wilf Trelawny.

J'ai froncé les sourcils. J'avais déjà vu ce nom : W. Trelawny, un des auteurs de ce livre sur les orchidées.

— Quel était le nom de jeune fille d'Imogen ?

— Rowse.

J'ai hoché la tête.

— Ils ont écrit un livre ensemble.

— Oui. C'est comme ça que tout a commencé.

Helen a secoué la tête, s'est levée et m'a serré l'épaule.

— Je dois retourner auprès de mes petits-enfants.

Internet m'a appris toutes sortes de faits intéressants sur les courlis et les colombes, mais ne m'a pas davantage éclairée sur le mystère lui-même. L'aquarelle suivante dans le carnet à croquis représentait Dennis Head, une vue depuis Rosemullion Head apparemment, similaire à celle que nous avions pu admirer lors de notre tour en bateau du week-end ; quelque chose semblait différent, mais je ne suis pas parvenue à mettre le doigt dessus. Je devrais refaire une sortie ou me rendre en ferry sur la rive nord du fleuve et marcher jusqu'à Rosemullion Head.

La dernière image, une orchidée blanche, pouvait expliquer l'intérêt d'Imogen pour le carnet à croquis. Mais j'avais beau me torturer les méninges, je ne voyais pas le rapport entre ces peintures et l'énigme. Octavia avait-elle simplement été séduite par le rythme des vers ? Les avait-elle reproduits comme un exercice d'écriture ? Je me suis levée et j'ai reposé le livre sur la table. Les énigmes étaient très prisées par les victoriens, mais cela ne signifiait pas pour autant qu'il y avait une corrélation.

J'ai arpenté le salon, puis je suis allée me poster devant le portrait d'Octavia, calé contre la cheminée dans l'entrée. J'aurais pu déplacer le sien sans difficulté, mais je ne voulais pas séparer la mère et la fille ; elles devraient donc attendre le retour de Tristan.

Les yeux marron d'Octavia me regardaient avec douceur. Elle avait l'air si fragile ; dans quel état d'esprit devait-elle se trouver pour s'aventurer seule sur les flots ?

— Allez, Octavia, dis-moi ce qui s'est passé. Est-ce que tes aquarelles révèlent où est le trésor ?

Je suis retournée dans le bureau de Petroc pour me replonger dans ses journaux, à la recherche d'un indice. D'après ce que j'avais pu constater jusqu'à présent, on ne jetait rien, dans cette famille. Octavia avait dû laisser plus d'un carnet à croquis. Des lettres, qui sait ? Petroc avait-il demandé à lady Rutherford s'il existait une correspondance entre lady Clarissa et sa sœur ? Si elles avaient été proches, elle lui avait peut-être confié ses projets. C'était ce que j'aurais fait avec Rose.

VINGT

En descendant l'escalier, je suis tombée sur Tristan. Il était de retour et regardait les portraits dans l'entrée.

— Qu'est-ce qu'ils font là ? a-t-il demandé.

— J'ai dû les déplacer pour le photographe.

« Avec qui vous *avez pris rendez-vous et m'avez laissée me débrouiller »*, ai-je ajouté en silence.

Il s'est tourné vers moi.

— Quel photographe ?

— Celui de l'agence immobilière.

— Je n'ai encore confié de mandat à personne.

— Quoi ? Mais j'ai vu une annonce juste après l'enterrement.

— Jude, je vous assure que je n'ai pas mis Pengarrock sur le marché.

— Si vous ne me croyez pas, ai-je répliqué avec irritation, il suffit de vérifier sur le site web de l'agence.

Je me suis dirigée vers le bureau, adoptant une posture qu'aurait approuvée mon ancienne maîtresse de ballet. Je n'inventais rien. Récupérant mon ordinateur portable sur un des classeurs à dossiers, je l'ai posé sur le bureau de Petroc.

La pendulette avait cessé son tic-tac. Malgré la fenêtre ouverte, il régnait une atmosphère étouffante. Nous avons patienté, le temps que la machine démarre ; Tristan avait les bras croisés.

J'ai rapidement saisi le nom de l'agent immobilier et j'ai attendu.

— Tristan, je n'ai pas d'hallucinations. Vous l'auriez vu, vous aussi, si vous lisiez les journaux locaux.

Debout à côté de moi, il n'a pas lâché un mot. Dans ma précipitation, mes doigts ont cafouillé sur le clavier. À la deuxième tentative, j'ai entré les informations correctes, et une photo de Pengarrock est apparue à l'écran. Je me suis écartée, cédant la place.

— Nom de Dieu !

« Qu'est-ce que je vous disais ? » ai-je eu envie de lui balancer, mais je me suis retenue.

— Comment est-ce possible ? a-t-il demandé.

Il a décroché le téléphone sur le bureau et a tapé le numéro sur le clavier. Je me suis penchée vers l'écran ; l'annonce donnait assez peu de détails pour l'instant, et aucune information tarifaire. Le diaporama auquel j'avais contribué m'a donné envie de pleurer. C'était merveilleux ; grâce à ces photos, un acheteur tomberait sous le charme, même pour un prix astronomique.

— Pourrais-je parler à la personne chargée de Pengarrock ? a fait Tristan d'un ton effrayant.

Je n'aurais pas voulu me trouver à la place de son interlocuteur.

— De la part de Tristan Trevillion, a-t-il ajouté d'une voix cassante.

Son visage était un masque de fureur, ce que j'avais du mal à comprendre. Il tenait à se débarrasser du domaine ; l'initiative de l'agence, bien qu'un peu prématurée, n'aurait donc pas dû lui poser problème. J'ai décidé de ne pas m'en mêler.

Sophie m'avait enfin répondu ; un e-mail m'attendait dans ma boîte de réception.

Salut, Jude,
Désolée d'avoir tant tardé. Je viens de passer une semaine dans le Maine avec Tim. Je me suis renseignée : maman m'a appris que ton père est absent depuis une dizaine de jours. Ta mère se comporte comme si tout était normal et prévu de longue date, mais elle ne m'a pas convaincue. Malheureusement, je n'en sais pas plus. Est-ce que tu as pu parler à l'un de tes parents ?
Oh ! Tim a fait sa demande ! J'ai accepté. Je ne me fais guère d'illusions, mais j'espère te persuader d'être ma demoiselle d'honneur, même si je me rends bien compte que ça ne doit pas être facile pour toi. On a décidé de faire quelque chose de simple. Le mariage est dans trois semaines. Je sais, ça fait court. Tu veux bien au moins y réfléchir ? S'il te plaît, s'il te plaît, s'il te plaît !!!
Bises,
Sophie

Je me suis figée. Rentrer à cap Cod. Retourner à l'église, devant l'autel. Pas question. Je me suis éloignée de l'ordinateur. Ces derniers temps, je n'avais pu chasser cette idée que quelque chose n'allait pas, à la maison. Elle me poursuivait jusque dans mes rêves. Apprendre que papa était parti depuis des jours n'arrangeait rien. Il aimait pêcher, mais pas à ce point.

Rentrer était une chose, participer à un mariage en était une autre. Mais Sophie était ma meilleure amie. Depuis toujours, elle disait que je serais sa demoiselle d'honneur. Elle n'avait pas de sœur. Moi, je n'avais voulu personne à part Rose ; comme ce n'était pas possible, j'avais préféré ne pas en avoir. Sophie avait tout à fait compris. Mais, maintenant, elle me demandait de l'accompagner à l'autel dans une robe ridicule. Je me suis assise, et mes doigts ont hésité au-dessus du clavier.

Sophie, comme je suis contente pour toi ! Je vais me renseigner pour les vols disponibles. En attendant, je réserve ma réponse. Je ne suis pas sûre de pouvoir me libérer. Tu sais que je ne demanderais pas mieux que d'être ta demoiselle d'honneur, mais, après ce que j'ai fait à John, c'est tout bonnement impossible. Ça ne ferait que détourner l'attention des gens de ce qui compte vraiment ce jour-là : toi et Tim. Tu seras fabuleuse, et vous formez un couple formidable.
Je suis tellement contente pour toi. Vous êtes faits l'un pour l'autre.
Merci pour tes informations à propos de mes parents. Si tu as du nouveau, je compte sur toi.
Ton amie,

Jude

Après avoir envoyé l'e-mail, j'ai fermé les yeux, me félicitant de n'avoir pas épousé John. Ça n'aurait pas été juste pour lui. Il méritait quelqu'un qui l'aimait sincèrement, pas une femme qui se contentait de faire ce qu'on attendait d'elle. J'ai à nouveau tenté d'appeler mes parents, mais je suis encore tombée sur le répondeur. J'ai laissé un message, un de plus, les suppliant de se manifester. Clairement, quelque chose n'allait pas. J'ai raccroché avant de composer le numéro de tante Agnes.

— Jude ? Comment vas-tu ? m'a-t-elle demandé d'une voix faible qui ne m'a pas plu.

— Bien. La Cornouailles est un paradis.

— Tes lettres m'ont fait très plaisir ; elles m'ont rappelé celles que tu m'écrivais pendant ton séjour à Singapour. Tu t'en souviens ?

Elle s'est mise à tousser ; en fond sonore, j'ai entendu quelqu'un lui proposer un verre d'eau.

— Oui.

Du bout de mes doigts, j'ai effleuré la pendulette sur mon bureau ; j'adorais son tic-tac.

— Tu ne sembles pas très en forme, tata.

— Non.

Elle s'est éclairci la voix.

— La maladie a fini par me rattraper.

— Qu'est-ce qui ne va pas ?

La peur m'a noué l'estomac. Je connaissais la réponse.

— Cette saleté de crabe.

Elle a ri, mais son rire s'est transformé en toux.

— Il faut bien mourir de quelque chose. Et nul n'est éternel, tu sais.

J'ai fermé les yeux, souhaitant de toutes mes forces ne pas entendre ça.

— Je vais bien, a-t-elle repris. Enfin, autant que possible étant donné les circonstances.

J'ai eu envie de hurler, puis de sauter dans le prochain avion, mais elle ne l'aurait pas voulu.

— Qu'est-ce que tu es en train de me dire ?

— Je meurs.

Elle a ri.

— Ce n'est pas drôle.

— Non, mais, à mon âge, tu apprends à rire de tout un tas de choses qui ne t'ont jamais paru amusantes.

Sa voix s'est affaiblie.

— Mais assez parlé de moi. Tu sembles t'épanouir en Cornouailles.

— Je n'irais pas jusque-là, mais je me plais beaucoup ici et j'aime mon travail.

— Mes condoléances pour Petroc. Soixante ans, c'est bien trop jeune pour mourir.

— Je sais.

J'ai mordillé l'intérieur de ma joue.

— Tu as des nouvelles de papa ?

— Il est venu me voir il y a une dizaine de jours. Il m'a annoncé qu'il partait à la pêche.

J'ai secoué la tête. À la pêche.

— Ça ne t'a pas paru bizarre ?

— Si, et je lui en ai fait la réflexion.

J'ai souri.

— Et qu'est-ce qu'il a dit ?

— Tu connais ton père : pas grand-chose ; mais j'ai cru comprendre à demi-mot qu'il avait besoin d'espace.

— Ça ne laisse rien augurer de bon.

— C'est possible, mais c'est son problème, pas le tien.

Elle a soupiré.

— Lui seul peut arranger les choses – s'il le souhaite –, pas toi.

J'ai écarté mes doigts. Papa avait toujours été là pour moi ; je me sentais un peu coupable de ne rien faire pour lui.

— Tata ?

— Oui. Je devine la question qui te brûle les lèvres : combien de temps ?

Mes yeux se sont remplis de larmes.

— Les médecins ne se mouillent pas, mais je suis chez moi – et bien contente. Ne t'inquiète pas, je ferai le nécessaire pour qu'on te prévienne. Maintenant, va vivre ta vie.

Elle a de nouveau toussé.

— J'ai bien profité de la mienne.

Alors que je raccrochais, je me suis effondrée sur ma chaise. Tante Agnes était mourante, et papa était parti à la pêche, mais elle m'avait dit de ne pas me faire de souci pour eux. Le téléphone a sonne et j'ai décroché.

— Pengarrock.

— Jude.

— John ?

Clairement, les gens de mon passé s'étaient donné le mot, aujourd'hui.

— Cache ta joie.

— Je ne m'attendais pas à t'entendre, c'est tout.

— J'imagine. En fait, j'appelais pour parler à Tristan. Mais je suis ravi que tu aies répondu.

J'ai froncé les sourcils.

— Tristan ?

— Oui. Je travaille avec lui pour une affaire aux États-Unis. Il ne t'a rien dit ?

— Non.

— Pas grave. J'ai essayé de le joindre sur son mobile, mais je n'ai pas réussi.

— Il est peut-être en ligne ; je l'ai entendu parler en passant.

— Tu peux lui demander de me rappeler ?

— Bien sûr.

— Jude ? a fait John, baissant soudain la voix.

— Non. Restons-en là. Porte-toi bien et je transmettrai le message.

Je me sentais terriblement en colère. John travaillait avec Tristan, et ni l'un ni l'autre n'avait jugé opportun de m'en informer. John était un avocat brillant, et Tristan avait des intérêts aux États-Unis, mais j'avais tout de même le sentiment qu'ils avaient comploté dans mon dos.

Je me suis glissée dans la salle de billard. Tristan regardait par la fenêtre, le téléphone collé à l'oreille. *Rappeler John*, ai-je commencé à noter sur une feuille de papier, mais ma main s'est immobilisée quand j'ai vu les plans étalés sur la table. *Aménagement de Pengarrock.* J'ai dû me retenir de hurler. À première vue, le projet prévoyait de diviser la maison en appartements : pire, il envisageait également de nouvelles constructions. C'était épouvantable. Quel gâchis ! Et tout ça pour de l'argent... Chacun de mes muscles s'est contracté ; j'ai été prise d'une furieuse envie de tout déchirer.

Muette de stupeur, je lisais le carnet relié cuir dans ma main. Petroc y détaillait les pensées douloureuses qui occupaient son esprit. Ses rapports avec Tristan le tourmentaient tout particulièrement. J'ai enlevé mes lunettes et j'ai cherché un mouchoir en papier. L'année figurait en relief sur la couverture, en caractères dorés ; Tristan devait avoir treize ans quand Petroc avait écrit ces mots qui témoignaient de la fierté d'un père face à ce fils qui grandissait, mais aussi de son désespoir devant le fossé toujours plus large qui se creusait entre eux.

Je me suis levée. Je n'avais pas besoin de lire ce document, seulement d'enregistrer son existence. Pourtant, quelque chose m'y poussait, comme s'il contenait des réponses, bien que je n'aie pas connu les questions. J'avais déniché quelques journaux, mais il y en avait forcément plus. Petroc était quelqu'un de routinier. Ceux dont je disposais me prouvaient qu'il avait couché quotidiennement ses réflexions sur le papier pendant dix ans ; il semblait donc probable qu'il l'ait toujours fait. Il ne me restait qu'à découvrir ses autres carnets.

Il faisait encore chaud malgré la pluie battante, malheureusement arrivée trop tard pour certaines cultures. J'avais eu une longue conversation avec un des fermiers au cours de ma promenade avec les chiens, hier soir. Plutôt découragé, le pauvre homme m'avait toutefois précisé qu'ils avaient déjà connu ça. Il s'inquiétait davantage des intentions du nouveau propriétaire. Garderait-il les fermes ? Augmenterait-il les loyers ?

Comment réagirait-il en découvrant que Tristan projetait de transformer le domaine en vaste complexe pour touristes ?

Je me suis à nouveau tournée pour regarder la pluie. Même sous la grisaille, la beauté de cet endroit parvenait à me toucher. Elle suscitait en moi une passion comme ne l'avait jamais fait aucun homme. Les pentes douces des collines et l'odeur de la mer m'avaient totalement séduite ; dorénavant, mon cœur appartenait à cette région.

Ma main a effleuré le cuir raffiné du journal de 1986. J'emporterais les années 1985 à 1996 dans ma chambre pour les lire pendant la nuit. Dans son style unique, Petroc avait saisi l'essence même du lieu. Il se montrait terriblement honnête à propos de ses sentiments vis-à-vis de Pengarrock, d'Imogen et de Tristan. Curieusement, il ne faisait allusion au saphir que ces toutes dernières années, en rapport avec les recherches pour son livre. Petroc connaissait pourtant depuis l'enfance la légende du trésor perdu ; alors, quelle nouvelle information l'avait décidé à se lancer dans cette quête ? Était-ce devenu une obsession, comme le suggérait Tristan ? Quelle incidence sa découverte aurait-elle eue pour le domaine ?

J'ai bâillé. Tristan était toujours au téléphone. Terré dans la salle de billard, il se préparait à détruire Pengarrock, et je n'avais pas trouvé le moyen de l'arrêter… Je ne pouvais tout de même pas le tuer. Il était très anglais, ne parlait guère de ses émotions. Mère était comme lui, et j'avais le sentiment que Petroc ne montrait les siennes que dans son journal. Je me suis demandé si Tristan savait que son père en tenait un. Cela me paraissait peu probable. Et puis, cette activité aurait semblé bien trop artistique aux yeux de ce soi-disant chimiste métamorphosé en requin de la finance.

VINGT ET UN

Alors que je retournais à la cuisine avec les chiens, j'ai aperçu ma petite voiture, toute seule dans l'allée. Tristan, d'humeur massacrante, était parti pour Londres hier. Les cernes sous ses yeux n'avaient pas disparu, et je me suis retenue de lui dire qu'il me semblait trop fatigué pour prendre la route. En plus, ça ne roulerait pas bien : le vendredi, le chassé-croisé entre vacanciers provoquait des ralentissements. Helen avait allumé la bouilloire. Elle sortait la théière quand elle a poussé un gros soupir. Puis elle s'est laissée tomber sur une chaise et s'est mise à pleurer.

Comme je ne savais pas comment réagir, je lui ai touché la main, mais ça n'a pas vraiment eu d'effet. Elle a levé la tête plusieurs fois, mais ses sanglots ont redoublé. J'ai trouvé une boîte de mouchoirs en papier et me suis assise à côté d'elle. Je me sentais tellement impuissante. Finalement, Helen s'est levée et s'est redressée.

— Désolée.

Elle m'a regardée avec ses yeux rouges et gonflés.

— Je vous ai surprise ?

— Un peu.

— Moi aussi. Je ne suis pas du genre à fondre en larmes pour un oui ou pour un non.

Elle a tendu la main vers un autre mouchoir.

— C'est à cause de Petroc ?

— Oui, mais…

Helen s'est interrompue.

— Mais quoi ?

— Ce n'est pas à moi de le dire. C'est trop triste.

— Pourquoi ? Petroc est mort de façon subite, et beaucoup trop tôt, mais il semble avoir eu une belle vie.

Elle a eu un petit rire sec.

— Vous n'avez connu que l'érudit et le maître de Pengarrock, mais le pauvre homme a dû vivre avec ses choix. Ses passions.

J'ai froncé les sourcils.

— Ses passions ?

— L'amour n'est pas toujours bon conseiller. Et Dieu sait que Petroc a suivi son cœur.

J'ai saisi la bouilloire pour préparer le thé.

— Vous pensez qu'il s'est trompé ?

— Non, mais… Oh ! je ne suis plus sûre de rien. Il a aimé, mais, de mon point de vue, il a commis des erreurs.

— Oh !

J'étais bien placée pour savoir que ça pouvait facilement arriver.

— Je m'inquiète beaucoup pour Tristan. Je ne voudrais pas qu'il fasse de mauvais choix, comme son père.

Helen s'est mouchée.

— Dommage que Clare ait préféré Mark.

Elle s'est levée pour servir le thé.

— Tristan l'aimait ; s'ils s'étaient mariés, il serait resté à Pengarrock. Elle l'aurait gardé près de ses racines.

— Ça n'aurait pas empêché sa mort.

— Non, je pense que rien n'aurait pu changer ça, mais il serait resté.

— Vous croyez vraiment ? Il serait peut-être quand même parti, poussé par le chagrin.

Alors que je prononçais ces mots, j'ai compris que c'était précisément ce que Tristan fuyait.

— Tout ça est d'une tristesse...

Helen m'a tendu une tasse.

— Je vais rentrer me reposer un peu

— Merci, Helen.

J'avais le cœur gros. Je me suis demandé si Tristan n'avait pas réussi à oublier Clare. Ça expliquerait bien des choses, mais pas tout.

La nuit dernière, j'avais longuement écrit à tante Agnes. J'avais tant à lui dire avant qu'il ne soit trop tard. J'étais en proie à une frustration que je connaissais bien : dans le passé, le travail de papa nous avait tenus à l'écart des mariages et des enterrements de notre entourage, mais, aujourd'hui, l'exil que *je* m'étais imposé m'empêchait d'être au chevet de ma tante. À part mes parents et Sophie, elle était ma troisième raison de vouloir rentrer. Je pourrais lui dire au revoir en personne. En revenant du bureau de poste, j'ai décidé que j'irais au mariage de ma meilleure amie. Je me ferais discrète, mais je serais là pour elle. En entrant dans la cuisine, j'ai retrouvé Helen, qui avait pourtant promis de se ménager un peu.

— Bonjour, Helen.

Elle a levé les yeux du journal.

— Bonjour. Je suis juste venue lire les nouvelles. Ça fait des économies.

J'ai souri, me demandant si elle me disait toute la vérité. Mais, apparemment, rien ne permettait de supposer qu'elle avait cuisiné ou repassé.

— J'aimerais bien faire un tour dans la chambre de Petroc. Vous pensez que Tristan y verrait un inconvénient ?

— Non. Comme vous pouvez vous y attendre, il y a des centaines de livres, là-haut.

— C'est bien ce que je me disais.

Je me suis penchée plus près afin de lire les gros titres.

— Vous cherchez quelque chose en particulier ? a demandé Helen.

Je lui trouvais bien meilleure mine. Elle avait repris des couleurs, et même un peu de poids.

— Oui, le journal de Petroc le plus récent. La nuit dernière, j'ai parcouru son manuscrit, et certains passages sont un peu obscurs. J'espère que son journal pourra m'éclairer.

— Oh ! J'ignorais qu'il en tenait un.

J'ai haussé un sourcil.

— Vraiment ?

— Oui.

— J'en ai pourtant déjà trouvé quinze volumes. Une série qui couvre une dizaine d'années, un qui remonte à son adolescence et un autre qui date d'il y a deux ans. J'en ai conclu qu'il en a toujours tenu un.

Elle s'est levée.

— À quoi ils ressemblent ?

— Le plus ancien est un petit carnet noir tout simple, mais les plus récents sont joliment reliés en cuir.

— Ça ne me dit rien, mais ce n'est pas le genre de choses auxquelles j'aurais prêté une attention particulière. Vous feriez mieux d'aller voir. Je suis sûre que Tristan s'en moque éperdument, a-t-elle ajouté en levant les yeux au ciel.

J'ai pris congé d'Helen et suis montée par l'escalier de derrière. La porte de la nursery était à nouveau ouverte. J'ai regardé autour de moi. Un secrétaire se trouvait au fond de la pièce ; j'ai baissé le rabat pour explorer les casiers : du papier à lettres, des crayons et une agrafeuse.

Rien de bien révélateur. J'ai refermé le haut pour m'intéresser aux tiroirs, où j'ai découvert une merveilleuse collection de dessins d'enfants, y compris plusieurs de la main de Tristan. Mon cœur s'est serré quand j'ai vu celui où il avait représenté sa mère et son père. Elle tenait une fleur. Il avait signé son chef-d'œuvre en grosses lettres un peu tremblantes.

Je l'ai mis de côté, puis j'ai fouillé rapidement le reste des tiroirs, mais je n'ai rien trouvé. J'avais tant à faire et si peu de temps. J'ai fouiné dans plusieurs autres pièces avant d'arriver à la chambre de Petroc. Chacune d'elles comprenait un bureau et des étagères remplies de livres. Il me faudrait une éternité pour en venir à bout à moi toute seule. Mais je savais que Tristan voulait faire vite et que tout ce qui n'avançait pas à son rythme serait balayé.

Arrivée devant la porte, j'ai fermé les yeux. Avec un peu de chance, je trouverais dans sa chambre une ou plusieurs réponses à certaines questions. J'avais besoin d'aide ; je commençais à manquer de temps. Un lit à baldaquin massif trônait dans la pièce. J'ai effleuré de mes doigts le bois sombre admirablement sculpté. Cette chambre occupait le double de la surface de la mienne et donnait à la fois au nord et à l'est, avec des vues englobant le fleuve jusqu'à la baie de Falmouth. Comme je m'y attendais de la part de Petroc, les murs étaient couverts de livres. Un cadre en argent posé sur le chevet contenait une photo en noir et blanc d'Imogen et de Tristan. C'était la première photo de famille que je voyais dans cette maison. Ça m'a semblé curieux.

Tristan avait dans les sept ans, les bras serrés autour du cou de sa mère. J'ai essayé de le retrouver dans les traits d'Imogen, mais, à part les yeux, c'était bien un Trevillion. Une boule s'est formée dans ma gorge. La mort de sa mère avait dû être un choc terrible... Et de penser que, pendant toutes ces années, il avait cru qu'elle avait mis fin à ses jours… J'ai passé mon doigt sur la photo, priant pour qu'Helen ait raison et qu'Imogen ne se soit pas suicidée. Je ne supportais pas l'idée qu'elle ait pu succomber au désespoir.

Puis, j'ai repéré quelques livres sous le lit. Quand je me suis glissée en dessous, j'en ai aperçu d'autres, plus faciles à atteindre depuis l'autre côté.

— Jude.

J'ai arrêté de bouger dès que j'ai entendu Tristan. Je ne devais pas lui offrir une vue de moi très flatteuse.

— Salut. Vous êtes rentré depuis longtemps ? ai-je demandé.

Ses pieds étaient à côté de moi.

— J'arrive à l'instant. Mais qu'est-ce que vous fabriquez, bon sang ?

Je suis sortie de sous le lit en me tortillant, renversant au passage une pile de bouquins.

— Pardon, vous disiez ?

— Qu'est-ce que vous fabriquez ?

— Votre père planquait des livres là-dessous. Certains sont très intéressants.

Assise sur mes talons, j'ai extrait un ouvrage d'une autre pile, toujours debout.

— Regardez ça. C'est une première édition, en très bon état. Ça pourrait avoir de la valeur.

Il a tenu le volume relié cuir entre ses mains et l'a ouvert.

— Alan Trevillion.

Il a passé ses doigts sur l'écriture.

— Il y en a d'autres. Mais ce sera plus facile par l'autre côté.

Joignant le geste à la parole, je suis repartie en exploration. Couverte de moutons, je devais ressembler à un épouvantail.

— Je peux vous les donner ? lui ai-je lancé.

Il s'est agenouillé.

— Je suis prêt.

Je lui ai tendu cinq livres. Une fois ressortie, j'ai examiné attentivement la pile.

— Ah ! Précisément ce que je cherchais.

— Quoi ? Un trésor ?

Je me suis accroupie à côté de lui.

— Non..., bien mieux. Deux des journaux de votre père.

— Qu'ont-ils de si exceptionnel ?

— Ils sont magiques.

— Magiques ? Avec des sorts, ce genre de choses ?

Je lui ai donné une tape sur les doigts, puis j'ai songé : *Oh mon Dieu, qu'est-ce que je viens de faire ?* Mais il a ri.

— Non, il y décrit la vie quotidienne à Pengarrock, ses années à Oxford ; il y explore l'histoire du domaine et de la famille. Sans parler de ses pensées et de ses opinions sur tous les aspects de la vie et les questions d'actualité. C'est une mine de savoir.

— Vous m'en direz tant.

— Oui, mais je devine à votre expression que vous n'êtes pas convaincu.

— Suis-je donc tellement transparent ?

— À cet instant, oui.

Je retenais ma respiration, fascinée que j'étais par ses yeux verts parsemés de petites taches bleu profond. Lui aussi me dévisageait. Nous nous touchions presque. Son souffle a caressé ma joue. J'ai résisté à une envie forte de contact. Un léger mouvement aurait suffi à poser mes lèvres sur les siennes. M'arrachant à son regard, j'ai laissé l'air s'échapper de mes poumons.

— Regardez, ai-je repris, c'est le journal de votre père pour l'année 2000.

Je le lui ai donné.

— Oui.

J'ai aimé la façon dont sa voix a fait traîner ce oui, m'indiquant clairement qu'il ne croyait pas trouver quoi que ce soit d'intéressant entre ces pages. Je lui démontrerais qu'il avait tort. Les défis ne m'effrayaient pas.

— Ouvrez-le.

— Vous l'avez lu ? m'a-t-il demandé.

Il a retourné le carnet entre ses mains. Ses doigts ont parcouru son dos. J'ai dégluti.

— Non, mais votre père écrivait merveilleusement.

— Ne m'en veuillez pas, mais je demeure sceptique.

— Vous ne saurez pas tant que vous n'aurez pas essayé, ai-je affirmé, sûre de mon fait.

J'ai appuyé cette déclaration en mettant toute ma détermination dans mon regard. Tristan n'a pas bronché. Ses pupilles se sont dilatées ; ma respiration est soudain devenue superficielle. Je n'ai plus eu l'impression que nous parlions simplement de la lecture d'un journal.

— Vous ne me laissez pas le choix, a-t-il dit.

— Non.

Il a ouvert le carnet.

— Lisez.

— Bien, chef.

— À voix haute.

— À voix haute ? a-t-il répété, fronçant les sourcils.

— La prose de votre père est spéciale.

— Maintenant, vous me faites marcher.

Le visage de Tristan s'est fendu d'un large sourire qui s'est retrouvé dans ses yeux. J'ai retenu mon souffle.

— Absolument pas. Lisez.

— *Le 30 mai 2000. La saison des jacinthes des bois.*

La forêt s'est parée de violet, alors que le soleil de midi filtrait à travers les arbres pas encore couverts de feuilles. Je ne me lasse pas de ces innombrables nuances de bleu. Une brume bleu de cobalt peut céder la place en un instant à un tapis violet plus riche qui s'étend à perte de vue.

Tristan s'est arrêté : il ne regardait plus le journal. Il était visiblement ailleurs. Ses doigts ont effleuré la page ; j'ai eu le sentiment qu'il allait enfin ressentir la perte de son père. Le carnet à la main, il s'est assis sur une chaise. Il avait besoin d'être seul. Je me suis glissée hors de la pièce, avec, gravée dans ma tête, l'image de ses doigts suivant les mots, telle une caresse.

Une odeur de chocolat m'a attirée hors du bureau. Que mijotait Helen ? Elle sortait un gâteau du four au moment où je suis entrée dans la cuisine.

— C'est en quel honneur ? ai-je demandé.

— Pour vous.

Je me suis appuyée contre le plan de travail.

— Moi ? Qu'est-ce que j'ai fait ?

— C'est votre anniversaire.

— Hein ? Attendez un peu, comme l'avez-vous su ?

J'ai penché la tête sur le côté et l'ai regardée attentivement.

Helen s'est tapoté le nez.

— J'ai mes sources.

— Ça, je n'en doute pas, mais pas parmi les gens qui connaissent la date de mon anniversaire.

Elle a haussé les sourcils

— Vous seriez surprise.

— C'est possible.

Je ne voyais pas qui avait pu le lui dire.

— Une petite minute. Est-ce que quelqu'un a appelé pour moi aujourd'hui ?

— Peut-être...

— C'est bien ce que je pensais.

J'ai passé en revue les différents suspects. La plupart de mes amis m'avaient contactée par e-mail, et ce n'étaient certainement pas mes parents, ce qui ne laissait que John.

— John ?

— Qui est John ? a fait Helen, posant le gâteau sur une clayette.

J'ai souri.

— Vos sources ne vous l'ont pas dit ?

— Allez-y, je vous écoute.

— C'est un vieil ami ; il a passé le week-end à Pengarrock, il y a quelques semaines.

— Le beau blond ?

Helen m'a regardée attentivement, une main sur la hanche. J'ai eu l'impression que je venais de perdre le contrôle de cet interrogatoire.

— Oui, c'est lui.

John correspondait bien à cette description.

— Je crois me souvenir que Jenna s'extasiait à propos de lui.

Elle a battu le glaçage.

J'ai ri.

— Oui, c'était probablement John. Il n'a pas appelé ?

— Non.

— C'était un homme ?

J'ai levé les yeux au plafond, essayant de deviner qui cela pouvait être. Je ne l'avais pas remarqué auparavant, mais les grosses poutres n'étaient pas régulièrement espacées.

— Non.

J'étais sur le point de m'avouer vaincue quand j'ai eu une illumination.

— Barbara ?

— Une femme charmante. On a eu une longue conversation.

— Ça m'inquiète un peu, ai-je répondu, ouvrant le robinet pour me servir un verre d'eau.

— Ça ne devrait pas.

— Qu'est-ce qui ne devrait pas vous inquiéter ? est intervenu Tristan qui venait d'apparaître.

Son visage ne portait aucune trace de l'émotion qu'il avait manifestée à la lecture du journal de son père quand je l'avais laissé quelques heures plus tôt.

— C'est l'anniversaire de Jude, aujourd'hui. Tu le savais ? lui a demandé Helen.

Tristan s'est donné une tape sur la tête.

— J'avoue que ça m'était complètement sorti de l'esprit.

J'ai souri.

— Soyez honnête : vous l'ignoriez.

Le coin de sa bouche s'est relevé, et mon estomac s'est noué.

— Ça vous ennuie ?

— Pas le moins du monde.

— Les enfants..., nous a interrompus Helen, brandissant sa cuiller en bois.

— Oui, Helen ? a fait Tristan, qui s'est approché, pour y tremper un doigt, du saladier dans lequel elle mélangeait le glaçage.

Elle lui a donné une tape sur la main. Il s'est tourné vers moi, léchant le chocolat.

— Judith, que diriez-vous d'un verre et d'un dîner d'anniversaire chez Shippers ? m'a-t-il demandé.

J'ai cligné des yeux.

— Chez qui ?

— Au pub, a précisé Helen. Le Shipwrights Arms.

— Merci pour la traduction, Helen. Oui, ça me ferait plaisir.

— Parfait, a-t-elle approuvé. Passez à la maison quand vous descendrez au village, pour que les enfants puissent vous chanter « Joyeux anniversaire ».

— Bonne idée, a dit Tristan, trempant à nouveau son doigt dans le glaçage.

— Je réserverais une table, à ta place, lui a recommandé Helen. Il peut faire un peu frais dehors, avec ce vent du nord.

Elle a levé les yeux du gâteau.

— D'accord. De toute façon, on peut toujours changer d'avis.

— Pour le dîner ? ai-je demandé, un peu confuse.

— Non, pour manger en terrasse ou en salle.

Il a souri.

VINGT-DEUX

Le pub était bondé. Heureusement, Tristan avait réservé à l'intérieur, car une légère bruine avait commencé à tomber. Alors qu'il se dirigeait vers le bar, le barman l'a interpellé :

— Hé ! Tristan ! Ta table est prête.

— Merci, Mike.

Tristan m'a souri alors que je me frayais un passage à travers tous ces gens qui voulaient me faire la bise pour me souhaiter un joyeux anniversaire. Je n'en revenais pas du nombre de personnes dont j'avais fait la connaissance en si peu de temps (et de la vitesse à laquelle la nouvelle avait circulé). Les yeux de Tristan ont parcouru la foule avant de croiser à nouveau les miens. L'intensité de son regard m'a donné le frisson. Une fois à notre table dans le coin, j'ai refusé de penser à l'intimité de la lumière tamisée et à la proximité du corps de Tristan. Il me fallait une distraction. Les vieilles photos accrochées au mur ont fait l'affaire, jusqu'à ce que j'attire l'attention d'un vieil homme qui venait d'entrer et m'a fait un clin d'œil.

Tristan a étudié le menu sur l'ardoise, puis s'est tourné vers moi.

— Vous savez ce que vous voulez ? m'a-t-il demandé.

J'ai ouvert la bouche avant de la refermer en secouant la tête. Il m'a lancé un regard.

— Je me laisserais bien tenter..., a-t-il poursuivi.

— Oui ?

J'ai eu l'impression que quelque chose se serrait dans ma poitrine.

— Par les coquilles Saint-Jacques en entrée, et ensuite un steak. Et vous ?

Me détournant de Tristan, je me suis concentrée sur l'ardoise. Le menu offrait trop de choix.

— L'avocat au crabe, et aussi un steak, je pense.

— Je vais commander. La cuisson de votre steak ?

— À point.

Je l'ai regardé marcher vers le bar. Quelque chose semblait différent ce soir. Comme si une ligne avait été franchie. Je devais trouver le moyen de faire machine arrière. Son sourire, quand il est revenu à table, ne m'était pas d'un grand secours.

— Tristan, saviez-vous qu'il existe une trentaine de lieux dont le nom commence par « Tre », rien que dans les environs de St Keverne.

— Ça ne m'avait pas frappé.

Son attention paraissait concentrée sur ma bouche.

— Je vous assure. Et il pourrait y en avoir davantage.

J'ai respiré profondément.

— D'accord, mais où voulez-vous en venir ?

Il s'est adossé contre le mur, cependant qu'on plaçait les entrées devant nous.

Cela m'a donné un peu plus d'espace, mais, à cette distance, je ne voyais plus le jeu des bleus et des verts dans ses yeux.

— *Tre* signifie « colonie familiale » en cornique – ou quelque chose d'approchant. Mais, du point de vue d'un touriste, davantage d'originalité dans le choix des noms aurait probablement facilité les choses.

— En cornique, les noms sont logiques. Pengarrock, par

exemple : *Pen* signifie « tête de », et *garrock*, « rocher » ou « pierre ».

— Je me suis complètement perdue en arrivant.

Le crabe était divin.

— Ça ne me surprend pas vraiment.

Quand il a souri, son regard a étincelé, me rappelant la lumière du soleil sur la mer.

J'ai levé les yeux au ciel.

— Avec tous ces « Tre », je pense avoir des excuses.

— Vous n'auriez pas eu à vous en soucier, si vous aviez tourné au bon endroit.

— Maintenant, je le sais !

J'ai bu une gorgée de vin. Tristan semblait tellement détendu, enjoué même. Je ne le reconnaissais pas. C'était beaucoup plus facile pour moi quand j'étais en colère contre lui.

— Ces coquilles Saint-Jacques sont délicieuses. Vous voulez goûter ?

J'en avais envie, mais j'ai secoué la tête, craignant que ce dîner ne prenne une tournure décidément trop intime.

— On m'a dit qu'on fêtait un anniversaire ici...

J'ai sursauté. Mark venait d'apparaître à notre table ; il s'est penché pour me faire la bise.

J'avais été tellement concentrée sur Tristan que j'en avais oublié que nous nous trouvions dans un lieu public.

— Oui.

Je l'ai gratifié d'un large sourire. Il avait un visage si ouvert comparativement à Tristan. D'ailleurs, celui de Tristan venait de se fermer, tels des volets anti-tempête avant un ouragan.

— Tu prendras bien un verre avec nous ? a proposé Tristan d'une voix cassante.

— Et si vous me retrouviez plutôt après que vous aurez

terminé votre dîner ? a suggéré Mark quand il a vu le serveur arriver avec nos steaks.

— Bonne idée, ai-je dit.

J'ai souri, incertaine de la conduite à tenir. Tristan faisait de son mieux pour rester courtois dans cette situation pour le moins délicate.

— Méfiez-vous de lui, m'a conseillé Tristan qui coupait son steak.

— Pardon ?

Ma fourchette s'est immobilisée à mi-chemin de ma bouche.

— Je sais que ça ne me regarde pas, mais Mark n'a pas bonne réputation avec les femmes.

J'ai posé ma fourchette.

— Ne vous inquiétez pas : je n'ai pas très bonne réputation avec les hommes.

Tristan a levé les mains dans une attitude défensive.

— Je vous aurai prévenue.

— Ne vous en faites pas pour moi.

J'ai observé la lumière qui se reflétait dans mon vin. Pourquoi m'étais-je sentie obligée de dire cela ? Tristan était au courant pour John ; je n'avais vraiment pas besoin de le lui rappeler. Je me comportais comme une idiote ; je lui devais des excuses.

— Loin de moi l'idée de mettre en cause votre jugement, mais vous êtes peut-être encore émotionnellement instable... après John.

— C'est pourtant ce que vous faites, ai-je répliqué, mains sur la table, prête à me lever.

— Je vous le concède.

Le dîner s'est terminé en silence. Plus vite nous serions rentrés, mieux cela vaudrait. J'allais justement suggérer de partir plus tôt que prévu quand le personnel est sorti de la cuisine aux accents de « Joyeux anniversaire » et m'a offert une part de gâteau au chocolat. Malheureusement, notre conversation avait gâché la joie de ce moment.

Tamsin est apparue hors de la foule et m'a tendu un verre de champagne.

— Joyeux anniversaire !

Je me suis levée.

— Merci.

Elle a regardé en direction de Tristan, qui s'était éloigné pour discuter avec un homme plus âgé.

— Ça fait plaisir de le voir sortir un peu. Vous exercez une bonne influence sur lui.

— Je n'en suis pas sûre.

— Moi, si.

Elle m'a souri.

— Alors, ce projet immobilier pour Pengarrock, c'en est où ?

J'en suis restée bouche bée.

— Rien n'est donc secret ici ?

— Absolument rien. Vous devriez l'avoir compris, maintenant.

— Je ne pensais pas que ça s'appliquait à ce qui se manigance au château.

J'ai parcouru la salle du regard, me demandant si les murs avaient des oreilles.

— Bien sûr que si.

— Qu'est-ce que vous avez appris ?

Tamsin a haussé les épaules.

— Pas grand-chose. Une amie de Londres m'a appelée pour me sonder à propos d'un éventuel permis de construire.

— Je vois.

J'ai joué avec le pied de ma flûte, ne parvenant pas à rester neutre malgré mes efforts.

— Je m'en doute. Alors, vous pouvez m'en dire un peu plus ?

J'ai secoué la tête.

— Non.

Tristan nous a rejointes, et Mark est arrivé au même moment. Comme tout le monde avait un peu trop bu, je craignais que cela ne dégénère.

— Alors, Tristan, combien tu penses tirer de Pengarrock ?

Les mots n'étaient pas sortis de la bouche de Mark, mais de celle de l'homme à côté de lui.

— Pas assez.

Tristan lui a tourné, le dos, mais l'autre ne s'est pas laissé décourager.

— Je suis au courant, pour le complexe touristique et la division en appartements.

Tristan a haussé un sourcil. J'ai regardé Tamsin, qui a secoué la tête.

— Je n'ai aucun projet de développement pour le moment. Vous voudrez bien m'excuser, mais le pub n'est pas le meilleur endroit pour discuter d'affaires privées.

— Mais ce n'est pas privé, a insisté l'homme en approchant de Tristan.

J'ai cru qu'il allait le frapper.

— Si, pour l'instant, ça l'est toujours.

— Tristan a raison, Jim, est intervenu Mark. Pas maintenant.

Puis, il l'a entraîné hors du pub pour prendre un peu l'air.

— Je pense qu'il est temps de rentrer, ai-je chuchoté à Tristan.

— Tout à fait d'accord.

Alors que nous traversions le village et gravissions la colline en silence, les lumières des maisons ont disparu.

Pour me repérer, je regardais le ciel, un peu plus clair que la silhouette des arbres qui bordaient la route.

— J'aime l'obscurité, ici.

— Pourquoi ?

— On peut voir le ciel.

Alors que je levais à nouveau les yeux, je me suis cognée à lui, et il a passé son bras autour de ma taille.

— Comme partout.

Les ténèbres ont semblé se refermer sur nous. Arrivée devant la maison, je me suis arrêtée pour observer le firmament.

— Tant d'étoiles...

Tout avait pris un certain éclat, et j'avais probablement trop bu.

— C'est la Voie lactée.

— Hmmm.

La tête me tournait un peu, je l'ai appuyée contre son épaule.

On ne voit pas les étoiles en ville.

— Trop de lumière, a-t-il dit d'une voix si basse que j'ai eu l'impression qu'il murmurait.

— Pendant mon enfance, j'adorais m'allonger sur la plage tard le soir.

— Vous faisiez ça souvent ?

— Pas assez. Le gros problème, c'est qu'on se retrouve avec du sable plein les cheveux.

Il a ri.

— C'est vrai.

— Vous avez déjà regardé les étoiles en étant étendu sur le sable ?

— Non.

— Ça vous dirait ?

Je lui ai jeté un coup d'œil.

— Peut-être.

— Pourquoi « peut-être » ?

— Il faudrait que ce soit avec la bonne personne.

— C'est mieux.

J'ai tourné la tête, oubliant les étoiles. Sa bouche était si proche. C'était mon anniversaire et j'en avais envie : je l'ai embrassé. Ses lèvres avaient un goût de chocolat et de vin… Délicieux.

— Merci pour ce merveilleux dîner.

Il me tenait toujours entre ses bras. Son visage était si près du mien. Il m'a semblé naturel de recommencer. Bien sûr, le champagne était seul responsable. Encouragé par des baisers de plus en plus fougueux, le désir a fini par balayer le peu de raison qui me restait.

Quittant ma taille, sa main a saisi la mienne. Tandis qu'il continuait à m'embrasser, il m'a entraînée à l'intérieur. J'ai commencé à tirer sur sa chemise. Mon cardigan est tombé sur le sol. J'ai senti les doigts de Tristan sur ma peau nue, alors que mon tee-shirt se soulevait. Le désir a déferlé en moi.

Il m'a attirée contre son corps. J'avais envie de lui maintenant, dans l'entrée si nécessaire. Sa bouche s'est attardée sur mon cou. J'ai frissonné.

— Oh mon Dieu !

Je me suis dégagée et j'ai à peine eu le temps de courir dans la salle de bain la plus proche. Tout mon dîner, et même plus, est remonté. Tristan, torse nu, se tenait à côté de moi, me passant des mouchoirs en papier. J'ai eu envie de mourir.

VINGT-TROIS

— Ouais !

J'ai donné un coup de poing dans le vide.

— Vous m'avez appelée ? a demandé Helen en entrant dans la pièce.

— Non, désolée. Je viens juste de trouver le dernier journal de Petroc. Il était là, dans le bureau, depuis le début.

— Souvent, on a dû mal à voir ce qu'on a sous le nez.

— C'est tellement vrai, ai-je soupiré.

— Comment vous sentez-vous ?

— Beaucoup mieux, mais j'ai décidé d'éviter le vin pendant un certain temps. Quant à la journée d'hier, je préfère l'oublier.

Je n'avais vraiment pas envie d'y penser. Je n'arrivais pas à croire que j'avais embrassé Tristan – non, en fait, je lui avais pratiquement fait l'amour dans l'entrée. De toutes les bourdes que j'aurais pu commettre, celle-là était sans doute la plus grosse.

— Parfois, ça ne fait pas de mal de se détendre un peu.

— Pas comme je me sentais hier, je vous le garantis.

Helen a ri, puis elle a regardé les boîtes à archives et les piles dans toute la pièce.

— Je suppose qu'il y a un ordre dans tout ça ?

— Oh oui ! Ce côté du bureau concerne exclusivement

Pengarrock. L'autre contient des documents qui pourraient intéresser l'extérieur.

— L'extérieur ?

— J'ai dit ça ?

— Oui.

— Alors, c'est probablement ce que je pense. Le reste du monde semble si loin.

— C'est vrai, mais la moitié de sa population est en vacances chez nous.

Helen a passé un coup de chiffon sur le cadre d'une carte posé contre une bibliothèque.

— Vous avez raison. Hier, la plage était bondée.

— Oui, contrairement aux pubs et aux magasins. Avec ce temps, les gens restent au bord de l'eau.

— On peut les comprendre, non ?

— Si, bien sûr, mais ce serait bien que l'ensemble de la communauté profite de leur présence.

— Les chambres d'hôtes et les maisons de vacances affichent complet.

— Vous avez raison. Sue a plus de travail qu'il n'en faut en ce moment. Elle me disait ce matin qu'elle avait même dû refuser du monde samedi.

Je me suis étirée.

— Je crois que je suis toujours déshydratée. Il reste du jus d'orange ?

— Oui, Tristan en a acheté en quantité.

— Génial.

Je me suis lentement dirigée vers la cuisine, espérant que Tristan n'y serait pas. Je ne me sentais vraiment pas prête à l'affronter. La situation était trop embarrassante. C'était mon employeur, pas mon petit ami. Non contente de lui arracher ses vêtements, je m'étais donnée en spectacle, et pas à mon avantage : la tête dans la cuvette des toilettes. Sa compassion n'avait rien arrangé. Je n'arrêtais pas de me repasser le film de la suite des événements, si je n'avais pas été malade. Mon visage s'est empourpré. J'étais morte de honte – durablement.

— Comment ça va, aujourd'hui ?

L'objet de mes pensées m'attendait, appuyé contre le plan de travail, souriant d'un air entendu. Une lueur espiègle brillait dans ses yeux, j'en étais persuadée. Je me suis figée sur le seuil. Il était peut-être encore temps de faire volte-face, de prétexter avoir oublié quelque chose..., ma raison, par exemple. J'ignorais si j'aurais plus de mal avec ce Tristan-là qu'avec son double trop gentil de la veille. Rien que de le revoir en train de me passer des mouchoirs en papier m'a donné envie de rentrer sous terre.

— Beaucoup mieux. Merci pour votre aide, et encore mes excuses.

Je lui ai lancé un regard furtif, tâchant de dissimuler le rouge qui me montait aux joues. Hier, j'avais été trop malade pour être morte de honte.

— Pas de problème. N'y pensez plus.

Facile à dire. Je continuais à imaginer la sensation de sa peau contre la mienne. Comment allais-je m'en sortir ? Ne pourrions-nous jamais retrouver une relation de travail normale ?

— C'est du café ?

Tristan m'en a servi une tasse qu'il m'a tendue. Quand ses doigts ont effleuré les miens, j'ai eu un mouvement de recul, comme si j'avais été piquée.

— Du lait ? m'a-t-il proposé.

J'ai hoché la tête sans oser le regarder.

— On se sent encore un peu fragile ?

— J'en ai peur.

— Ça vous dirait d'aller boire un verre, ce soir ?

J'ai brusquement redressé la tête, croisant ses yeux

rieurs. Ils ressemblaient à l'Helford un jour de pluie, un peu sombre, parfois houleux, mais à couper le souffle. Il ne prenait pas cette histoire au sérieux, et j'aurais dû en faire autant malgré ma gêne. Je lui ai jeté un torchon qu'il a attrapé.

— C'est non, alors ?

— Vous avez tout compris, ai-je répondu en riant.

J'ai bu une gorgée de café et j'ai ouvert de grands yeux.

— Même avec du lait, il est assez fort pour y faire flotter un fer à cheval !

Son rire grave a provoqué une montée de plaisir en moi, ce dont je me serais bien passée.

— Exactement ce qu'il vous faut.

— Je n'en suis pas aussi sûre, mais il est bon.

— Parfait. C'est vous que j'ai entendu crier à l'instant ?

— Je ne pensais pas que ma voix portait à ce point.

— Non, mais j'ai l'ouïe fine.

— En tout cas, c'était justifié. J'ai découvert le dernier journal de votre père. J'espère qu'il y aura noté ce qu'il avait précisément en tête pour son nouveau livre, comme il l'avait déjà fait auparavant pour un autre de ses ouvrages.

— Il vous manque encore des informations ?

— Pas exactement. J'ai juste le sentiment que les choses ne sont pas comme elles devraient être. J'ai envoyé une copie du manuscrit à l'éditeur qui est prêt à le publier en l'état, mais je pense que ce n'est pas l'œuvre que Petroc aurait souhaitée.

— Comment le savez-vous ?

— Eh bien, tous ses autres livres se caractérisent par une grande rigueur. Rien ne lui échappe au cours de ses recherches ; alors, les quelques éléments en suspens qui subsistent ici m'amènent à m'interroger. Je ne voudrais pas qu'un travail indigne de sa réputation porte son nom.

Il s'est resservi en café.

— Je devrais peut-être le lire.

— Bonne idée.

J'avais beaucoup plus de facilité à lui parler tant que nous restions sur le plan professionnel. À moi de m'assurer que nous ne nous en écartions pas.

— J'en déduis que vous me le recommandez chaudement.

Je l'ai regardé.

— Vous n'avez jamais lu d'ouvrages de votre père ? ai-je demandé.

— Non. Pas jusqu'à ce que vous me fassiez découvrir ses journaux l'autre jour. À part les lettres qu'il m'envoyait, bien sûr.

J'ai secoué la tête.

— Ouah !...

— Pourquoi « ouah ! » ?

— Parce que, si mon père écrivait, je sais que je voudrais lire son travail.

Il a glissé une main dans sa poche.

— Même des bouquins d'histoire terriblement barbants ?

— Hé ! Je n'aime pas beaucoup votre remarque.

Il a ri.

— O.K., je retire ce que j'ai dit.

— Non, sérieusement. Si mon père avait écrit quoi que ce soit, je pense que je l'aurais lu – à part peut-être, je ne sais pas, moi..., un manuel de neurochirurgie. Je n'aurais sans doute pas eu l'estomac assez solide pour ça.

Il a posé sa tasse sur le plan de travail.

— Entendu. Où est-il, ce manuscrit ?

— J'en garde une copie dans le bureau. Ne prenez pas l'air si inquiet ! C'est un vrai plaisir.

— Aride et poussiéreux, j'imagine.

— Pas du tout. C'est l'impression que vous ont laissée ses journaux ?

— Non.

— Alors, vous ne trouverez ça ni aride ni poussiéreux. À propos : avez-vous reçu mon e-mail à propos de ma marraine, Barbara James, qui nous a mis en contact, votre père et moi ? Si vous cherchez quelqu'un pour rassembler et mettre en forme tous les éléments de ce livre, c'est elle qu'il vous faut. C'est une historienne, doublée d'un excellent auteur.

— Elle est chère ?

J'ai ri.

— Si elle était là, je suis sûre qu'elle répondrait oui, mais je pense que tout est négociable.

— Donnez-moi le temps de lire le manuscrit. Ensuite, je vous ferai part de ma décision.

— Très bien.

J'ai regardé en direction du fleuve, où les nuages arrivaient rapidement. J'aurais juré qu'il n'y en avait aucun quand nous étions dans la cuisine. L'odeur de l'air avait changé.

— Il va pleuvoir, a commenté Tristan, approchant de la fenêtre.

— Un orage se prépare, on dirait.

Comme dans mon ventre en ce moment, ai-je pensé. Tristan n'était pas bon pour moi.

— Vous avez peut-être raison. J'aperçois quelques chevaux blancs dans la baie.

— Des chevaux blancs ? C'est comme ça qu'on appelle les crêtes des vagues, par ici ?

— Oui. Je trouve ça tellement plus poétique.

— C'est vrai. Voilà le manuscrit. Bonne lecture.

Il s'est mis à tomber des cordes ; j'ai fermé la fenêtre,

alors que le vent se levait. Je ne voyais même plus le bout de la pelouse, sans parler du fleuve.

— Le temps change vraiment vite dans la région.

Il m'a regardée, et ses yeux étaient comme la mer dehors. Différentes émotions s'y sont succédé, apparaissant et disparaissant presque aussi rapidement. J'en ai eu le souffle coupé.

— Oui, ça arrive, même s'il y a parfois des signes avant-coureurs.

J'ai tenté de déchiffrer son expression. Une lueur de désir a brillé dans ses yeux, et j'ai rougi. Je me suis détournée.

— C'est vrai.

Gin et Rhum ont filé devant moi alors que je traversais le portillon à chicanes. J'ai marché d'un bon pas, tâchant de laisser Tristan loin derrière moi. Sa proximité me perturbait, et je ne comprenais pas pourquoi il s'était senti obligé de nous accompagner. J'avais tout fait pour garder mes distances, mais il a fini par me rattraper.

— Vous fuyez vos démons ? a-t-il demandé, un peu trop près de la vérité à mon goût.

J'ai fait volte-face.

— Peut-être.

J'ai fermé les yeux pendant un moment. Chaque fois que je le voyais, même brièvement, des images de l'autre nuit me revenaient à l'esprit. Cela me rendait folle.

— Tristan.

— Oui.

Je me suis éclairci la voix. Je ne connaissais pas de bonne manière d'aborder la question, mais quelqu'un devait crever l'abcès.

— Je suis sincèrement navré à propos de l'autre soir.

J'ai respiré profondément, évitant son regard pour me concentrer sur le fleuve.

— J'ai totalement manqué de professionnalisme.

— À quel moment ?

Je me suis retournée brusquement, et il souriait. J'ai eu envie de le frapper. Clairement, la situation l'amusait au plus haut point.

— Euh...

— Vous n'avez pas à vous excuser, a-t-il dit avant de se remettre à marcher.

Apparemment, pour lui, le dossier était clos. J'en aurais hurlé de frustration. Heureusement, nous avons repris notre promenade, et la beauté des lieux m'a apaisée. Comment pouvais-je trouver séduisant un idiot pareil ? Ne comprenait-il pas qu'il avait été choisi pour veiller sur un coin de paradis sur terre ?

— Chaque fois que je passe par ici, je pense au livre de Du Maurier, ai-je dit, arrachant un long brin d'herbe.

— Quel livre ? a-t-il demandé en me regardant.

— *La crique du Français*[1].

— Connais pas.

Je me suis arrêtée de marcher.

— Comment est-ce possible ? Je peux comprendre que vous ne l'ayez pas lu, mais ne pas le *connaître* ?

Il a ri.

— Vous prenez facilement la mouche.

— Et vous, vous êtes un monstre.

Le soleil commençait à se coucher ; les jours raccourcissaient déjà.

— Regardez ce bois là-bas.

J'ai pointé du doigt une petite colline.

— Groyne Point.

1 Le titre original, *Frenchman's Creek*, fait directement référence à une des criques de la région. (NDT)

Il a scruté la forêt ancienne densément peuplée de chênes rouvres.

— Son apparence est tellement différente, vue de haut. Depuis le bord de l'eau, il s'en dégage une aura presque mystique. C'était un bon coin pour pêcher, dans le temps.

Tristan a passé ses doigts dans ses cheveux.

J'ai décidé de ne pas l'interrompre dans ses réflexions. Il semblait avoir gardé des souvenirs agréables de ce lieu ; peut-être qu'ils lui ouvriraient les yeux sur ce qu'il s'apprêtait à sacrifier. Nous avons suivi le chemin jusqu'au bord. Quelqu'un est sorti de la crique en canotant ; elle n'appartenait plus qu'à nous. La marée qui se retirait a dévoilé des parties des rives. Un arbre tombé surplombait la surface de l'eau. J'ai lancé un regard à Tristan. Il a haussé un sourcil.

— Vous voulez grimper là-dessus ?

— Vous avez la frousse ? ai-je répliqué.

— Certainement pas. Rhum, Gin...

Les chiens sont revenus en bondissant

— Pas bouger !

Il m'a observée m'aventurer avec plus ou moins de grâce sur la grosse branche. Après avoir trouvé un endroit confortable, je me suis assise, les jambes pendantes au-dessus de l'eau.

— Vous avez vu tout ce poisson ? me suis-je étonnée. Nous aurions dû apporter un filet.

J'étais comme hypnotisées par les bancs de corps gris.

— Ce sont des mulets. Ils ont un goût de buvard.

Il m'a rejointe sur l'arbre avec bien plus de grâce que je n'en avais démontré.

— Très appétissant.

Il a souri.

— Avec une très bonne sauce, ils sont comestibles.

— Je tâcherai de m'en souvenir quand j'en attraperai un.

— Vous feriez mieux de lancer votre hameçon à l'embouchure du fleuve pour pêcher le maquereau.

Il s'est assis à son tour ; à cause de la forme de l'arbre, ma cuisse s'est pressée contre la sienne. Je n'avais vraiment pas besoin de cela.

Ma poitrine s'est contractée. Je ne pouvais pas bouger, même si je le voulais. Allais-je continuer à me laisser tourmenter par des images de ce qui aurait pu se produire ? Apparemment, la sensation de sa jambe contre la mienne suffisait à mon imagination pour inventer toutes sortes de scénarios intéressants.

— Pour le moment, je peux compter sur J.C. pour me fournir en poisson. Peut-être que je ferai une tentative quand je ne serai plus dorlotée par Helen. Mais je ne suis pas sûre d'être capable de les nettoyer.

— Ce n'est pas difficile, a-t-il répondu, faisant des gestes explicatifs avec ses mains.

J'ai dû détourner le regard.

— Non ?

— Non. Et que voulez-vous dire en parlant de ne plus être dorlotée par Helen ? Vous partez ?

Il a semblé peiné.

— Pas avant d'avoir terminé mon travail. Et je n'ai pas l'intention de quitter la région.

— Quoi ?

— Je me plais beaucoup ici, ai-je dit avec ardeur.

— Pourquoi ?

Il s'est tourné vers moi.

— Je vous aurais plutôt crue dans votre élément en ville.

— À une époque, peut-être, mais je ne me suis jamais sentie autant en paix qu'ici.

« Sauf quand vous êtes assis à côté de moi. » La paix

était vraiment la dernière chose que je ressentais en ce moment précis.

— Pas à Boston ? Cap Cod ? Ou même Oxford ?

— Comprenez-moi bien : j'adore le cap et Boston. Et je me suis bien éclatée à Oxford, mais il y a quelque chose ici qui me touche profondément. Regardez devant vous. Voyez la lumière sur la colline de l'autre côté du fleuve. Le héron au fond de la crique. Cette tranquillité.

— Oui, jusqu'au passage du prochain bateau.

Il a pointé du doigt le canot à moteur qui croisait devant Calmansac, sur la rive nord de l'Helford.

— Ce n'est pas ce que je veux dire. Vous ne le sentez pas ? ai-je insisté, posant la main sur son bras.

Une erreur. Je devais éviter de le toucher.

— Non.

— Essayez. Ne pensez plus à rien. N'écoutez pas la petite voix négative dans votre tête. Ne bougez pas et ouvrez les yeux sur ce qui vous entoure.

Il m'a lancé un regard dédaigneux, mais n'a pas refusé.

— D'accord.

J'aurais moi aussi voulu pouvoir chasser la sensation de sa proximité qui, pour l'instant, monopolisait mon esprit. Son odeur et celle du chèvrefeuille me rendaient folle. Je me suis forcée à me concentrer sur le paysage. Ici, la lumière était faible ; l'eau reflétait le vert profond des arbres et le bleu pâle du ciel. Un petit voilier rouge est passé devant l'entrée de la crique. Au-delà se trouvait la rive nord du fleuve, où le sommet de la colline accrochait toujours le soleil vespéral. Quelque part, j'entendais le vrombissement d'un tracteur. Une brise légère s'est levée. Pourtant, la chaleur du corps de Tristan m'empêchait de profiter pleinement de la magie. Les aboiements de Gin, ainsi que le souffle de Tristan sur mon visage quand il s'est retourné vers moi, ont définitivement rompu le charme.

— Alors ?

Je l'ai regardé droit dans les yeux, retenant ma respiration.

— Alors, quoi ?

— Vous n'allez pas me dire que vous n'avez rien ressenti ? Que toute cette beauté, cette paix vous ont laissé indifférent ?

Son expression était tellement intense, ses lèvres, si proches. Je ne me trompais pas. Il y avait de la passion dans ses yeux. Des étincelles électriques dans le vert. J'ai dû prendre sur moi pour ne pas l'embrasser. Cela n'aurait fait que compliquer les choses, ce qui n'était vraiment pas nécessaire.

Le téléphone de Tristan a sonné ; il a hésité avant de répondre.

— Trevillion, a-t-il dit d'une voix cassante.

Il avait retrouvé son visage impassible ; je l'avais perdu.

VINGT-QUATRE

À peine rentré, Tristan s'est précipité vers le téléphone. Immédiatement, l'homme détendu avec qui j'avais fait une promenade a cédé la place à l'homme d'affaires.

— Comme vous le savez sans doute, le testament est encore en phase de validation, mais envoyez-la-moi.

Il a raccroché et s'est tourné vers moi.

— On a une offre.

— Quoi ?

J'ai cru que mes jambes se dérobaient. C'était la dernière chose que j'avais envie d'entendre.

— Je ne vous ai pas raconté l'histoire de l'agent immobilier ?

— Non.

— Vous pensez que votre estomac pourra supporter l'alcool ?

J'ai fait une grimace.

— C'est possible, mais est-ce bien nécessaire ?

— Ça l'a été pour moi.

J'ai froncé les sourcils et l'ai suivi au salon. La beauté de cette pièce ne manquait jamais de me toucher. Ses proportions étaient parfaites.

— Vin ou whisky ?

— Whisky, me suis-je étonnée en jouant avec mon bracelet.

Il commençait à m'inquiéter.

— Moi, il m'a fallu ça. D'ailleurs, j'ai encore du mal à y croire.

— D'accord.

Pendant qu'il nous servait, j'ai ouvert les portes-fenêtres et suis sortie sur la terrasse. La soirée était encore chaude. L'offre devait être alléchante pour que l'agent appelle aussi tard.

— Tenez.

Tristan m'a tendu un verre.

— J'y ai longuement réfléchi et j'ai toujours du mal à l'accepter.

J'ai regardé le liquide ambré.

— Ne me faites pas languir.

— Papa a mis la maison sur le marché.

— Quoi ? C'est forcément une erreur. Petroc aimait Pengarrock de toute son âme.

— Je sais.

Tristan a secoué la tête et a marché vers un banc.

— Avec le recul, je me rends compte qu'il n'était pas lui-même la dernière fois qu'il est venu me voir à Londres. Il a été très occupé pendant la journée ; j'ai cru qu'il avait rendez-vous avec son éditeur. En fait, il a rencontré des agents immobiliers et des avocats.

J'ai ramené une boucle rebelle derrière mon oreille.

— Il n'a pas fait appel à quelqu'un d'ici ?

— Non. Je pense qu'au départ, il voulait que ses démarches restent confidentielles. Et vu la vitesse à laquelle circulent les rumeurs dans la région...

Il a bu une gorgée de whisky.

— Oui.

Je me suis détournée du fleuve pour regarder la maison. C'était pareil partout, sauf dans l'anonymat des grandes villes.

— Ce qui me laisse perplexe, ce sont ses motivations.

Comme vous l'avez souligné, il aimait Pengarrock de toute son âme.

J'ai fermé les yeux. Je comprenais. Sans en avoir la preuve, je savais qu'il l'avait fait pour Tristan. Il ne voulait pas léguer à son fils un tel fardeau. J'ai dû retenir mes larmes.

— Ça ne vous semble pas évident ?

— Non. Ça ne tient pas debout. À moins qu'il ait été atteint de démence sénile.

Je me suis levée.

— Comment pouvez-vous être aussi aveugle !

Il a eu un mouvement de recul.

— Bon sang, mais qu'est-ce qui vous prend ?

— Vous. Il l'a fait pour vous ! Il savait que vous n'en vouliez pas.

J'ai respiré profondément.

— Et il m'a embauchée pour que vous n'ayez à vous occuper de rien. Tout devient clair à présent. Depuis le début, je me demandais pourquoi un homme qui s'était toujours parfaitement satisfait de travailler seul faisait soudain appel à une personne extérieure.

Tristan s'est levé.

— Qu'est-ce que vous dites ?

— Votre père pensait que vous n'aimiez pas Pengarrock. Ça le rendait très triste, mais je crois maintenant qu'il avait fini par s'y résigner. C'est pour cette raison qu'il n'envisageait pas de développer le jardin pour l'ouvrir au public.

— Développer le jardin ?

Il a froncé les sourcils.

— Je ne vous suis pas.

— Oh ! Tristan, vous ne comprenez décidément pas grand-chose.

J'ai respiré profondément.

— Votre père vous aimait. Vous n'imaginez pas à quel point. En mettant le domaine sur le marché et en m'embauchant, il vous faisait un cadeau. Il vous rendait votre liberté.

— Non.

— Si, mais il est mort avant d'avoir terminé.

Tout était clair, à présent. J'en voulais terriblement à Petroc et à Tristan. J'avais l'impression d'être le dindon d'une farce dont Tristan était seul responsable.

J'ai descendu le ponton jusqu'à l'endroit où m'attendait le lougre que Mark me prêtait. L'eau ne faisait qu'une cinquantaine de centimètres de profondeur. Pas de temps à perdre. Avec le vent avec moi, je sortirais rapidement de la passe. J'avais l'impression qu'il serait un peu tôt pour voir August Rock, le récif lui-même, mais avec un peu de chance... Je voulais simplement contempler Pengarrock depuis la mer, comme sur l'aquarelle d'Octavia. J'ai consulté les horaires des marées ; elle devenait plus forte chaque jour.

De l'eau a éclaboussé ma main, alors qu'elle pendait sur le côté du bateau. J'ai bordé la voile, et le petit lougre a pris de la vitesse, tandis que je me détendais et profitais de cette belle journée sur le fleuve. Mais je n'ai pu m'empêcher de penser à Petroc. Avait-il été malade ? Savait-il qu'il risquait de faire une crise cardiaque ? Ou s'était-il simplement montré prévoyant ? Tristan pourrait peut-être obtenir des informations de la part du médecin de son père.

Le bateau pour touristes de Falmouth approchait, et, bien qu'aucune collision ne fût à craindre, son sillage ne m'épargnerait pas. Une bordée rapide me permettrait d'en éviter le pire, mais pas d'être mouillée. Malgré la chaleur, le vent soufflait assez fort pour rendre cette perspective peu attrayante.

La pensée que j'étais folle m'a soudain traversé l'esprit. J'étais venue jusqu'ici sur ce petit voilier, juste pour la vue. Qu'est-ce qu'elle m'apprendrait ? Probablement rien. Ce paysage semblait hors du temps. Qu'est-ce qui avait pu changer depuis 1849 ? Quelques arbres, guère plus. Mais j'avais besoin de m'en rendre compte par moi-même. J'avais prévu de prendre des photos pour ne pas avoir à me fier à ma seule mémoire.

Alors que je progressais vers l'aval, j'ai songé à la masse de travail qui m'attendait. Des malles et des cartons s'entassaient au grenier depuis des lustres. Les Trevillion ne jetaient rien ; ils gardaient tout, des livres de comptes aux dessins d'enfant. Tristan était l'exception.

J'ai soupiré. La maison avait de quoi m'occuper toute une vie, mais je n'avais que quelques mois, tout au plus. À eux seuls, les journaux de Petroc constituaient un témoignage historique inestimable sur un domaine confronté au changement. Et il n'avait pas fini d'évoluer. Qu'il soit resté dans la même famille aussi longtemps tenait du miracle. Ce que se proposait de faire Tristan était tout bonnement criminel.

J'avais une bonne vue de la maison. Avec une dignité tranquille, elle semblait regarder le fleuve depuis son promontoire. Je devais trouver un moyen d'arrêter Tristan, si je voulais éviter que cet endroit magique perde à jamais son caractère.

Le vent a changé de direction, alors que j'atteignais lentement l'embouchure de l'Helford. Mais à présent, mon fidèle lougre croisait à bonne vitesse. Malgré la marée basse, et bien que j'aie été assez près de la balise pour la toucher, je ne voyais toujours pas les rochers. Affalant la voile, j'ai sorti les rames. Malgré la petite houle, l'eau était limpide. En avançant lentement, je parviendrais peut-être à apercevoir le récif.

Après trois coups de rame, j'ai entendu un raclement. Rentrant les rames, je me suis agenouillée au milieu du bateau avant de me pencher prudemment par-dessus bord. Je n'ai rien vu de ce côté, mais ensuite j'ai à nouveau perçu un bruit, différent cette fois. J'ai relevé la tête ; il venait de l'arrière. Apparemment, le gouvernail était resté accroché. Poussant la bôme, je me suis déplacée avec précaution vers l'arrière. Le bruit a empiré. J'ai tiré sur la corde de la barre pour redresser.

À ce moment-là, j'ai aperçu les crêtes de rochers déchiquetés affleurant à la surface. Ils avaient l'air dangereux. Moi qui cherchais August Rock, j'avais été exaucée ; je me trouvais pile au-dessus. La houle devenait plus forte, le vent aussi.

Mon petit voilier commençait à tanguer, et je ne voyais plus que le sommet du récif juste en dessous. Jetant un coup d'œil vers Parson's Beach, j'ai pensé à Octavia. Qu'est-ce qui avait pu la pousser à venir jusqu'ici sur un frêle esquif le jour de son mariage ?

Avec précaution, j'ai sorti mon appareil photo et j'ai utilisé le téléobjectif pour prendre Dennis Head et le littoral jusqu'à la maison. Rien ne m'a frappée, mais je n'avais pas le temps d'étudier les choses avec trop d'attention, alors que mon embarcation était de plus en plus malmenée par les vagues et le vent. J'aurais davantage l'occasion d'examiner ces images après les avoir transférées sur mon ordinateur. Pour l'heure, je devais rentrer avant que la houle ne devienne vraiment beaucoup plus forte.

Je regardais le train approcher depuis le hall de la gare. La dernière fois que j'avais vu Barbara, ma vie était sens dessus dessous ; maintenant, cela allait mieux..., enfin, en quelque sorte. Les révélations des jours récents m'avaient perturbée. Près de deux mois s'étaient écoulés depuis la mort de Petroc. Jusqu'à présent, j'aurais dit que les choses avançaient plutôt bien (« plutôt » au sens où l'entendaient les Américains).

J'avais terminé de cataloguer tout ce qui se trouvait dans le bureau ; je devais désormais m'attaquer à la bibliothèque et au reste de la maison. Je n'avais qu'un problème : dorénavant, j'étais convaincue que ma véritable mission n'était pas de mettre de l'ordre dans les papiers de Petroc, mais d'empêcher Tristan de vendre.

Et rien ne semblait pouvoir le faire changer d'avis. L'offre qu'on lui avait faite était alléchante, mais j'avais le sentiment qu'il savait qu'il tirerait davantage du domaine en le développant ou en le morcelant. D'après lui, rien n'avancerait avant six mois, peut-être même huit, le temps de valider le testament. Cela me donnait un peu de marge pour tenter d'influer sur le cours des choses. Je n'étais pas certaine d'en être capable, mais je me sentais obligée d'essayer. Dans ma tête, la voix de ma mère m'a rappelé que cela ne me regardait absolument pas, mais j'en avais fait mon affaire. J'aimais Pengarrock. Il ne me restait plus qu'à convaincre Tristan qu'il éprouvait la même chose. Tel était mon problème.

À Frenchman's Creek, j'avais presque réussi à le toucher. J'avais senti qu'il s'ouvrait à la beauté. Pour ma part, le contact de son corps contre le mien avait affolé tous mes sens. Cela aurait été tellement simple de l'embrasser à nouveau ; pourtant, je n'en avais rien fait. La raison avait prévalu, mais, si j'avais cédé à la tentation, aurions-nous assisté à une répétition de la nuit de mon anniversaire et de la folie qui avait suivi ? Le train s'est arrêté, et j'ai aperçu Barbara qui en descendait. J'étais vraiment heureuse que Tristan ait accepté qu'elle me prête main-forte. Au moins une bataille de gagnée.

— Tu as bonne mine, m'a dit Barbara, scrutant mon visage. Tu es même rayonnante.

Elle a ri et s'est penchée vers moi pour m'embrasser.

— Ça fait un bail que je ne suis pas venue ici.

— Combien de temps ?

— Une vingtaine d'années depuis mon dernier séjour. Mais je suis née et j'ai grandi dans la région jusqu'à mes études.

— Ah ? Tu ne me l'as jamais dit.

— Je n'avais pas vraiment de raison d'en parler jusqu'à présent.

J'ai souri. Elle ne changerait jamais.

— D'accord. Tu as fait bon voyage ?

— Merveilleux. Une vieille dame charmante et pleine d'entrain m'a tenu compagnie jusqu'à Exeter. J'espère être comme elle à son âge.

— Pour l'amour du ciel, Barbara ! Tu n'as vraiment pas de souci à te faire pour l'instant.

— Personne ne rajeunit, ma chérie.

J'ai ri et l'ai soulagée de son sac de voyage. Une fois installées dans ma petite voiture, nous sommes sorties de Truro, et Barbara est repartie à l'assaut :

— Alors, qui est responsable de ta bonne mine ? Cet endroit ou... autre chose.

J'en ai loupé un changement de vitesse.

— Pardon ?

— Je vois que j'ai touché un point sensible. John t'a rendu visite...

— D'accord, Barbara, tu sembles avoir beaucoup de questions dont tu connais les réponses avant même de les avoir posées. Par quoi veux-tu commencer ? Mes réponses ou les tiennes ?

Elle a renversé la tête et a éclaté de rire.

— Pourquoi pas par d'autres questions ?

— Je t'écoute. De toute façon, je ne suis apparemment pas capable de t'arrêter.

— Comment est Tristan Trevillion ?

— Là, tu me prends de court.

Elle s'est tournée vers moi.

— Comme son père ?

— C'est une question intéressante. Tu connaissais bien Petroc ?

— On est sortis ensemble.

— *Quoi* ?

— Ne sois pas si choquée. C'était l'ami d'une amie, et on s'est vus pendant un temps. Un très bel homme. Un cerveau brillant aussi.

— C'est tout ?

— Vilaine fille. Ne compte pas sur moi pour révéler tout mon passé, a dit Barbara en gloussant.

— Dommage.

— Mais tu ne m'as pas répondu à propos de Tristan.

J'ai serré le volant plus que nécessaire.

— Il est très bel homme, mais pas aussi mélancolique que son père, je dirais. Est-ce que Petroc avait les cheveux noirs ?

— Presque. Continue.

— Il a les yeux verts avec des petites taches de bleu, mais ce n'est pas important. Il est têtu, ou peut-être que le mot « déterminé » convient mieux. Il se moque bien de son père et de ses travaux, mais je suis décidée à le faire changer sur ce point.

— Comment ?

Du coin de l'œil, j'ai vu que Barbara avait haussé un sourcil.

— J'ai commencé par lui faire lire les journaux de

Petroc. Ils sont formidables. Est-ce que tu as été sa maîtresse ?

— En voilà, une question impertinente !

— Peut-être, mais ses journaux sont empreints d'une telle passion que je me demandais simplement si elle l'animait dans d'autres domaines.

Je me suis collée contre une haie afin de céder le passage à un véhicule qui arrivait en sens inverse. Je m'habituais à cette façon de conduire. Je ne prenais plus le volant avec la peur au ventre. Une légère rougeur a envahi le cou de Barbara. Peut-être avaient-ils été amants.

— C'est possible. Et son fils, c'est aussi un passionné ?

— Je serais bien en peine de te répondre.

J'ai toussé.

— Apparemment, il est à la tête d'une société d'investissement prospère qui monopolise la majeure partie de son temps.

— Tu l'aimes bien ?

— Il est sympa.

Je l'ai revu assis à côté de moi à Frenchman's Creek. « Sympa » était bien le dernier mot qui me venait à l'esprit pour le décrire.

Barbara m'a regardée.

— Ça semble un rien méprisant dans ta bouche.

— Ce n'était pas mon intention. Tristan est beau à se damner, d'accord ? Et je le trouve terriblement séduisant. Mais je ne cherche pas à avoir quelqu'un dans ma vie, en ce moment. Et je ne suis pas douée avec les hommes.

— Tu ne penses pas que tu es un peu dure avec toi-même ?

— Qu'est-ce que tu veux dire ?

Je lui ai lancé un regard furtif avant de prendre un virage.

— Ça ne s'est pas très bien passé avec John, je te l'accorde, mais, à part lui, je peux compter sur les doigts d'une main tes autres petits amis dont j'ai eu connaissance. Et aucun d'eux n'a duré plus d'une semaine ou deux.

— C'est vrai.

Où voulait-elle en venir ?

— Bien sûr, je sais que j'ai raison.

— Je te trouve d'humeur combative.

— Oui, je ne veux pas que tu te caches à la campagne pour fuir les hommes.

— Ce n'est pas ce que je fais.

J'ai regardé Barbara ; avec elle, je n'avais jamais eu aucun mal à me livrer.

— John est toujours amoureux de moi.

— Et ça te surprend ? Mais toi, tu ne t'aimes pas ; c'est ça, ton problème.

— Hein ?

— C'est pourtant simple : tant que tu auras une si piètre opinion de toi-même, tu ne seras pas prête à accepter l'amour d'un autre. Ce n'est pas plus compliqué que ça.

— Pour toi peut-être.

— C'est une leçon que j'ai apprise à mes dépens.

— Vraiment ? Qu'est-ce qui s'est passé ?

Barbara n'avait encore jamais mentionné ses amours.

— J'ai laissé filer le bon, a-t-elle répondu, le regard absent.

Parlait-elle de Petroc ?

— Oh ! Barbara, je me suis toujours demandé pourquoi tu ne t'étais jamais mariée. Tu n'as rencontré personne d'autre ?

— Non, mais ne t'en fais pas, je ne suis jamais restée seule bien longtemps. Essaie simplement d'apprendre de mes erreurs.

— Alors, tu penses que j'ai commis une erreur en quittant John ?

— Ce n'est pas ce que j'ai dit. J'ai dit que l'amour ne viendra à toi que si toi, tu commences par t'aimer.

J'ai franchi les grilles de Pengarrock. Essayais-je de me cacher ? Il ne faisait aucun doute que j'avais fui mon passé en m'exilant en Cornouailles, mais, à présent, je m'y sentais chez moi. Jamais je n'avais eu cette impression. Ici, j'étais Jude Warren ; pas Judith, fille de Charles et Jane Warren. J'étais moi.

VINGT-CINQ

Les cheveux en bataille – ma barrette avait déclaré forfait –, j'ai franchi la grande porte de Pengarrock. Je devais ressembler à un épouvantail. Tristan regardait le courrier posé sur la table dans l'entrée. J'ai relevé mes lunettes de soleil sur ma tête.

— Tristan, je vous présente Barbara James.

— Bienvenue à Pengarrock, madame James.

— Merci. Mais appelez-moi Barbara.

Elle lui a tendu la main.

— Alors, c'est vous, la cavalerie ? a-t-il demandé avec un sourire.

— Apparemment.

Le visage de Barbara est devenu sérieux.

— Je suis vraiment navrée de n'avoir pas pu assister à l'enterrement de Petroc.

Il a hoché la tête.

— Vous êtes ici chez vous.

— Merci.

J'ai conduit Barbara à l'étage. Mes jambes ont aisément gravi les marches, tandis qu'elle suivait, légèrement derrière moi. Je l'avais mise dans la chambre bleue.

J'ai posé son sac de voyage.

— Je te laisse t'installer ?

Elle a hoché la tête alors qu'elle inspectait la bibliothèque.

— Je serai au bureau, en bas, juste à droite de l'escalier.

— D'accord. Je te rejoins dans une minute.

Elle a souri.

— Tristan ressemble beaucoup à son père... Très appétissant.

— Barbara ! Tu es insupportable.

— J'avoue. À tout de suite.

Je me suis remise au travail en riant doucement. En attendant Barbara, j'ai posé sur le bureau le manuscrit annoté par mes soins. La veille, j'avais affirmé à Tristan qu'elle nous apporterait la perspective nécessaire. Il ne m'avait pas dit ce qu'il avait pensé du livre, mais Petroc donnait libre cours à son amour de cette région dans ces pages. Barbara est arrivée.

— C'est donc là que Petroc a vécu...

— Tu as été rapide.

— Je ne sais pas faire autrement. Maintenant, montre-moi ce manuscrit.

— Il est sur le bureau, mais, avant de commencer, j'aimerais que tu jettes un coup d'œil à un carnet. Ce n'est pas l'écriture de Petroc. Je pense qu'Imogen en est l'auteur.

Barbara l'a ouvert et a parcouru quelques pages.

— C'est bien le travail d'Imogen, une botaniste prometteuse. Malheureusement, sa mort prématurée a privé le monde de son vaste savoir.

— Comme c'est triste !

— Tragique.

Barbara s'est plongée dans la prose de Petroc, mettant fin à la conversation.

— Je vois ce tu veux dire, a dit Barbara.

Elle avait posé le manuscrit sur ses genoux et tenait un grand gin-tonic dans sa main. J'étais assise sur le muret, en train d'admirer la vue.

— C'est vrai ?

— Oui ; ceci ne ressemble pas à ses ouvrages précédents.

— Ah ?

— C'est plus personnel. Presque des mémoires ; une sorte de biographie régionale.

— Je n'avais pas envisagé la chose sous cet angle, mais tu as raison. Qu'est-ce que tu penses des trous ?

Elle a bu une gorgée de son gin-tonic.

— Son journal ne t'a pas éclairée ?

— Non. Le problème, c'est que je ne sais pas quand il a commencé.

— Combien de carnets tu as trouvés jusqu'à présent ?

J'ai poussé une boucle rebelle derrière mon oreille.

— Une vingtaine.

— C'est déjà pas mal.

— Mais, à part celui qui concerne la période actuelle, les plus récents n'ont toujours pas refait surface, tout comme ceux qui couvrent certaines de ses années les plus productives.

J'ai bu à mon tour. Tristan traversait la pelouse dans notre direction. Le bas de son jean était mouillé ; il revenait donc probablement de la plage.

— Je prendrais bien la même chose ! a-t-il lancé. C'est possible ?

— Je m'en occupe, ai-je répondu.

Je suis allée au salon, le laissant seul avec Barbara. Je les entendais bavarder. Le rire grave et guttural de Barbara ne manquait jamais de me faire sourire. Je me suis demandé si elle avait fumé, dans le passé.

Parfois, des indices glissés dans la conversation suggéraient qu'elle avait connu une sorte de vie secrète. J'imaginais la future maîtresse de conférences, plus jeune et chanteuse dans une boîte de nuit. Cette pensée m'a fait sourire, alors que j'apportais son verre à Tristan.

— Comment était la plage ?

— Pas trop de monde. Quelqu'un avait fait un feu, et ça m'a donné envie de faire un barbecue.

J'ai froncé les sourcils.

— Bonne idée. Je ne crois pas qu'on ait ce qu'il faut à la cuisine, mais je peux me tromper.

— Suggérer un barbecue à une Américaine, Tristan ? Soit vous êtes exceptionnellement brave, soit vous n'avez pas peur du ridicule. Je suis partagée, a dit Barbara en lui adressant un clin d'œil.

J'ai fait une grimace.

— Je vais vérifier ce qu'il y a dans le frigo. Avant que vous en veniez aux mains, toutes les deux.

Il a disparu dans la maison.

— Après un examen plus minutieux, je confirme : sacré beau mâle, et vraiment sexy.

— Barbara ! l'ai-je tancée d'une voix qui se voulait scandalisée.

— Je suis peut-être vieille, mais j'ai de bons yeux : il est aussi beau côté pile que côté face. Quel cul !

— Je suis choquée. On te laisse encore approcher tes étudiants ?

— Oui, j'en fais mon quatre-heures.

Nous avons ri.

— Toi-même, tu as sérieusement étudié la question, je me trompe ?

J'ai eu un mouvement de recul.

— Quoi ?

— J'ai senti quelque chose de changé chez toi ; maintenant, je comprends.

— Barbara.

— Épargne-moi tes « Barbara ». Je ne suis pas dupe.

J'ai secoué la tête.

— Jude ?

— De toute façon, tu sais que... je ne pourrais jamais...

Je me suis interrompue au milieu de ma phrase.

— Je suis tout ouïe. Qu'est-ce que tu ne pourrais jamais ? Être téméraire ? Passionnée ? Te permettre une folie ? Allez, je t'écoute...

— C'est tellement embarrassant.

— Ma fille, tu t'es entichée de lui. Tu es libre. Qu'est-ce que tu as à perdre ?

— Mon travail ? Ma dignité ? Tout, en fait.

« Et surtout mon cœur », ai-je ajouté en silence.

— Foutaises. Arrête de te faire des nœuds dans la tête. Profite de la vie comme la femme que tu es, pas celle que tu crois devoir être. Les seuls désirs dont tu devrais te soucier, ce sont les tiens.

Des nuages de fumée noire s'élevaient depuis l'autre côté de la maison.

— Et si on allait lui donner un coup de main ? ai-je proposé.

— La vue est magnifique, et le gin-tonic, parfait. Laissons-le se débrouiller. À moins que tu ne cherches un prétexte pour mettre un terme à cette conversation ?

— J'ai surtout besoin de digérer le sermon que tu viens de m'infliger.

Je me suis assise. Je n'arrivais décidément pas à comprendre comment Barbara et ma mère s'entendaient aussi bien. Voilà une femme qui dominait pleinement la situation, tandis que mère se réfugiait dans un monde qui appartenait au passé, celui de la Junior League[1] et des bals de charité. Je me sentais bien plus à l'aise dans l'uni-

1 Aux États-Unis, association locale féminine d'aide à la communauté. (NDT)

vers de Barbara. Pourquoi avais-je tant cherché à plaire… et à remplacer Rose ?

— À quoi tu penses ? m'a demandé Barbara.

J'ai froncé le nez.

— Tu avais quel âge quand tu as fait la connaissance de Petroc ?

— J'étais étudiante.

— Tu as rencontré Imogen ?

— Non. Mais j'ai entendu dire qu'elle était d'une grande beauté. Petroc l'aimait énormément.

— Comment le sais-tu ?

Si Imogen était aimée, comment avait-elle pu songer à avoir une aventure ?

— Oh ! il suffisait de croiser Petroc lors d'une réunion ou d'un séminaire ; le ton de sa voix, la lueur dans ses yeux étaient éloquents. Je l'ai vu juste après qu'il est devenu papa. Il débordait d'amour pour Imogen et le bébé.

— C'est curieux, mais j'ai l'impression que Tristan n'avait guère de temps à consacrer à son père.

— Comme beaucoup d'enfants.

J'ai tressailli.

— Aïe !

— Heureuse de constater que tu es toujours capable de saisir une allusion.

— J'ai tenté plusieurs fois de les joindre, mais ils ne répondent jamais. Sophie me dit que papa est parti à la pêche, ce que j'ai du mal à croire.

— Moi aussi. Et Jane refuse d'en parler.

J'ai fait la moue.

— Ça ne me surprend pas. Je suis sûre qu'elle prétend que tout va bien.

— Tu es dure avec elle, m'a reproché Barbara.

— Vraiment ? C'est elle qui ne décroche pas et ne donne aucun signe de vie. Pourquoi ?

— Je l'ignore.

J'ai croisé les bras sur ma poitrine.

— Ne prends pas cet air boudeur. Elle t'aime.

— Tu crois vraiment ? Ou est-ce que je ne fais que lui rappeler que Rose n'est plus là ?

Je me suis levée.

— Tu es injuste.

— À ses yeux, je n'ai jamais été à la hauteur.

Je me suis mordu la lèvre. Barbara a avancé vers moi et m'a prise dans ses bras.

— Vous n'avez pas encore fait votre deuil.

— Rose nous a quittés depuis longtemps. Il faut qu'on arrive à tourner la page.

— Sur ce point, nous sommes d'accord. Rose elle-même n'aurait pas souhaité cette situation.

Elle a resserré son étreinte.

— C'est vrai.

Ma sœur n'aurait jamais voulu devenir la cause de tant de souffrance, encore moins diviser sa famille de cette façon.

— Alors, comment va mère ?

— Pas bien, pour être honnête.

Je me suis dégagée.

— Vraiment ? Des problèmes de santé ou autre chose ?

— Autre chose.

J'ai soupiré.

— Moi, c'est ça ?

Barbara a levé son verre.

— Non, ton père.

Mon cœur a cessé de battre.

— Papa ? Il lui est arrivé quelque chose ?

— Non, il est en pleine forme, mais pas avec elle.

— C'est ma faute, hein ?

— Non. Je pense que ça couvait depuis un moment,

mais je peux me tromper. Ils ont des choses à régler entre eux.

— Ce qui ne risque pas de se produire si papa n'est pas là.

— Non.

Barbara a bu une gorgée de son gin-tonic.

— Maintenant que tu connais les faits, qu'est-ce que tu comptes faire ?

— Je suis plutôt impuissante si je ne parviens pas à les joindre.

Je me suis assise.

— J'ai prévu de faire un rapide aller-retour pour le mariage de Sophie. Peut-être que j'en apprendrai davantage à ce moment-là.

Tristan est arrivé par le salon. Je me suis levée d'un bond.

— Alors, ce barbecue ?

— Je nous ai déniché quelques saucisses et des morceaux de poulet.

Barbara s'est étirée.

— Ça m'a l'air très bien. Besoin d'un coup de main ?

— Non. Je venais simplement m'assurer que ces dames ont toujours à boire.

— Comme c'est gentil !

Barbara lui a tendu son verre.

— Comment se porte le marché de l'immobilier dans la région ?

— Plutôt stable.

Elle a levé les yeux vers la maison.

— Alors, vous devriez en tirer une petite fortune.

— Oui, surtout si je vends à la découpe.

— Hmmm, ai-je fait d'un air renfrogné.

Tristan a rempli mon verre.

— Vous, vous êtes dans le camp d'Helen.

— Je n'ai rien dit.

Il m'a souri.

— Ce n'était pas nécessaire.

Barbara a ri.

— Vous vous chamaillez comme un vieux couple. Et si on venait vous tenir compagnie à la cuisine ?

VINGT-SIX

Changeant de position sur ma chaise, j'ai regardé l'écran de mon ordinateur. La qualité médiocre de l'accès à Internet dans le bureau m'avait obligée à me réfugier dans la salle de billard, où Tristan avait installé le routeur wi-fi. En attendant que mon PC se connecte, je n'ai pas pu m'empêcher de remarquer une lettre sur un coin de la table. Une adresse figurait en en-tête : *Canmere House, Sussex.* C'était le courrier de lady Rutherford.

Cher Petroc,

Merci encore pour votre don généreux à l'Hospice d'Annie. Ils ne manqueront pas de vous écrire directement bientôt, mais je tenais à vous exprimer personnellement ma gratitude. Sebastian et moi sommes ravis que les portraits trouvent enfin le chemin de Pengarrock. Ils ont orné les murs de Canmere House pendant des années, mais leur place est en Cornouailles.

À votre demande, j'ai examiné la correspondance. Peters a peint la mère et la fille dans le pavillon d'été, ici, à Canmere. À lire entre les lignes du journal et des lettres de l'arrière-grand-mère de Sebastian, il apparaît que sa sœur Clarissa et Peters ont toujours été épris l'un de l'autre. Ils étaient amis depuis l'en-

fance. Je suppose que cela explique qu'elle ait fermé les yeux sur leur liaison.

Reconstituant l'histoire à partir des lettres dont je dispose, il me semble qu'Anna, l'arrière-grand-mère de Sebastian, aurait conseillé à sa sœur Clarissa de faire ce qu'on lui demandait, c'est-à-dire épouser son cousin et lui donner un héritier, afin d'avoir la paix. En gros, fais ton devoir et n'en parlons plus.

Dans son journal, le ton change. Elle s'inquiète de la façon dont Tallan traite – ou plutôt maltraite Clarissa. D'après moi, cela explique la fréquence des visites de Clarissa à Cannere et aussi le développement de son « amitié » avec Peters. Je n'ai aucune certitude sur la question, mais il me semble avoir perçu des doutes à peine voilés quant à l'identité du père d'Octavia. Si vous souhaitez étudier ces documents vous-même, faites-le-moi savoir. Bien que nous vendions la maison, nous gardons toute l'« histoire ». Peut-être qu'un jour nos enfants s'y intéresseront. On peut toujours espérer.

Tenez-moi au courant de vos recherches. Le moment venu, je ne manquerai pas de vous rendre visite pour admirer les portraits dans leur nouvel environnement.

Bien à vous,

Caroline

Alors que j'essayais d'assimiler le contenu de cette lettre et ses implications, le téléphone a sonné.

— Je réponds ! ai-je entendu Barbara crier depuis la cuisine.

— D'accord, ai-je marmonné avant de regarder à nouveau les informations concernant lord Frederick Peters.

Le naufrage du *Columbia* avait mis un terme à une carrière de portraitiste reconnu.

Barbara est entrée dans la pièce.

— Judith ?

J'ai rapidement rabattu l'écran de mon portable.

— Oui.

— Je viens de raccrocher avec John. Il rappellera.

Je n'ai pas aimé le silence qui a suivi.

— Oui ? Ce n'est pas tout, je suppose ?

— Il travaille avec Tristan. Tu le savais ?

— Oui. Il l'aide pour une affaire aux États-Unis, ai-je répondu en me levant.

J'ai marché vers les portes-fenêtres. Le ciel nuageux promettait de la pluie.

— Pas vraiment une situation confortable pour toi, j'imagine.

J'ai regardé autour de moi afin de m'assurer que Tristan n'était pas apparu comme par magie pour entendre Barbara exposer les faits de manière aussi brutale.

— Ça ne me dérange pas.

— Il m'a semblé en forme. Enfin, tu t'en apercevras quand il rappellera. Mais, maintenant, parle-moi de ton trésor perdu.

J'ai soupiré.

— Je me demandais quand tu allais mettre ça sur le tapis.

— J'ai attendu trop longtemps ? J'espère que je ne t'ai pas déçue ?

— Non, je pensais simplement qu'après les commentaires narquois de Tristan hier soir, tu m'aurais cuisinée plus tôt.

— J'ai eu l'impression que tu ne souhaitais pas vraiment aborder ce sujet en sa présence.

— Rien ne t'échappe.

J'ai ramassé mon PC.

— Suis-moi au salon, que je te montre d'abord le portrait de la dernière propriétaire connue des bijoux.

Nous avons traversé l'entrée, et j'ai poussé la porte.

— Mon Dieu, qu'elle est belle !... Presque trop.

Barbara a frissonné.

— J'en ai la chair de poule.

— Je vois ce que tu veux dire.

Elle s'est approchée du tableau.

— Le peintre lui a carrément fait l'amour sur la toile. Parle-moi d'elle.

— On ne sait pas grand-chose. Elle a disparu en août 1846, en même temps que les bijoux, semblerait-il.

J'ai à nouveau regardé le portrait : il ne faisait aucun doute que Peters et Clarissa avaient été amants.

— Elle a peut-être péri quand le voilier du peintre a coulé.

— D'où tires-tu tes informations ? Des journaux de Petroc ?

— En partie. Mais surtout, je viens de découvrir à l'instant la lettre qui accompagnait les tableaux lors de leur livraison. Elle apporte un éclairage nouveau sur une bien triste histoire.

Soudain, j'en ai voulu à Tristan de ne pas l'avoir partagée avec moi. Il est vrai que rien ne l'y obligeait.

— Et voici le portrait d'Octavia, ai-je poursuivi.

— Qu'est-ce que mijotait Petroc ?

Barbara s'est à nouveau tournée vers Clarissa.

— Il cherchait un trésor.

Barbara a fait la grimace.

— Une chasse au trésor... Ça semble un peu futile.

— Tristan est du même avis.

— Mais pas toi.

— Non, pas tout à fait. Je ne pense pas qu'un homme

comme Petroc aurait perdu son temps dans un projet insensé.

Barbara a haussé un sourcil.

— Ça m'intrigue. Apparemment, en plus d'un manuscrit à rendre présentable, nous avons un petit mystère à résoudre.

Elle m'a prise par le bras et m'a entraînée dans le bureau.

Le joli minois de Sophie me regardait depuis l'écran de mon ordinateur.

— Jude, j'ai demandé à tout le monde, mais personne n'est disponible.

J'ai respiré profondément. Elle a souri.

— C'est parce que c'est si soudain, a-t-elle expliqué. En plus, c'est l'été, et les gens ont déjà prévu leurs vacances depuis longtemps. Il n'y aura que cinquante invités.

Elle a incliné la tête sur le côté.

— C'est beaucoup demander, mais j'insiste vraiment pour que tu acceptes d'être ma demoiselle d'honneur..., s'il te plaît.

— Sophie, j'aimerais vraiment, mais tu dois comprendre...

— Crois-moi, je ne te harcellerais pas de cette façon si je pouvais avoir ne serait-ce que Mary ; mais, à part toi, la seule personne disponible est ma cousine, et tu es bien placée pour savoir ce que je pense d'elle.

— Pas Patty ?

— Si, maman insiste.

J'ai soupiré. Malgré mes réserves, je ne pouvais pas laisser Sophie se marier avec, à ses côtés au moment où elle prononcerait ses vœux, la femme qui l'avait martyrisée pendant toute son enfance.

— D'accord, j'accepte. À part ma présence, de quoi as-tu besoin ?

— Juste tes mesures. Je te promets que ta robe ne sera pas affreuse.

Ses yeux se sont remplis de larmes, et les miens en ont fait autant par solidarité. Ça ne me réjouissait pas, mais je pouvais bien faire un effort pour mon amie, même s'il me fallait probablement un valium ou une boisson alcoolisée avant.

— Je t'envoie mes mesures par e-mail. À bientôt.

— Jude, une dernière chose.

À son expression chagrinée, j'ai deviné la suite.

— John est le garçon d'honneur de Tim, m'a-t-elle annoncé, la gorge serrée.

J'ai repoussé mon ordinateur.

— Non. Pas question. Je ne peux pas.

— C'est son meilleur ami.

Elle a levé les mains d'un air implorant. J'ai détourné les yeux ; pour une fois, la vue ne m'a pas apaisée.

— Comment peux-tu me demander une chose pareille ?

— Parce que tu es ma meilleure amie et que je te veux à mes côtés.

J'ai hoché la tête ; mes joues ruisselaient de larmes. Sophie m'avait toujours soutenue, même pendant mes heures les plus sombres.

— D'accord. Mais je continue à penser que la présence de John et moi plombera ton mariage.

— Et moi, je suis persuadée que non. Tu es la meilleure.

Je me suis essuyé les yeux.

— John est au courant ?

Elle a hoché la tête.

— Et ça ne lui pose pas de problème ?

— Bien au contraire.

Je n'aimais pas ça. Il espérait toujours une réconciliation. Alors que je retournais au rez-de-chaussée, je me suis demandé comment j'allais me tirer de ce mauvais pas. C'était trop dur. J'arrivais au pied de l'escalier quand le téléphone a sonné.

— Pengarrock.

— Jude ! Je suis ravi de tomber sur toi, a fait John d'une voix enjouée.

Je me suis assise sur la première marche.

— Tu n'as pas aimé bavarder avec Barbara ?

— Si, bien sûr. C'est toujours instructif.

Ma bouche s'est ouverte et s'est refermée.

— Rejoins-moi à Londres ce week-end, a-t-il proposé.

J'ai soupiré.

— Oh ! John. N'insiste pas.

— Donne-nous une chance.

J'ai joué avec le chameau de mon bracelet, cherchant la meilleure façon d'exprimer ce que j'avais à lui dire.

— J'ai si longtemps suivi la voie que l'on attendait de moi...

— Tu m'inclus dans cette « voie » ?

Je n'ai pas répondu. C'était un sujet sensible que je n'étais pas prête à explorer. Je suis passée au salon.

— Oui, d'une certaine façon, mais sans que ce soit négatif.

Dans ma tête s'agitait un méli-mélo de pensées et de sentiments. J'ai saisi une petite statue en bronze que j'ai retournée entre mes doigts.

— Je ne sais pas comment l'expliquer, mais tu t'es inscrit dans le plan d'ensemble que ma vie était censée suivre.

— Ce n'est pas très gentil.

Il a respiré profondément.

— Qu'est-ce que tu veux, Jude ?

— C'est une bonne question.

Remettant la statuette à sa place, j'ai réfléchi à ce que John m'offrait : la sécurité et l'amour.

— Moi, c'est toi que je veux, a-t-il affirmé avec une telle ferveur dans la voix qu'il m'a presque brisé le cœur.

Sa déclaration était chargée de tellement de désir, et j'aurais tant souhaité pouvoir le satisfaire… Vraiment. Son amitié représentait beaucoup pour moi. Mais je n'avais pas envie… de lui.

— Tu dois tourner la page, c'est mieux. Nous deux, c'est fini.

J'ai respiré profondément.

— Trouve-toi une femme qui t'aimera comme tu le mérites.

Il y a eu un silence à l'autre bout de la ligne. Je me suis demandé s'il avait raccroché.

— Je suis là, Jude. Prends ton temps. J'attendrai.

Je me suis mordu la lèvre.

— Non. Je ne suis pas celle qu'il te faut.

— Ne dis pas de bêtises. Tu n'as pas les idées claires, en ce moment.

— Sur ce point, je ne te donne pas tort.

Mais nous ne parlions pas de la même chose.

— Je le sais.

J'ai secoué la tête.

— Je t'envie ton assurance.

— Tu peux.

J'ai ri.

— Je préfère ça, Jude. Alors, quand est-ce qu'on peut se voir ?

— Pas en ce moment ; mon travail exige toute mon attention.

— Ton travail ou Tristan ?

— Certainement pas Tristan, ai-je répondu, sans doute de manière trop insistante.

— Vous êtes ensemble, Jude ?

Ramenant mes cheveux en arrière, j'ai réfléchi. Tristan et le domaine monopolisaient mes pensées, mais nos relations ne ressemblaient pas à l'idée que semblait s'en faire John. Un malheureux épisode ne comptait pas comme une aventure.

— Non.

— Tu as mis du temps pour répondre.

J'ai soupiré.

— C'est vrai. Écoute...

— Ne t'en fais pas pour moi, Jude. Prends soin de ton cœur, c'est tout. Souviens-toi que je l'aime.

— Arrête.

J'ai marqué une pause.

— À propos du mariage de Sophie et Tim...

— Je sais ; tout se passera bien.

J'ai arpenté le salon.

— Si tu en es sûr...

— Je le suis.

— Moi, pas.

Ça allait mal finir, j'en avais la certitude.

Après avoir débarrassé la table, Tristan et moi avons marché jusqu'à l'étang. Quand je lui ai montré le siège creusé dans un vieux tronc avec le graffiti JIM ET JANE 1899, il m'a juré ne l'avoir jamais remarqué, mais j'ai vu une lueur dans ses yeux. Il me taquinait. Traversant lentement les bois en direction de la plage, je me suis émerveillée devant les fougères arborescentes et les bambous. Ensuite, le silence s'est installé entre nous pendant un moment. Le regard absorbé par la forêt, je me suis demandé à quoi il songeait. À d'autres projets de développements ou, à en juger par son visage, à son enfance ? Je mourais d'envie qu'il partage ses pensées avec moi, mais nous sommes arrivés sur la plage déserte où un petit feu couvait encore sous la cendre. Tristan a jeté une vieille bûche dessus tandis que j'approchais du bord de l'eau en quête de verre de mer.

— Ouais !

J'ai accompagné mon exclamation d'une petite danse.

Tristan a levé les yeux des braises.

— Quoi ?

— J'ai trouvé du verre de mer.

J'ai continué à scruter le sable, dans l'espoir d'en découvrir davantage.

— Et ?

Je l'ai serré contre mon cœur.

— C'est mon trésor.

— Votre trésor ? Vous êtes facile à contenter.

J'ai ri et marché vers le feu.

— Possible. Je ne suis pas folle. Pendant mon enfance, c'était quelque chose que je faisais souvent avec ma sœur. Ici, j'en ai même déniché un bleu, une couleur plutôt rare.

Je lui ai montré le fragment de verre. Il y a jeté un coup d'œil, puis m'a regardée et a écarté une mèche de cheveux rebelle de mon visage. J'ai retenu mon souffle. Nous étions très près l'un de l'autre, les yeux dans les yeux. Finalement, la fumée nous a séparés.

— Qu'avez-vous l'intention de faire de votre trésor ?

— Je vais le mettre dans un bocal.

Mes mains ont décrit une forme ovale.

— Depuis que je suis arrivée ici, je l'ai presque rempli.

— Vraiment ?

— Oui.

Je me suis assise en tailleur sur un rocher plat que j'ai approché du feu. J'avais toujours les jambes un peu flageolantes après avoir senti le contact de sa main.

— Dommage que je n'aie pas trouvé le vrai trésor.

Il a regardé vers le fleuve.

— Il est perdu depuis longtemps.

Penchant la tête d'un côté, je l'ai observé.

— Si vous l'aviez en votre possession, qu'est-ce que vous en feriez ?

Il s'est assis près de moi.

— Pas facile comme question.

— Je l'admets, et vous n'avez pas répondu.

— Pour être honnête, je n'en sais rien. Ça me donnerait certainement plus de possibilités.

Il a tisonné le feu. Je mourais d'envie de le cuisiner sur ces « possibilités », mais je n'ai pas osé insister. Regardant le verre de mer dans ma main, j'ai songé à mon enfance passée dans une demi-douzaine de pays ; aurais-je préféré grandir ici ?

— Tristan ?

Il se trouvait près de moi, mais sans me toucher. Ses yeux se sont posés sur les flammes, puis sur moi. Leur couleur avait changé de façon subtile, le vert virant au bleu.

— Oui ?

— Quels souvenirs gardez-vous de votre enfance ici ?

Il a retourné un morceau de verre que je lui ai tendu, espérant qu'il ne remarquerait pas ma main tremblante.

— Beaucoup d'aventures en plein air, comme vous pouvez l'imaginer.

Sur la rive nord du fleuve, une grande maison accrochait les derniers rayons du soleil ; dans cette débauche de couleurs, ses fenêtres semblaient la proie des flammes.

— Je parie que vous étiez une véritable terreur.

Il a ri.

— On peut dire ça. J'étais dans les pattes de tout le monde.

— Ce n'est pourtant pas l'espace qui manque.

— C'est vrai, mais j'étais partout.

Il a ramassé un galet et l'a jeté dans la marée montante. Le caillou a ricoché six fois avant de disparaître sous la surface.

— J'étais un gamin élevé en plein air qui n'arrêtait pas d'ennuyer Helen à la cuisine entre deux parties de pêche. Le domaine n'avait pas de secrets pour moi.

— Qu'est-ce qui a changé ? ai-je demandé.

Je me suis mordu la lèvre. Je n'aurais pas dû. Une ombre a traversé ses yeux, qui ont repris leur couleur verte houleuse.

— La vie.

Il s'est levé et a regardé le fleuve.

— Rien ne dure. Les enfants deviennent des adultes et ils apprennent que la vraie vie ne ressemble pas à une existence idyllique à la campagne.

— Je sais ce que c'est que de devoir grandir trop vite.

Me levant à mon tour, j'ai touché sa main. Il s'est tourné vers moi, et j'ai croisé son regard sans ciller.

— Ma sœur est morte d'une maladie du rein quand j'avais douze ans.

Il a pris ma main dans la sienne, et nous sommes remontés ensemble vers la maison.

VINGT-SEPT

Il faisait chaud au grenier, même avec la fenêtre ouverte. Tristan se trouvait à proximité, la tête dans un carton, tandis que je parcourais des papiers à la lumière de l'unique ampoule nue pendue au plafond. Au-dessus de la taille de son jean, la partie de son dos bronzé exposée ne facilitait pas ma concentration. Je résistais à une forte envie d'aller passer mes doigts sur la peau lisse. Il s'est tourné vers moi.

— Vous avez trouvé quelque chose ?

— Oui, mais rien qui puisse vous intéresser.

Il s'est redressé et a semblé m'observer, mais c'était bien du désir que j'ai lu dans ses yeux. J'ai senti des picotements au bas de ma colonne vertébrale. S'il continuait à me regarder ainsi, j'allais m'enflammer.

— Et de votre côté ?

Je me suis éventée avec un vieux dossier, mais cela n'avait rien à voir avec la chaleur étouffante qui régnait au grenier.

Il s'est retourné pour extraire des lettres d'une malle.

— Ça, peut-être ?

Je l'ai rejoint, contournant avec précaution les cartons posés entre nous. Il m'a tendu le paquet autour duquel on avait noué un joli ruban un peu passé. Mes doigts ont effleuré les siens. J'ai soudain eu la bouche sèche. Étais-je la seule à ressentir cela ?

Ses yeux ont révélé une invitation. Nos mains se touchaient à peine. J'ai avancé vers lui. Nous étions si près que je pouvais compter ses cils. J'avais du mal à respirer. Il s'est approché davantage. Je sentais son souffle. Encore un mouvement, et nous nous embrasserions. Ses lèvres ont frôlé les miennes, et il s'est légèrement écarté ; il attendait. Ma main a caressé sa joue. J'ai fermé les yeux, et sa bouche a trouvé la mienne. Un baiser très différent de notre première tentative. Plus lent, mais tout aussi passionné. La voix de Barbara a resonné dans le grenier :

— Vous voilà ! Le café est prêt ; Helen a proposé de vous le monter, mais j'ai tapé du poing sur la table. Si vous en voulez, on vous attend. Et descendez ce que vous avez trouvé.

Nous nous sommes tous deux figés. Mon cœur palpitait dans mes oreilles. Barbara n'aurait pas plus mal choisir son moment pour nous interrompre. Je me suis dégagée, puis je me suis retournée : sa tête dépassait en haut de l'escalier étroit menant au grenier.

— On arrive ! a lancé Tristan.

Son souffle dans mon cou m'a donné des frissons. Nos doigts étaient toujours entrelacés.

— Est-ce qu'on a fini ici ? ai-je demandé d'une voix rauque.

Il a lâché ma main pour fouiller à nouveau dans la malle et en sortir une nouvelle série de lettres. Il m'a attirée contre lui. Tout tournait autour de moi.

— Jude.

— Oui ?

— Vous venez ou pas ? a insisté Barbara d'en bas.

— On arrive, a-t-il répété en se hâtant de m'embrasser.

Les jambes flageolantes, j'ai descendu l'escalier étroit avec Tristan juste derrière moi. Sur le palier, le soleil a failli m'aveugler. Je me suis figée sur place et il s'est cogné à moi. Sentant son corps contre le mien, j'ai haleté avant de trébucher en avant, rompant le contact. Tristan et moi, c'était de la folie ; je ne devais même pas y penser.

— Je vais juste chercher mon bloc-notes. On se retrouve en bas ! lui ai-je lancé avant de me précipiter vers la porte de ma chambre, probablement aussi rouge qu'une pivoine. J'avais besoin de temps pour me remettre les idées en place. Tout devenait trop compliqué. Je désirais Tristan comme je n'avais jamais désiré John, ce que ce dernier ne manquerait pas de remarquer s'il revenait à Pengarrock. Oh ! bon sang, c'était une catastrophe.

— Tout le monde est impatient de voir ces lettres, a dit Barbara qui attendait dans l'embrasure de la porte.

— Une minute, lui ai-je répondu avant d'aller m'asperger le visage d'eau froide.

Les lettres étaient posées sur la table du salon, à côté de la cafetière en argent. Helen était complètement remise et nous avait gâtés en nous préparant un biscuit de Savoie décoré avec des violettes en sucre ; elle avait également sorti l'argenterie et le service en porcelaine.

— Elles sont si jolies que c'est presque dommage de les manger, ai-je dit en prenant ma tasse.

— Ce serait un sacrilège de couper ce gâteau, a renchéri Barbara alors qu'elle ramassait un des paquets de lettres.

— À la place, je m'inquiéterais plutôt si on n'y touchait pas. Tu as déjà vu Helen en colère ?

J'ai donc débité des tranches de ce chef-d'œuvre culinaire.

— Toujours soucieuse de maintenir le statu quo, à ce que je vois, m'a taquinée Barbara.

J'ai failli m'étrangler sur le gâteau dans ma bouche. C'était injuste, mais peut-être pas si éloigné de la vérité dans un passé récent. Tristan a regardé sans un mot

Barbara ouvrir les lettres. Je n'avais aucune idée de ce qu'il pensait. À en juger par leur apparence, elles remontaient à l'époque victorienne, mais je n'osais espérer qu'elles fussent de la main de Clarissa ou d'Octavia. Ç'aurait été une chance incroyable, mais comment Petroc aurait-il pu passer à côté dans sa recherche du trésor ?

— Cette lettre date de 1840 ; elle semble être adressée par une certaine Anna à une certaine Clarissa, à propos d'une fausse couche de Clarissa.

J'ai posé ma tasse et pris le deuxième paquet, attaché avec un ruban similaire. Mes mains tremblaient.

Le 15 mai 1845

Ma très chère maman,
Aujourd'hui, ma gouvernante m'a emmenée dans les bois, où j'ai cueilli des jacinthes. Je me suis bien amusée, mais vous me manquez terriblement. Quand rentrez-vous ? Avez-vous profité de votre séjour à Londres pour acheter le tissu pour ma nouvelle robe, comme vous me l'aviez promis ? Où êtes-vous allée ? Comment se porte tante Anna ? Mon portrait est-il fini ? Je suis tellement impatiente. Avez-vous passé beaucoup de temps avec lord Frederick ? Mon portrait sera-t-il aussi beau que le vôtre ? Papa sera ravi quand il le verra. En ce moment, il a l'air plutôt content, mais il lui arrive de froncer les sourcils, quoi que je fasse. J'aimerais que vous soyez avec nous à la maison.

Quand les jacinthes se faneront
Et que l'ail sauvage apparaîtra dans la clairière
Mon vœu se réalisera-t-il ?

Je veux vous veux près de moi.
Rentrez bientôt.
Avec tout mon amour,

Octavia

J'ai reconnu l'écriture, la même que celle du carnet de croquis, mais en plus enfantin.

Tristan s'est levé.

— Quelque chose d'important ? a-t-il demandé.

— Trop tôt pour le dire, mais peut-être un ou deux indices sur le sort de la dernière propriétaire du saphir.

Il a ri.

— Ce fichu saphir. Il n'existe plus depuis longtemps.

— Possible, mais résoudre ce mystère nous permettra de clore le sujet.

Tristan s'est levé.

— Comme vous voudrez.

Barbara l'a regardé.

— Vous pouvez m'expliquer ?

— Mon père a gâché les dernières années de sa vie à chercher le saphir des Trevillion. S'il avait consacré autant d'énergie à la gestion du domaine, je n'aurais pas à m'occuper de mettre de l'ordre dans ce bazar avant de tout vendre.

— Je vois.

Elle s'est tournée vers moi.

— Qu'est-ce que tu en penses ?

— Je ne sais pas pourquoi, mais je crois que Petroc n'avait pas tort et que ce saphir existe toujours.

— Une intuition ?

Tristan est sorti par les portes-fenêtres. Barbara l'a suivi du regard.

— Un sujet sensible, à ce que vois.

— Oui.

J'ai froncé les sourcils.

— Si tu veux jeter un coup d'œil au saphir, il y a une peinture dans la salle à manger.

Barbara s'est éclipsée, et je suis restée au calme, à lire les lettres que s'étaient échangées la mère et la fille.

Ni sur terre
Ni sur mer
Elle ne se montre
Que pour August Rock

Je me suis redressée dans mon lit. S'agissait-il simplement d'une comptine, comme le pensait Tristan, ou d'une énigme dévoilant l'emplacement du saphir des Trevillion ? Clarissa et Octavia n'arrêtaient pas de s'envoyer des énigmes et des vers. Ces quelques lignes à propos d'August Rock cachaient forcément quelque chose. Il nous manquait des éléments qui devaient se trouver ici, dans cette maison.

Ayant lu leur correspondance, j'avais acquis la certitude que la mère et la fille étaient extrêmement proches. Lettre après lettre, j'avais ressenti des vagues de jalousie. Mère avait dû avoir ce genre de rapports avec Rose ; elle aurait tout fait pour la sauver, mais avait dû se contenter de rester à son chevet jusqu'à la fin. Ce jour-là, elle avait eu le cœur brisé, et je n'avais jamais été capable de recoller les morceaux. J'étais persuadée que lady Clarissa n'aurait jamais abandonné sa fille. Même pour fuir en compagnie de son amant. Elles étaient trop proches ; et si Peters était le père, elle n'aurait certainement pas laissé Octavia avec Tallan. De cela, j'étais sûre. Mais que lui était-il arrivé ? Curieusement, aucune lettre d'Anna à Octavia qui mentionnait la disparition de Clarissa. Aucun avis de décès ne signalait sa mort, comme si elle s'était volatilisée. En fouillant encore dans le grenier, je trouverais peut-être d'autres indices. Je me suis frotté les tempes pour chasser les signes annonciateurs d'un mal de tête. J'ai ouvert grand les yeux. Les livres pour enfants... Il y avait quelque chose à creuser de ce côté-là. Je me suis levée, puis j'ai marché jusqu'à la porte, où j'ai regardé dans le couloir. Ajustant ma chemise de nuit, je me suis faufilée hors de ma chambre.

— Vous allez quelque part ?

— Bon sang, Tristan ! Vous m'avez flanqué une trouille bleue.

Mon cœur battait si fort que j'ai eu l'impression qu'il risquait d'exploser.

Ses yeux se sont attardés sur mes jambes.

— Pas mal, la tenue.

— Vous n'êtes pas beaucoup plus couvert.

Il portait un jean, pas de chemise. J'ai essayé de ne pas fixer son torse du regard.

— Comme j'ai entendu un bruit, je suis venu voir. Où allez-vous ?

J'ai toussé.

— À la nursery.

— Pourquoi ?

— Je cherche des livres.

— À cette heure-là ?

— Vous n'avez qu'à m'accompagner.

D'un geste de la main, il m'a invitée à le précéder ; je me suis exécutée, soudain consciente d'être très court vêtue. À la porte, je me suis arrêtée. Tristan se tenait juste derrière moi. La chaleur de son corps s'est rapidement propagée au mien. Tâchant de me focaliser sur la raison de ma présence dans la nursery, j'ai parcouru la pièce du regard. Quelque chose me travaillait ; j'ai fermé les yeux pour mieux me concentrer. Rompant le contact avec Tristan, je me suis approchée de la bibliothèque, où j'ai saisi le dernier livre que j'avais consulté le jour de l'enterrement de Petroc : *Nouveau livre des énigmes ou la pierre à aiguiser des esprits émoussés*.

— Je me souviens de ce bouquin, a dit Tristan, qui me l'a pris et s'est assis sur la banquette. Je l'adorais. Ma mère me le lisait tout le temps.

Je me suis installée à côté de lui.

— C'est vous, le petit monstre qui a colorié la couverture ?

— Je plaide coupable, mais j'ai eu un complice. Quelqu'un avait commencé avant moi ; je n'ai fait que finir le travail.

Il a ri et ouvert le livre.

— Je pourrais presque réciter par cœur les premières pages. Pas plus loin parce que maman me le lisait toujours en dernier, le soir. Je ne pense pas qu'on soit jamais arrivés au bout.

J'ai touché sa main. Il a levé les yeux.

— Elle ne vous aurait jamais abandonné.

De tous les livres, celui-ci est le plus gai
C'est une pilule pour chasser les idées noires ;
Pour effacer les gros chagrins,
Et faire rire aux éclats.

Une larme a coulé sur sa joue.

— J'aimerais que ce soit vrai et qu'après toutes ces années, ça ne fasse pas toujours aussi mal.

— C'est normal ; le chagrin ne s'efface pas du jour au lendemain.

J'ai essuyé ses larmes avec ma main, mais l'une d'elles m'a échappé et a atteint sa bouche. Mon pouce l'a interceptée sur sa lèvre.

— Vous voulez qu'on en parle ? ai-je demandé.

Il a ri.

— Ah ! vous autres, les Américains, et ce besoin de « parler » des choses.

— Oui.

Je l'ai pris par le menton.

— Ça peut aider.

— Merci, mais je ne suis pas si sûr d'avoir envie de réveiller tout ça ; je pense qu'il n'y a probablement rien de bon à en attendre.

— Peut-être, mais, avec la mort de votre père, vous ne pouvez pas empêcher ces émotions de resurgir.

Tristan s'est levé et a posé le livre sur la banquette.

— Je ne suis pas venu ici depuis des années.

Il s'est approché de la table de ping-pong, a passé la main sur le plateau, a regardé autour de lui.

— C'est un endroit très agréable.

— Oui, je suppose.

Il s'est tourné vers moi.

— Je nous fais du café ? Ensuite, peut-être que je vous parlerai de maman.

J'ai failli bondir.

— Le temps de m'habiller et j'arrive.

J'avais déjà bien assez de mal à garder la tête froide en sa compagnie sans être court vêtue.

Pâle, le regard absent, Tristan s'est assis à la table de la cuisine. J'ai posé une tasse de café devant lui et me suis perchée en face de lui. Dans la fraîcheur matinale, le temps brumeux m'a rappelé le cap Cod à la fin août. Demain, je m'envolais pour le Massachusetts afin d'assister au mariage de Sophie.

— Merci, a dit Tristan en se concentrant sur moi.

J'ai tendu le bras et lui ai touché la main.

— De rien.

Il a eu un rire sec.

— Les souvenirs sont parfois si intenses.

Comme je ne connaissais pas de manière délicate d'aborder la question, j'ai décidé de me jeter à l'eau.

— Qu'est-ce qui vous fait penser qu'elle s'est suicidée ?

Il a respiré profondément, puis a fermé les yeux.

— Ils se sont disputés.

Il a rouvert les yeux.

— Ça n'avait rien d'exceptionnel, et, d'habitude, je n'y faisais pas attention. Maman avait un sacré caractère ; elle s'emportait facilement, et vous savez comment était mon père.

J'ai hoché la tête.

— Je n'ai pas entendu toute la conversation, a-t-il continué, juste des fragments, comme « cette foutue baraque », « je n'en peux plus » et quelques autres qui m'ont suivi jusque dans la nursery, où j'allais récupérer mon bocal à insectes.

Il a poussé sa chaise en arrière et s'est levé.

— Maman m'a rejoint un peu plus tard ; elle avait l'air triste et m'a serré dans ses bras. Comme je l'avais déjà vue dans cet état, j'ai pensé que tout serait rentré dans l'ordre pour le thé. Après, je suis parti pêcher à la plage, la laissant seule sur la banquette.

Il était au supplice, je le lisais sur son visage et j'ai été tentée de l'arrêter.

— J'étais sur les rochers quand elle est passée en courant. Ça m'a paru bizarre, mais je ne l'ai pas appelée ni suivie. Elle n'est pas rentrée pour le thé ou le dîner. Papa et l'intendant sont partis à sa recherche le long des falaises, mais ils ne l'ont pas trouvée. On m'a forcé à rester avec Helen. Je n'ai pas eu le droit d'aller les aider alors que j'avais été la dernière personne à l'avoir vue. J'aurais dû l'appeler.

Il s'est interrompu.

— Un jour plus tard, on a retrouvé son corps sur une plage de la rive nord du fleuve.

Il s'est pris la tête entre les mains.

— Je me suis toujours demandé... si j'avais couru après elle...

Je me suis approchée de lui pour le serrer dans mes bras.

VINGT-HUIT

— Nous avons été autorisés à décoller. Comme nous serons un peu secoués, nous vous invitons à rester assis et à garder votre ceinture attachée pendant tout le vol.

Sur le plan personnel aussi, je m'attendais à rencontrer des turbulences au cours des prochains jours. Le port de Boston s'est éloigné en dessous, mais ni la montée de l'avion ni les nuages orageux vers lesquels nous nous dirigions ne me nouaient l'estomac. J'étais de retour chez moi. Le pilote a fait faire un virage sur l'aile à l'appareil, et la ligne des toits, bien que terriblement familière, m'a paru différente. Non, c'était moi qui avais changé, et je ne devais pas l'oublier. Je n'arrivais toujours pas à croire que j'avais cédé à Sophie. Je m'attendais à une journée pleine d'émotions, mais, avec un peu de chance, sans drame. À peine descendue de l'avion, je serais plongée dans un tourbillon, même si Sophie m'avait promis quelque chose de relativement intime.

J'avais réussi à prendre la correspondance pour Martha's Vineyard. J'arrivais à un mariage sans avoir rien à me mettre. Comme convenu, j'avais envoyé mes mesures. Je croisais les doigts, espérant que ma robe m'irait (la cérémonie avait lieu demain). Rien de tel que d'être plongée tout de suite dans le grand bain ! Je regrettais de n'avoir pas dormi pendant le vol, mais mon cerveau avait refusé de me laisser en paix. Tristan m'avait conduite à Newquay pour que je puisse prendre l'avion jusqu'à Gatwick ; il n'avait pas prononcé un mot pendant tout le trajet. Ne voulant pas briser ce silence, je n'avais rien dit non plus. Il avait besoin de temps. C'était peut-être la première fois qu'il parlait à quelqu'un de la responsabilité qu'il pensait avoir dans la mort de sa mère.

Le petit avion a rencontré une turbulence ; j'ai agrippé les accoudoirs de mon siège. Alors que nous perdions de l'altitude, je me suis surprise à penser que, de tous les moyens qui me permettraient d'éviter les prochains jours, je n'aurais certainement pas choisi celui-là. J'ai resserré ma ceinture et regardé par le hublot. Des nuages nous entouraient ; je ne voyais pas au-delà de l'aile. Le vol n'était pas long, mais, à force d'être bringuebalés ainsi, nous finirions par parcourir le double de la distance.

Mon voisin a tendu le bras vers son sac vomitoire. Génial. Tentant de l'ignorer, je me suis concentrée sur les nuages. Les livres pour enfants. Ils étaient la clé du mystère. Petroc s'y était intéressé, et il n'aurait pas perdu son temps s'il ne pensait pas y trouver quelque chose d'important. En particulier dans le recueil d'énigmes. J'appellerais Tristan pour lui demander de l'éplucher.

J'ai traversé le terminal, droit dans les bras de Sophie.

— Bienvenue à la maison !

— Merci.

Je me suis dégagée. Elle avait une mine superbe, comme il se doit pour une future mariée, contrairement à moi, quelques mois plus tôt.

— Tu es rayonnante.

— Et toi, tu es pâle comme un linge. Vol difficile ?

— Terrible.

J'ai sorti mon téléphone de mon sac pour l'allumer.

Sophie m'a prise par le bras et m'a entraînée vers sa voiture de location.

J'ai regardé l'écran de mon mobile, attendant qu'il se connecte à nouveau au monde.

— Alors, quel est le programme ? ai-je demandé.

— On va directement à l'église pour la répétition ; ce soir, rebelote, avec la répétition du dîner.

— Super, ai-je fait d'une voix qui se voulait enthousiaste.

J'ai frotté mes mains moites sur mon jean.

— Après l'église, je te conduirai chez la tante de Tim pour que tu puisses déposer tes affaires.

J'ai cligné des yeux.

— D'accord. J'espère que je serai capable de rester éveillée.

— Ce n'est pas grand-chose, juste un repas en plein air.

Sophie a lâché le volant d'une main pour serrer la mienne.

— Merci d'être venue. J'apprécie l'effort.

J'ai dégluti, puis j'ai hoché la tête.

Elle s'est garée, et nous sommes toutes deux descendues de voiture. Devant l'église en bardeaux blancs, tout le monde nous attendait. Seuls comptaient Sophie et Tim, et ce serait merveilleux.

Parcourant la foule du regard, je me suis sentie mal. John était à côté de Tim. Je n'étais pas sûre d'y arriver. John m'a souri. J'ai cru que j'allais m'évanouir. Si je contrôlais ma respiration et me concentrais sur les autres personnes présentes, tout se passerait bien.

— Comme tout le monde est là, je vous propose d'entrer dans l'église, a dit le pasteur, tout sourire. Que les placeurs escortent les principaux invités à leurs places.

Pendant qu'ils s'exécutaient, il a eu quelques paroles d'encouragement pour Sophie et Tim. Sophie m'a serrée dans ses bras, alors que Tim et John prenaient position.

J'ai eu une terrible sensation de déjà-vu. Sauf qu'aujourd'hui, John se tenait à l'autel en short et tee-shirt, et pas en jaquette.

— Ça va ?

J'ai hoché la tête, tendant son bouquet de fleurs artificielles à Sophie.

— Quand vous voudrez ! a lancé le pasteur, alors qu'il pressait un bouton et que résonnaient les premières notes de la marche nuptiale.

En proie à une soudaine envie de vomir, j'ai respiré profondément plusieurs fois, souriant à Sophie alors que je commençais à avancer dans l'allée centrale. Les yeux fixés droit devant moi, un rictus plaqué sur mon visage. Je ne regarderais pas John. Pour lui aussi, cela devait être dur. Il se souvenait probablement de la manière dont je l'avais humilié. Serrant le bouquet de fleurs en plastique dans mes mains moites et tremblantes, j'ai atteint l'autel sans m'affoler. Mon cœur faisait ça très bien pour moi. Il n'aurait pas battu plus fort si j'avais pulvérisé le record du monde du cent mètres.

Sophie a semblé remonter l'allée centrale sur un nuage ; elle était rayonnante. Tim lui a lancé un regard bouleversant, merveilleux. Il l'aimait tant. Je savais à quoi m'attendre sur le visage de John à cet instant, mais je ne pouvais pas fuir éternellement. J'ai donc levé les yeux, mais, contrairement à la colère que je pensais trouver, je l'ai vu incliner la tête de côté et me sourire. Il était trop gentil. J'aurais plus facilement supporté son hostilité, sa peine, mais il continuait à m'offrir son amour.

— Très bien. Tout le monde est au point, a approuvé le pasteur. Après, c'est l'échange des vœux, que vous avez déjà bien assez répétés tous les deux. Maintenant, Tim, vous pouvez embrasser Sophie pour faire bonne mesure avant de repartir avec votre fiancée par l'allée centrale.

Il nous a souri, à John et moi.

— John et Judith, vous les suivez.

— Prête, Jude ? m'a demandé John en m'offrant son bras.

J'ai essayé d'avaler ma salive ; ma gorge s'est serrée. J'avais du mal à respirer, à parler. Il s'est penché pour déposer un baiser sur ma tempe. Mon Dieu, c'était affreux. Mais je devais faire un effort pour Sophie et Tim. John et moi ne comptions pas, aujourd'hui.

— C'était parfait, Jude, m'a dit Sophie, enthousiaste. Maintenant, on doit se dépêcher si on veut être prêts pour ce soir.

Elle a salué tout le monde d'un geste de la main et m'a entraînée à la voiture. J'ai fermé les yeux, espérant que le pire était derrière moi. J'avais fait face ; demain, ça se passerait mieux.

Sophie m'a pris la main.

— Je suis désolée, Jude.

— Je sais ; mais je suis une grande fille maintenant ; je vais y arriver. Et puis, je n'aurais manqué le plus beau jour de ta vie pour rien au monde.

— Merci.

Sophie s'est garée.

— De tout mon cœur.

Je suis descendue du véhicule en me demandant comment je survivrais aux vingt-quatre prochaines heures.

Le brouillard matinal s'était levé, et une brise fraîche soufflait depuis la mer. Des conditions idéales pour le mariage de Sophie. Ma robe était posée sur le lit. J'avais juste besoin de terminer mon maquillage avant de l'enfiler. Il était dix heures. La cérémonie avait lieu à midi.

J'avais un peu de temps devant moi pour appeler Pengarrock. J'avais déjà laissé plusieurs messages embrouillés sur le répondeur, mais pas facile d'expliquer une intuition en quelques mots. Pourtant, j'étais certaine que le livre détenait la clé du mystère. Octavia avait peut-être même été la première à le colorier.

Tristan a décroché.

— Trevillion.

— Salut.

— Bonjour, Jude.

J'ai cru – espéré – entendre un sourire dans sa voix.

— J'ai eu vos messages.

— Et ?

J'ai remis en place une boucle de cheveux indisciplinée.

Il a ri.

— Vous aviez raison, mais je doute qu'il faille y voir plus qu'une énigme écrite par Clarissa pour Octavia.

— Ne me faites pas languir ! Qu'est-ce que ça dit ?

J'ai commencé à faire les cent pas autour du lit.

— Comme vous voudrez, mais ça n'a pas grand sens.

— C'est souvent le cas au premier abord.

— Je sais.

Il a marqué une pause, puis il a lu :

Ni sur terre
Ni sur mer
Elle ne se montre
Que pour August Rock

Pense au courlis
Pense à la colombe
Qui porte une fleur
Pas de paix mais d'amour

Elle a déserté les falaises
Disparu du reste du monde
Elle ne déploie ses pétales
Qu'à Pengarrock

Caché aux yeux de tous
Le joyau de Pengarrock
Libérera ton cœur
De l'appel du devoir

— C'est daté du 29 août 1846.

J'ai regardé les bateaux qui croisaient devant ma fenêtre.

— La veille du naufrage du voilier de lord Peters ?

— Pas loin, en tout cas. Mais j'avoue que je ne me sens pas plus avancé.

— Non, mais ces vers ont forcément une signification. Clarissa et Octavia communiquaient par énigmes. C'était une sorte de code pour elles ; Clarissa essayait de faire comprendre quelque chose à sa fille, et je pense que ça a un rapport avec les bijoux. Ils appartenaient à Clarissa.

— Des bandits ont très bien pu la dévaliser et la tuer sur la route de Falmouth.

— Dans ce cas, les pierres auraient fini par refaire surface à un moment ou à un autre. Et ce saphir était unique.

— Même retaillé ?

— Votre père a exploré cette piste, et l'a presque définitivement écartée.

J'ai joué avec mon stylo.

— Je crois que c'était simplement une mère qui s'amusait avec sa fille.

— Regardez les dessins d'Octavia ; vous pourriez trouver des indices.

J'ai tapoté le stylo sur la table ; Pengarrock me manquait terriblement.

— J'ai mieux à faire que de perdre mon temps avec une chasse au trésor.

J'ai souri.

— Tristan, c'est peut-être ce qui sauvera Pengarrock.

— Qui dit que j'ai envie de sauver Pengarrock ?

Je me suis laissée tomber sur le lit. Clairement, j'avais espéré en vain.

— Personne.

— Exactement. Maintenant, oubliez cette histoire et amusez-vous ; c'est le mariage de votre amie.

Il a raccroché, et j'ai regardé vers la mer. Je tâcherais de profiter au maximum de cette journée, mais j'aurais voulu me trouver à Pengarrock plus que partout au monde.

VINGT-NEUF

Sophie était ravissante dans sa robe tube en lin blanc. Je portais presque la même, mais en turquoise. Avec ses cheveux roux entrelacés de marguerites, elle offrait la vision d'une beauté sereine.

— Tu es magnifique.

— Tu n'es pas mal non plus, Jude. J'ai toujours pensé que cette couleur t'allait à ravir.

— Je sais, tu me le répètes depuis des années.

Je l'ai serrée dans mes bras et je nous ai contemplées dans le miroir. Elle semblait toute petite à côté de moi, mais j'ai avant tout vu deux belles femmes qui me rendaient mon regard. La plus grande avait des cernes sous les yeux qu'elle n'avait pas totalement réussi à dissimuler. La mère de Sophie a frappé et est entrée.

— Vous êtes si jolies, toutes les deux.

Elle a souri.

— La voiture nous attend en bas, Jude.

— Merci.

J'ai rapidement étreint Sophie.

— On se retrouve à l'église.

J'ai laissé les deux femmes entre elles. C'était un moment important pour elles, et je n'avais pas ma place dans cette pièce. Vêtue d'une version plus courte de ma robe, la nièce de Sophie patientait dans l'entrée. Ses longs cheveux lui tombaient dans le dos.

— Tu es excitée ? lui ai-je demandé.

— Oui, mais j'ai peur de trébucher.

— Ne t'en fais pas ; si l'une de nous doit se casser la figure, ce sera moi.

Elle a gloussé, et la mère de Sophie nous a rejointes.

— Allons-y, les filles. En route pour l'église.

Pendant le court trajet, j'ai regardé par la fenêtre. En cette magnifique journée de fin d'été, le soleil brillait, mais le fond de l'air restait frais. Rien à voir avec *mon* jour – je devais garder ça à l'esprit. Je me suis tournée vers la mère de Sophie, tellement détendue, qui m'a gratifiée d'un petit sourire.

— Je sais que c'est dur pour toi, m'a-t-elle dit.

— Ça va, je vous assure.

— Sophie a de la chance d'avoir une amie comme toi.

Je n'en étais pas aussi sûre. Par ma seule présence, j'apportais le poids de ce que j'avais vécu, comme une ombre qui menaçait de gâcher la fête. Mais je ne le permettrais pas. J'étais plus forte que ça.

Très élégant dans son costume bleu marine avec une cravate turquoise couverte de marguerites un peu moins discrètes, le frère de Tim a ouvert la portière.

— Mesdames. Tim et John sont au sous-sol, où ils attendent le bon moment pour faire leur apparition, mais ils sont bien là, je vous rassure.

J'ai tressailli, espérant qu'il ne faisait pas allusion à moi.

— Je ne m'inquiète absolument pas, a répondu la mère de Sophie.

Avec un sourire, elle a pris le bras d'un placeur qui l'a conduite au premier rang. Moi et la nièce de Sophie sommes restées au fond de l'église, guettant la future mariée et son père. Comme me l'avait promis mon amie, il n'y avait pas beaucoup de monde : une quarantaine de personnes à vue de nez. Mais j'ai cessé de compter en apercevant la tête de ma mère. J'ai serré et desserré les poings. C'était le jour de Sophie et de Tim.

À la fin des toasts portés en l'honneur des mariés et du repas, je me suis réfugiée dans les toilettes en fermant la porte derrière moi. Quelques minutes de tranquillité, afin de tenir le reste de la soirée. À part le moment gênant où, en ma qualité de demoiselle d'honneur, j'avais brièvement salué ma mère en l'accueillant à la réception, je m'en tirais plutôt bien. Les conversations s'étaient tues chaque fois que j'approchais, ce qui n'était pas forcément une mauvaise chose. Il me suffisait de rester concentrée sur le bonheur de Sophie et Tim. J'ai jeté un rapide coup d'œil dans la glace ; un peu de mon mascara avait coulé ; j'ai arrangé ça avant de me diriger vers la sortie.

Ma mère m'attendait à la porte.

— Bonjour, mère.

— Judith.

J'ai respiré profondément et me suis redressée. Je connaissais ce ton. Je me suis tout de même penchée vers elle pour l'embrasser. Sous sa froideur de façade, je savais qu'elle était humaine. Pour elle non plus, la situation n'était pas facile.

— Comment vas-tu ? ai-je demandé.

— Bien.

— Ça me fait plaisir. Et papa ?

La question qui me brûlait les lèvres.

— Bien aussi.

— Il n'est pas venu ?

— Non, il est à la pêche.

— Vraiment ?

— Oui.

Nous nous tenions l'une en face de l'autre, comme

deux étrangères, chacune en compétition pour le prix de la Meilleure Posture.

— La mère de John est désespérée, a-t-elle repris. Elle pense que tu as détruit son fils.

— Et tu es du même avis.

— Ce n'est pas ce que j'ai voulu dire.

Je me suis sentie oppressée. L'endroit et le moment étaient mal choisis pour nous disputer.

— Alors, quoi, exactement ?

— Après ta conduite au mariage, si totalement irréfléchie et dénuée de cœur, je n'arrive pas à croire que tu sois revenue et que tu aies l'audace de retourner devant l'autel avec John. Une fois de plus, tu nous as tournés en ridicule.

Elle a passé la langue sur ses dents.

— Tu n'as aucune sensibilité.

— Tu as tort, je ne partage simplement pas la tienne ; il est temps que tu en prennes conscience et que tu m'acceptes telle que je suis. Jude, pas Rose. Je ne serai jamais comme elle et je n'en ai d'ailleurs aucune envie.

Mère est restée bouche bée, et j'ai voulu rentrer sous terre. J'avais dépassé les bornes. Bien sûr, je pensais chaque mot que je venais de prononcer, mais je n'aurais pas dû me lâcher de cette façon, pas ici, pas maintenant.

J'ai posé ma main sur son bras, mais elle s'est dégagée avant de s'éloigner dans le couloir. Qu'avais-je fait ? Comment pourrais-je retourner auprès des invités avec le sourire aux lèvres. J'hésitais entre me cacher et prendre la fuite.

— Jude ?

J'ai sursauté. John était là.

— Je viens de croiser Jane, le regard noir de colère. J'ai pensé que tu aurais peut-être besoin de moi.

Il m'a ouvert ses bras, mais je n'ai pas bougé. Il a semblé

comprendre et m'a fait sortir de la maison par la porte de devant.

— Donne-moi juste le temps de prévenir Sophie que tu ne te sens pas bien ; après, je te raccompagnerai chez la tante de Tim.

— Pas la peine. Je connais le chemin, et la marche me fera du bien.

— Jude...

Il a tendu la main vers moi ; je ne l'ai pas saisie.

— Je vais bien. Le moment est venu de tourner la page.

Il a secoué la tête.

— Je t'assure, ai-je insisté. Pour toi comme pour moi. Commence donc par inviter à danser la jolie collègue de travail de Sophie qui t'a dévoré du regard toute la soirée.

— Jude.

— John, c'est fini.

Je lui ai serré la main, puis je me suis éloignée dans l'allée. Je n'avais plus ma place dans cet endroit ; le monde que j'avais connu me semblait étranger.

Poussant la porte de l'hospice, je ne savais pas à quoi m'attendre. Juste avant mon départ de Pengarrock, la gouvernante de ma tante m'avait prévenue qu'on l'avait transférée ici.

Une partie de moi ne voulait pas entrer, préférant garder intact le souvenir de cette femme forte et excentrique. Je me suis arrêtée sur le seuil de sa chambre. Tante Agnes m'a paru si petite dans son lit. Comment sa santé avait-elle pu se dégrader aussi rapidement ?

— Comment va ma grande fille ? a-t-elle demandé d'une voix faible.

— Bien.

Je suis venue m'asseoir sur le bord de son lit, essayant de ne pas glisser. Elle avait apporté ses propres draps. Des années plus tôt, elle m'avait expliqué qu'elle ne dormait que dans du satin parce qu'elle trouvait ça chic.

— Ne prends pas cet air horrifié. J'ai quatre-vingt-quatorze ans et j'ai fait mon possible pour en apprécier chaque jour.

Elle a respiré profondément. J'ai hoché la tête, incapable de parler.

— Tu ne vas pas pleurnicher, hein ? Pas alors que tu m'as enfin convaincue que tu avais l'étoffe d'une vraie Warren.

J'ai ri.

— Je ferai de mon mieux.

Elle m'a pris la main.

— Je suis fière de toi, de ce que tu es devenue.

— Merci.

— Souviens-toi toujours de suivre ta propre voie et, pour l'amour du ciel, débrouille-toi pour découvrir ce qui cloche chez tes imbéciles de parents.

J'ai froncé les sourcils.

— J'ai eu une conversation vraiment curieuse avec ton père l'autre nuit, a-t-elle poursuivi. Tu te rappelles qu'il était parti à la pêche ?

— Oui. Il n'est pas venu au mariage de Sophie. Mère était seule.

— Oh ! ça ne lui fera pas de mal.

Elle a toussé, et tout son petit corps en a été secoué.

— Ton père est resté vague, ce qui ne lui ressemble pas.

Elle a fermé les yeux un instant ; je voyais bien qu'elle avait des difficultés à respirer, et encore plus à parler.

— Lors de notre dernière conversation, je t'ai dit de ne pas t'en mêler. Mais j'ai changé d'avis. C'est à toi de sortir tes parents du pétrin. Tu as bien plus de bon sens que l'un et l'autre.

— Je ne suis pas sûre de pouvoir faire quelque chose.

Elle m'a tapoté la main.

— Moi non plus, mais tu dois au moins essayer – pour ton bien, pas pour le leur. Si tu n'y mets pas bon ordre, leurs chamailleries affecteront ta propre vie.

Elle a encore toussé.

— Je n'aurais pas dû fumer pendant toutes ces années. Remarque, mon vice ne me rattrape que maintenant.

— Oh ! tata...

J'ai secoué la tête, retenant mes larmes.

— Ne pleure pas pour moi. J'ai eu plus de temps que la plupart des gens. Allez, embrasse-moi et retourne vivre ta vie.

Alors que je me penchais pour la prendre dans mes bras, j'ai eu l'impression de tenir un fagot de petites branches.

— Promets-moi de bien prendre soin de toi et de demeurer fidèle à toi-même.

J'ai hoché la tête.

— Et maintenant, file chez tes imbéciles de parents ! Je t'aime.

Elle m'a serré la main et a fermé les yeux. Quand elle m'a lâchée, je l'ai regardée, écoutant sa respiration laborieuse. Des larmes ont coulé sur mes joues ; c'était le moment des adieux, même si je refusais de l'accepter. Je ne voulais pas la laisser, mais elle n'aurait pas souhaité que je reste. « Va vivre ta vie », m'avait-elle conseillé. Après un dernier regard à cette femme fragile qu'était devenue ma grand-tante, je lui ai silencieusement promis d'essayer.

Des mauvaises herbes poussaient dans la plate-bande principale, mais la pelouse était tondue, même si les bordures manquaient de rigueur. Je me suis baissée en soupirant pour arracher un pissenlit. La porte de devant était fermée ; je n'aurais su dire si mère était à la maison ou pas. C'était sans importance. À moins qu'ils n'aient changé les serrures, j'avais toujours ma clé. Et je ne les imaginais pas faire une chose pareille. Je ne m'étais tout de même pas sauvée en emportant l'argenterie.

Poussant la porte, j'ai appelé pour vérifier si quelqu'un était là. Ma voix a résonné dans le silence. J'ai posé mon sac et suis allée à la cuisine. Bien qu'il y ait eu des provisions au frigo et qu'aucun aliment n'ait dépassé la date de péremption, je n'ai pas réussi à me défaire de cette sensation d'abandon.

Sur le répondeur, le voyant lumineux clignotait. Mes messages, sans doute, et ceux du reste du monde, si mère avait décidé de l'ignorer aussi. Pourtant, elle était venue seule au mariage de Sophie. Cela n'avait pas dû être facile pour elle, et, bien sûr, ma prestation n'avait rien arrangé. Tandis que je passais en revue le courrier, j'ai préparé du café. Un tas de choses me concernaient, mais je n'avais pas l'énergie de les lire. Je suis sortie dans le jardin, craignant le pire, mais ça allait ; c'était mieux que devant. Mère avait fait son possible, mais elle n'avait pas la main verte, et ça commençait à se voir. La piscine était propre ; je me baignerais peut-être plus tard, histoire de me réveiller. Je n'étais pas sûre de savoir où j'en étais avec le décalage horaire, mais, comme mère n'était pas là, j'avais envie de faire un petit somme. Je me suis arrêtée sur le seuil de ma chambre, me demandant dans quel état j'allais la trouver. Avaient-ils effacé toute trace de mon existence pour ne garder que les souvenirs de Rose ?

Un rapide coup d'œil m'a appris que quelque chose avait changé depuis mon départ. Un carton à moitié plein était posé à côté de la bibliothèque, et mon vieux panda avait quitté son étagère pour le lit. J'ai pris la peluche miteuse que j'aimais tant et l'ai serrée contre moi avant de la remettre soigneusement à sa place. Pourquoi l'avait-elle descendue ? Tous mes autres jouets étaient rangés, y compris le koala de Rose.

Je me suis étendue sur le lit, et une vague d'épuisement m'a submergée, mais je n'arrivais pas à dormir. Chaque fois que je pensais enfin tomber dans les bras de Morphée, une question me traversait l'esprit, et je sentais une montée d'adrénaline. J'ai fini par renoncer. Autant occuper mon temps à quelque chose de productif, comme d'aider à ranger cette chambre (quelqu'un avait manifestement commencé). Tant de choses n'avaient pas leur place dans cette pièce ni ailleurs. On se serait cru dans un sanctuaire. Rose ne l'aurait pas voulu – et certainement pas moi.

J'ai repris là où mère (ou peut-être papa) s'était interrompue : la bibliothèque. Derrière les enquêtes d'Alice Roy, j'ai trouvé un paquet de lettres de ma correspondante en Allemagne. Je les ai feuilletées rapidement. Après toutes ces années, rien ne justifiait de les garder ; je n'avais certainement pas envie de me replonger dans ses angoisses existentielles d'adolescente ; le souvenir des miennes me suffisait. J'ai tout jeté. Ensuite, quand j'ai pris les romans pour les mettre dans le carton, quelque chose est tombé d'un des livres : l'un des journaux de Rose. Il était daté d'un an avant ma naissance. Je ne l'avais jamais vu auparavant.

Le 1er janvier 1979

Pour le Nouvel An, j'ai eu le droit de rester jusqu'à minuit. On s'est bien amusés. Tata Barbara était saoule, et maman aussi. J'ai même goûté une petite gorgée de champagne. C'était très bon, et j'en aurais bien bu un peu plus, mais papa a dit non. Avec mon nouveau Polaroid, j'ai pris une photo de lui et de l'oncle Harvey en train de refaire le monde autour d'une bouteille de whisky.

J'ai lu ce qu'elle avait écrit sur l'école, sa meilleure amie et le garçon qui lui plaisait. J'ai eu l'impression d'entendre sa voix. J'aimais son rire. Mais elle ne semblait pas heureuse ; apparemment, mère était en permanence au bord des larmes, et papa, toujours en voyage. Je ne les avais jamais connus ainsi, mais j'ai supposé qu'à l'époque, mon père subissait une forte pression professionnelle.
Le 20 août 1979

En vacances chez tata Barbara en Cornouailles. C'est formidable. J'ai essayé de faire du surf, mais je suis très mauvaise. Parfois, mère est gaie, mais je sais que papa lui manque. À moi aussi.

Ils sont partis en vacances en Cornouailles ? Première nouvelle.

Papa est rentré pour trois jours. Il m'a emmenée faire du canotage. Je me suis bien amusée, mais mère est malheureuse. Je l'ai de nouveau trouvée en larmes. Je lui ai demandé ce qui n'allait pas, mais elle n'a pas voulu me répondre. J'ai cru que c'était à cause de moi, parce que j'étais malade, mais elle m'a dit non. Elle m'a serrée fort contre elle et m'a dit de ne pas m'inquiéter. La médecine trouve tous les jours de nouvelles solutions. J'espère qu'elle a raison. Je l'ai entendue crier après papa parce qu'il avait déjà donné son rein à son « bon à rien » de frère, et que la boisson finirait par le tuer de toute façon. Il lui a répondu de laisser tomber. Elle a pleuré, et après elle a parlé d'avoir un autre bébé. Elle a supplié, mais il a dit non. Et si le bébé était aussi porteur du gène ? J'aimerais qu'ils ne se disputent pas à cause de moi.

Je sais que mère a envie d'un autre bébé. Dès qu'elle en voit un, elle le prend dans ses bras ; elle fait ça depuis toujours. Ils devraient en avoir un. Si j'avais le choix, je voudrais une sœur. Je serais une super grande sœur.

Mes larmes ont mouillé la page.

— Tu as été la meilleure des grandes sœurs.

Pourquoi était-elle passée de « maman » à « mère » ? J'avais probablement le même âge que Rose dans ces journaux quand j'avais basculé. Mère n'a jamais été maman. Elle n'aimait pas ce mot.

Le 29 novembre 1980

Bébé Judith pleure de nouveau, et mère aussi. Papa est parti depuis des mois, maintenant. Judith est capable de se rouler sur elle-même. J'ai entendu mère parler à Barbara au téléphone. Elle a dit : « C'est ma faute, s'il est parti. Il n'a jamais voulu d'elle. J'ai tout gâché. » Après, elle a continué à pleurer et a dit qu'elle avait été égoïste et n'avait pas pensé à lui. Elle ne voulait plus Judith. À cause d'elle, il était parti, et maintenant, il y avait une autre femme.

J'ai laissé tomber le carnet.

Le son de ma propre voix s'est immiscé dans mes pensées.

Salut. C'est Jude. J'ai très envie de vous parler. Appelez-moi.

Salut. Décrochez, s'il vous plaît.

Allô ? Il y a quelqu'un ?

Mère, je sais que tu es à la maison. Décroche ou rappelle-moi. Je me fais du souci.

Bonjour, Jude à l'appareil. J'essaie toujours de vous joindre.

Quelqu'un écoutait les messages sur le répondeur. Tranquillement, je me suis dirigée vers la cuisine. Je devais y aller doucement avec ma mère. En lisant entre les lignes, je venais de comprendre qu'il y avait bien plus derrière notre brouille que le fiasco de mon mariage avec John. Et surtout que je n'étais pas la seule en cause.

On a éteint le répondeur et j'ai entendu qu'on posait la bouilloire sur la cuisinière. Je me suis immobilisée un instant dans le couloir. Je ne savais pas quoi dire. Puis, respirant à fond, je suis entrée dans la cuisine.

— Mère, je...

Ma gorge s'est serrée.

— Papa.

— Jude.

Il a fait un pas vers moi, puis s'est arrêté. Je ne l'ai pas reconnu. Aminci, il arborait une barbe blanche qui le vieillissait.

Il a regardé autour de lui.

— Où est ta mère ? a-t-il demandé.

— Je l'ignore. Et toi, où étais-tu passé ?

Il a tiré sur sa barbe.

— J'étais parti.

— Ça, je le savais déjà.

Je n'ai pas pu me retenir d'ajouter :

— D'ailleurs, ce n'est pas la première fois.

Il s'est figé ; mais ensuite, la bouilloire a sifflé, et il l'a retirée du feu.

— Du thé ?

En le voyant ébouillanter la théière, j'ai failli hurler.

Toutes ces années aux côtés de mère avaient fini par déteindre sur lui. Il m'a tendu une tasse, puis s'est assis à table. Je l'ai rejoint.

— Papa.

Il a levé la main.

— Jude, je n'ai pas envie d'en parler.

— Non, papa, écoute-moi. J'ai besoin de savoir ce qui s'est passé.

— Oui, je te comprends. J'ai beaucoup réfléchi pendant mon absence.

Il a fait tourner sa tasse entre ses doigts, et j'ai vu qu'il pesait soigneusement chaque mot.

— Jude, je vous dois des excuses, à ta mère et à toi.

J'ai hoché la tête. J'avais toujours cru qu'il était irréprochable, mais je me trompais.

— Je viens de lire le journal de Rose.

— Je vous ai causé tant de souffrances.

Il m'a regardée avec tristesse.

— Il y a tellement de choses dans ma vie que j'aurais voulu faire différemment...

Il a de nouveau tiré sur sa barbe.

— Ce n'est pas bon d'avoir des regrets. J'en ai beaucoup, et c'est la raison pour laquelle je suis parti. J'avais l'impression de manquer d'air, j'avais besoin d'espace. Bien sûr, j'ai été injuste avec ta mère. J'ai agi comme un idiot, et cette pauvre Jane a toléré ma conduite pendant des années. Au lieu de se plaindre, elle m'a simplement aimé davantage.

Ses yeux se sont remplis de larmes, mais elles n'ont pas coulé.

— Et moi de moins en moins, ai-je ajouté.

Je me suis calé sur ma chaise. Voilà une chose que je ne pouvais décidément pas encore pardonner à ma mère. J'avais trop souffert.

— Je sais.

Il a baissé la tête. J'aurais voulu qu'il retire ces mots, qu'il me dise que je me trompais, mais il ne l'a pas fait.

— Ce n'était pas juste, a-t-il poursuivi, et j'ai fait tout ce qui était en mon pouvoir pour compenser, car j'étais responsable.

Il a soupiré.

— Je l'ai privée de ce dont elle avait toujours rêvé : une grande famille. Elle aurait dû en épouser un autre.

Il a fermé les yeux.

— Elle aurait pu avoir qui elle voulait, mais elle m'a choisi.

— Papa ?

— Elle t'a tant désirée, mais, quand je t'ai rejetée, quelque chose s'est brisé en elle.

J'ai vraiment eu du mal à ne pas pleurer. Je n'avais pas toujours été le vilain petit canard de la famille. Des larmes ont coulé sur les joues de mon père. Je ne l'avais pas vu ainsi depuis la mort de Rose.

— À mon retour, j'ai espéré qu'en t'aimant très fort, je réussirais à cacher ses sentiments à ton égard. Ça a marché, jusqu'à la disparition de Rose.

Il a mis son visage entre ses mains.

Levant la tête, j'ai aperçu mère dans l'embrasure de la porte. J'ignorais depuis combien de temps elle se tenait là et ce qu'elle avait entendu de notre conversation. Mon regard l'a tirée de sa transe, et elle s'est précipitée vers papa pour l'embrasser.

— Jane, je me suis vraiment conduit comme un imbécile, a-t-il marmonné.

— Non.

Elle a enfoui son visage dans son cou.

Je me suis levée. Je n'avais plus rien à faire ici. Ils avaient besoin de régler leurs problèmes entre eux.

— Judith.

Ma mère s'est tournée vers moi alors que papa l'enlaçait toujours tendrement.

— Je ne sais pas quoi te dire, a-t-elle ajouté.

Papa a fait un geste vers moi, mais je n'ai pas bougé.

— Moi non plus, mais « Désclée » me semble un bon début... Pour moi aussi.

— Oui.

Ma mère m'a regardée, et j'ai surpris une lueur d'affection dans son expression.

— Je suis désolée.

— Peux-tu nous pardonner ? a demandé papa qui serrait la main de mère d'un air mélancolique.

— Je...

Je me suis éclairci la voix. Aussi dur, aussi douloureux cela fût-il, je me devais d'être honnête. L'accumulation de non-dits pendant toutes ces années n'avait pas arrangé les choses.

— Je ne sais pas.

Je les ai regardés. Mère a tressailli, papa a pâli. Ils formaient à nouveau un tout – auquel je n'appartenais pas, une fois de plus. J'ai respiré profondément et vu la peine dans les yeux de papa. Mère m'a semblé circonspecte.

Alors que je laissais lentement l'air s'échapper de mes poumons, j'ai compris qu'il faudrait de la patience pour que des mots parviennent à recoller les morceaux de cette famille brisée depuis si longtemps. Ce n'était pas un problème ; mes parents survivraient et moi aussi. J'ai marché vers eux, et ils m'ont tous deux tendu leurs mains.

TRENTE

Alors que le taxi s'engageait dans l'allée, j'ai décidé de tout faire pour sauver de Pengarrock ce qui pouvait l'être, même si cela devait se limiter aux travaux de Petroc et à ses collections. Dans le train ce matin-là, j'avais ébauché les grandes lignes d'un projet de bibliothèque/arboretum. Dans mes rêves, je l'imaginais installée dans l'ancienne écurie et je me voyais développer les plantations pour montrer l'évolution des jardins en Cornouailles au cours des siècles. Les bases existaient : Pengarrock illustrait déjà bien les époques victorienne et édouardienne, et les anciennes fondations du jardin médiéval étaient toujours là. Ne restait qu'à combler les trous en faisant appel aux dons et à des volontaires. Ce serait un hommage durable à Petroc et ses travaux. Bien sûr, je prenais mes désirs pour des réalités, j'en avais conscience.

En franchissant la porte de Pengarrock, j'ai senti que l'atmosphère avait changé, mais je n'aurais su dire en quoi.

Helen est sortie du salon, un chiffon à poussière à la main.

— Contente de vous voir de retour parmi nous !

— Merci, Helen. Quoi de neuf ?

Je lui ai fait la bise.

— Jusqu'à aujourd'hui, Tristan est resté enfermé avec un architecte et un ingénieur. Barbara a été très occupée par le livre de Petroc. À part ça, vous nous avez tous beaucoup manqué.

Elle m'a regardée attentivement.

— J'ai cru qu'ils allaient peut-être vous garder.

J'ai froncé les sourcils. Mes parents avaient leurs propres problèmes à régler, tout comme moi.

— Pourquoi ?

— Parce que vous êtes charmante et que vous leur manquiez sans doute autant qu'à nous.

J'ai ri.

— Où est passé tout le monde ?

J'avais noté l'absence de la voiture de Tristan.

— Barbara est dans le bureau, et Tristan est parti à Helston.

— D'accord, je vais la rejoindre.

J'ai brièvement serré Helen dans mes bras.

— Contente d'être de retour.

Déposant mon sac au pied de l'escalier, je suis entrée dans le bureau.

— Tiens, une revenante ! Alors, ils ne t'ont pas gardée ?

J'ai secoué la tête.

— Je viens d'entendre des mots similaires de la bouche d'Helen.

— Ça n'a rien d'étonnant.

Barbara s'est penchée en arrière dans le fauteuil de Petroc.

— Il fait bon vivre en Cornouailles. J'avais oublié à quel point ça me manquait.

Poussant quelques papiers sur le côté, je me suis assise sur un coin du bureau. Barbara a scruté mon visage.

— Alors, tu as des nouvelles ? a-t-elle voulu savoir.

— Plein. J'ai appris que papa nous avait quittées.

J'ai touché la pendulette avant de la regarder.

— Ça devait finir par sortir.

— Mais pourquoi tu ne m'en as rien dit ? Non, laisse, je connais la réponse.

J'ai marqué un temps d'arrêt.

— À ton avis, est-ce que mère a souffert de dépression post-partum ou simplement de dépression après que papa est parti parce qu'il s'est senti trahi ?

— Des deux, probablement. À l'époque, je lui ai conseillé de consulter un spécialiste, mais elle ne m'a pas écoutée.

Elle a joint le bout de ses doigts.

— Alors, tu leur as parlé...

— Oui, après avoir trouvé le journal de Rose...

Je n'ai pas terminé ma phrase.

— Ils vont bien ?

— Oui ; mieux, en tout cas.

J'ai froncé les sourcils.

— J'ai toujours pensé qu'ils étaient si proches. Je n'ai jamais senti cette tension entre eux. J'ai cru que je n'étais pas à la hauteur sans comprendre pourquoi.

Barbara s'est levée pour me prendre dans ses bras.

— Tu es merveilleuse, Jude. Jane a juste mis du temps à s'en apercevoir. Moi, je le savais.

J'ai ri.

— Heureusement que je vous ai eues, toi et tante Agnes.

J'ai retourné la viande dans la marinade qui sentait vraiment très bon. La radio beuglait une chanson des Beach Boys, dont j'ai chanté le refrain à tue-tête. Barbara et moi dansions ; je n'avais pas autant ri depuis une éternité. Elle marquait le rythme en faisant claquer des pinces, tandis que j'utilisais une grande cuiller en guise de micro. Tristan est entré et s'est figé sur place avec une expression d'horreur sur le visage.

— Vous vous joignez à nous ? ai-je proposé en lui tendant la main.

— À moins qu'un tel étalage de talent ne vous effraie, bien sûr, l'a provoqué Barbara.

Tristan a ri.

— Vous avez bien raison, a-t-elle renchéri.

— Le barbecue vous attend ! ai-je lancé à Tristan.

— Hein ?

Barbara lui a donné le poulet et l'a poussé dehors.

— Vous êtes de service. Vous ne pensiez tout de même pas y échapper ?

— Si.

— Quelle honte !

Je lui ai remis les pinces et un gant de cuisine.

— Je ne sais pas ce qui m'a pris, a-t-il dit.

— Un soudain accès de paresse ? l'ai-je taquiné, fuyant dans la cuisine avant de prendre un coup de gant sur le derrière.

— Je te ressers ? m'a demandé Barbara, alors que je les rejoignais dehors.

L'odeur appétissante du poulet grillé flottait dans l'air ; mon estomac a gargouillé bruyamment.

J'ai présenté mon verre à Barbara.

— Ne me dites pas que vous avez profité de mon absence pour faire relâche, tous les deux. J'espère que vous avez avancé un peu.

— De mon côté, a dit Barbara, j'ai fini de mettre de l'ordre dans le livre de Petroc ; je l'ai envoyé à l'éditeur cet après-midi. Je ne peux pas parler à la place de certaines personnes, a-t-elle ajouté, inclinant la tête en direction de Tristan.

— Qui, moi ?

Il a retourné les morceaux de poulet.

— J'ai passé mon temps à repousser des agents immobiliers et des acheteurs potentiels.

— Vraiment ?

J'ai posé la salade sur la table.

— Pour l'instant, une vieille batte de cricket m'a suffi.

— Décidément, avec vous, pas moyen d'obtenir une réponse claire.

Je me suis détournée. Barbara s'est approchée du gril.

— Tristan, je voulais vous demander : après la disparition de votre mère, est-ce que votre père s'est jamais lié avec une autre femme ?

Il l'a regardée. Elle n'a pas baissé les yeux. J'ai retenu ma respiration. Je n'aurais jamais risqué une telle question.

— Pas que je sache. Je pense que personne d'autre n'a compté pour lui. Il l'aimait plus que tout. Je m'en aperçois, maintenant.

Barbara a posé sa main sur la sienne, et j'ai vu cette femme qu'il connaissait à peine lui offrir du réconfort pour quelque chose qu'il venait seulement de comprendre. Jusqu'à aujourd'hui, il n'y avait eu de place dans sa vie que pour sa vision des choses, pas pour celle de son père. Moi aussi, j'avais été aveugle face à ce qui se passait entre mes parents.

— Le poulet est cuit, a annoncé Tristan, apportant le plat à table.

J'ai fait circuler la salade.

— Alors, aucun de vous deux n'a résolu l'énigme d'August Rock ?

— J'ai bien regardé dans le carnet à croquis d'Octavia, comme vous me l'aviez demandé, mais, à mon avis, elle s'est contentée d'illustrer les vers en question.

— Quelle énigme ? s'est enquise Barbara, levant les yeux par-dessus son verre.

Ni sur terre
Ni sur mer

Elle ne se montre
Que pour August Rock

Pense au courlis
Pense à la colombe
Qui porte une fleur
Pas de paix mais d'amour

Elle a déserté les falaises
Disparu du reste du monde
Elle ne déploie ses pétales
Qu'à Pengarrock

Caché aux yeux de tous
Le joyau de Pengarrock
Libérera ton cœur
De l'appel du devoir

Je suis restée bouche bée. Tristan, qui venait pourtant de minimiser son implication, avait récité ces lignes de mémoire.

— Intéressant, a commenté Barbara, décrivant des cercles avec son doigt sur la table. La première strophe est claire. Ça parle d'une sorte de grotte, qui ne serait accessible que lorsque la marée est assez basse pour voir August Rock.

— Nous sommes d'accord, a dit Tristan. Cette partie est assez simple, mais le reste n'a ni queue ni tête.

— Combien de fois dans l'année ce récif est-il visible ? a demandé Barbara, qui servait le vin.

— Plusieurs fois par an, je dirais, durant les marées d'équinoxe, quand la mer se retire très loin. On en attend probablement une d'un jour à l'autre. Mais les grottes sont nombreuses dans la région. Et cette première partie est connue depuis si longtemps que mon père – ou un autre chasseur de trésor – les a sans doute déjà toutes explorées.

— C'est vrai. Et la deuxième strophe ?

Pense au courlis
Pense à la colombe
Qui porte une fleur
Pas de paix mais d'amour

— Deux espèces d'oiseaux qu'on trouve dans la région. Rien de particulier, a commenté Tristan avec un sourire.

— Sur ce point, il se peut que vous vous trompiez, suis-je intervenue. N'oubliez pas que ceci a été écrit par une victorienne, très au fait, donc, du symbolisme et des superstitions associées à chaque image ou chaque plante qu'elle utilisait.

Je me suis tue un moment, songeant au carnet à croquis.

— Octavia a dessiné une colombe avec, dans son bec, ce que j'ai pris pour un rameau d'olivier. Mais il semble que j'ai eu tort.

J'ai sursauté quand un fracas résonna à l'étage.

— Qu'est-ce que c'était ?

— Allez voir, vous deux, a dit Barbara. Je reste ici.

— Tu as la frousse ?

J'ai ri devant son expression horrifiée et j'ai regardé en direction de la maison.

— Je n'aime pas ça, a dit Tristan. Et si nous allions enquêter ?

Il m'attendait.

— Après vous.

Il m'a pris par la main, et nous sommes entrés.

Au cours des semaines passées, Tristan avait bronzé ; il avait une mine superbe, mais semblait en colère. La présence de vers dans le bois était sa préoccupation du moment, la raison pour laquelle nous nous trouvions à nouveau au grenier. Le vacarme de la veille avait été produit par l'effondrement du plafond sur deux chambres. À croire que notre exploration des lieux avait réveillé ces petites bêtes. En fait, en déplaçant les cartons, nous avions soumis les entretoises à trop rude épreuve. Le téléphone de Tristan a sonné, et il s'est glissé dans l'escalier. C'était peut-être l'artisan venu ce matin pour évaluer l'étendue des dégâts. Cela ne se présentait pas bien. De là où je me trouvais, je voyais dans la chambre du dessous. Barbara et moi avions dégagé le plus gros des gravats, mais ce n'était qu'un début. Tristan m'a à nouveau rejointe ; je lui ai tendu un autre carton. Il avait la mine sombre.

— Alors ?

Il m'a regardée.

— Croyez-moi, vous n'avez pas envie d'entendre ce que j'ai à dire.

— Allez-y quand même.

— C'était l'artisan. Il m'a fait un devis approximatif pour le traitement des combles, la consolidation du toit et la réparation du plafond : il y en a pour cinquante mille livres.

— Aïe !

— Exactement. Cette maison est une pompe à fric ; je ne peux pas la garder.

Alors qu'il fermait les yeux et se frottait la nuque, je me suis attardée sur les mots qu'il venait d'employer : « ... *je ne peux pas la garder.* » Jusqu'à présent, je n'avais pas pensé qu'il pouvait l'envisager.

— Quelle pagaille ! a commenté Helen, qui montait à son tour.

Tristan s'est tourné vers elle.

— Je ne te le fais pas dire.

— Vous avez raison, Helen, mais, la bonne nouvelle, c'est que j'ai découvert d'autres journaux de Petroc dans un de ces cartons.

J'ai souri.

— Ma chérie, Petroc n'avait pas mis les pieds au grenier depuis dix ans, peut-être plus.

Elle a secoué la tête.

— Rien que cette poussière...

Tristan a posé la main sur son épaule.

— Il faut voir le bon côté des choses, Helen, lui a-t-il dit.

Elle a contemplé les cartons qui l'entouraient.

— Il y a un bon côté à tout ce bazar ?

Il a souri.

— Oui. Ça va me tenir occupé et retarder encore plus la vente.

— C'est vrai, mais pas assez à mon goût.

J'ai montré un livre de comptes.

— 1756... Ça pourrait être intéressant.

— Vous êtes incroyable, a dit Tristan. Le passé vous intéresse plus que le présent.

Il a touché mon épaule. J'ai soigneusement remis le livre à sa place.

— Oui, mais le passé détient souvent des réponses pour le présent.

— Possible.

Il m'a gratifiée d'un sourire ironique.

Helen a disparu dans l'escalier. Elle avait presque repris son rythme de travail habituel. Tristan et moi craignions tous deux qu'elle ne s'épuise, mais rien ne semblait parvenir à la tenir longtemps éloignée de Pengarrock.

— Les journaux de votre père, de 1972 à 1982.

Je les lui ai donnés.

— Eh bien, maintenant, on a au moins la confirmation qu'il est monté au grenier pour la dernière fois en 1982... si Helen a raison.

— Elle n'était pas là en permanence.

— C'est vrai, mais elle semble tout savoir. Je les descends : je vais y jeter un coup d'œil.

— D'accord. Prenons aussi ces deux derniers cartons, que je puisse continuer ma liste.

Alors qu'il s'éloignait, j'ai réfléchi à ses paroles. *Il ne peut pas garder la maison parce qu'elle lui coûte trop cher, mais il y a songé.* Il y avait toujours de l'espoir.

Munie de mon bloc-notes, je suis repartie à la découverte de ce que contenaient les archives de Petroc. Mais, à force de rester penchée sur ces cartons, j'ai eu bientôt mal au dos.

— Ta mère, m'a annoncé Barbara en me tendant le téléphone.

« Elle ne mord pas », a-t-elle ajouté en remuant les lèvres silencieusement.

J'ai hoché la tête ; après tout ce temps, le fait qu'elle m'appelle me semblait vraiment étrange. J'espérais que tout allait bien à la maison et qu'il s'agissait simplement d'un des petits pas qui devaient nous rapprocher.

J'ai ouvert la porte-fenêtre qui donnait sur le jardin. Après une matinée humide, le soleil perçait les nuages, et une odeur d'herbe récemment coupée flottait dans l'air frais. Le bleu profond des hortensias se détachait sur le fond vert vif. Au-dessus du fleuve, le ciel lourd et gris était bas, mais, dans la baie, la mer était bleue et calme. Pendant mon séjour dans la région, j'avais eu l'occasion de constater qu'il pouvait pleuvoir à Pengarrock, alors qu'il faisait une chaleur épouvantable à Helston, à quelques kilomètres à peine. Comme aujourd'hui. Je me suis assise à mon ordinateur en priant pour que le wi-fi fonctionne.

Ni sur terre
Ni sur mer
Elle ne se montre
Que pour August Rock

Je n'avais pas besoin de faire davantage de recherches pour cette partie, simplement de comparer mes prises de vue avec la peinture d'Octavia. J'ai affiché mes photos à l'écran et les ai agrandies. Difficile à dire. Avec la loupe trouvée dans le bureau de Petroc (non, celui d'Imogen, comme me l'avait appris Tristan), j'ai étudié l'aquarelle dans l'espoir qu'Octavia avait indiqué l'emplacement de la grotte. Mais je n'ai vu aucune différence entre la photo et le dessin, à part la perspective.

Pense au courlis
Pense à la colombe
Qui porte une fleur
Pas de paix mais d'amour

J'ai saisi « courlis » dans le moteur de recherche. La première référence était tirée d'un poème d'Henry Wadsworth Longfellow. Mais, en creusant davantage, j'ai découvert que le courlis est un symbole de tempête imminente. C'est aussi un oiseau qui trouve sa nourriture dans la vase ou la terre très molle et qui, en hiver, perche sur les rivages rocheux. J'étais bien avancée. Clarissa faisait-elle allusion à une tempête ou à une mort imminente ? Au fait que chercher le trésor pouvait apporter la mort ?

J'ai levé les yeux alors que Tristan entrait.

— Salut.

Il a fait le tour du bureau et j'ai résisté à l'envie de cacher ce que je faisais.

Il a souri.

— La colombe est un symbole de paix.

— Oui, mais pas seulement, ai-je répondu.

J'ai saisi « symbolisme colombe » dans le moteur de recherche.

— Le premier résultat concerne le Saint-Esprit.

J'ai parcouru le reste de la page.

— Quand on les lâche, elles finissent toujours par rentrer. On les utilise pour les mariages.

J'ai cliqué sur un lien.

— Elles sont aussi un symbole de maternité et d'abnégation.

— D'accord, mais rien ne nous dit que Clarissa savait tout cela.

La main de Tristan a effleuré mon épaule. Je me suis concentrée sur mon écran, m'efforçant d'ignorer sa proximité.

— C'est vrai, je n'ai aucune certitude, mais les quelques lettres en notre possession dressent le portrait d'une femme cultivée ; par ailleurs, elle a grandi ici, avec une bibliothèque bien fournie à sa disposition.

— O.K., partons du principe qu'elle était instruite. Je ne vois toujours pas de quelle manière ces vers pouvaient mettre Octavia sur une piste ; et surtout, pourquoi Clarissa aurait-elle caché des bijoux qui seraient de toute façon revenus à sa fille ?

Il s'est assis sur le bureau, face à moi.

— Seulement si elle avait épousé le futur héritier de Pengarrock, lui ai-je fait remarquer.

Je l'ai regardé, ce que j'aurais dû éviter pour continuer à penser logiquement. J'ai détourné les yeux.

— Ah ! vous avez raison.

— Merci. D'après moi, Clarissa essayait de cacher les bijoux pour Octavia. Sans doute une manière de la protéger – au moins financièrement, puisque tout serait revenu au prochain héritier mâle, et non à Octavia, comme Clarissa en avait fait l'expérience.

— Qu'est-ce qui est arrivé à Clarissa, d'après vous ?

Il a croisé les bras, attirant mon attention sur sa poitrine.

J'ai ramené mes cheveux en arrière.

— Ça, je n'en ai pas la moindre idée. Une partie de moi espère qu'elle s'est enfuie avec lord Peters et qu'ils ont vécu heureux, mais je ne la vois tout simplement pas abandonner Octavia.

J'ai saisi « fleur symbole amour » dans le moteur de recherche.

— C'est la rose rouge, non ? a-t-il demandé, haussant un sourcil.

— Oui, pour l'amour-passion, mais il en existe différentes variétés.

Je lui ai lancé un regard furtif avant de retourner à mon écran. Faisant défiler la liste des résultats, j'ai espéré que quelque chose me sauterait aux yeux, mais en vain. Sur cette seule page, une quinzaine de fleurs représentaient l'amour. Toujours à l'aide de la loupe, j'ai examiné le dessin de la colombe, mais je n'ai vu qu'une fleur blanche au bout d'une tige.

— Vous arrivez à distinguer ce qu'elle tient dans son bec ? ai-je demandé.

Tristan s'est penché à côté de moi et m'a pris la loupe. Je sentais le parfum boisé de son après-rasage. Pas idéal pour rester concentrée.

— Non, désolé.

— Il a posé la loupe et m'a fixée intensément.

— Pourquoi est-ce si important pour vous ?

— Parce que...

Je me suis interrompue un instant.

— Parce que ça l'était pour votre père, et que Pengarrock méritait d'être sauvé.

— Qui a dit que ces bijoux serviraient à sauver le domaine ? Ça fera juste plus d'argent dans ma poche et dans celle du percepteur.

— C'est vrai.

J'ai repris mon souffle. Tristan était encore très près de moi, et pourtant ses yeux m'ont soudain semblé distants.

— Mais, au fond de vous-même, avez-vous vraiment envie de céder tout ça à quelqu'un qui sera peut-être incapable de l'apprécier ?

— Que savez-vous de ce que je veux ?

Son regard n'a pas quitté mon visage.

J'ai entortillé une boucle de cheveux autour de mon doigt.

— Je pense... Je pense que votre place est ici. Vous n'êtes parti que parce que vous aviez l'impression de ne pas pouvoir faire autrement. Mais, à présent, vous savez que vous avez eu tort.

— Je suis parti parce que cet endroit n'avait rien à m'offrir, a répliqué Tristan.

Puis, il s'est redressé et il est sorti.

TRENTE ET UN

La route depuis Helford m'a semblé plus raide que d'habitude. J'avais quelques ampoules aux mains. J'avais peut-être exagéré un peu, niveau entraînement. Mais hier soir au pub, tout le monde était tombé d'accord pour dire qu'une Amerloque n'avait aucune chance de remporter une course contre les gens du coin.

Pas question de laisser passer sans réagir ce genre de remarque, même lancée avec bonne humeur. Demain, je devrais tenir mon rang en ramant de toutes mes forces. J'espérais seulement ne pas m'être trop dépensée aujourd'hui. Mes épaules me faisaient mal. Un long bain me soulagerait.

Mon mobile a sonné au moment où j'arrivais. C'était Barbara. Elle était rentrée à Oxford deux jours plus tôt après avoir accompli sa mission. J'ai marché jusqu'à l'endroit devant la maison où le signal était bon et je me suis assise sur un banc.

— Où étais-tu ?

— À l'entraînement.

J'ai fait jouer les muscles de mes mollets, regardant les dernières lueurs du jour sur la rive nord du fleuve. Cette vue m'était devenue indispensable ; j'en avais besoin presque comme de respirer.

— Tu leur as avoué que tu avais fait de la compétition à l'université ?

— Certainement pas.

— Tu as changé. Tu n'es plus la Jude honnête et droite que je connaissais. J'espère que personne ne placera de paris.

J'ai ri.

— Je n'en sais rien, mais ça ne me surprendrait pas.

— Tu as parlé à ta mère ?

J'ai froncé les sourcils.

— Non, pourquoi ?

— Elle a essayé de te joindre.

— J'avais éteint mon téléphone pendant que je ramais. Mes parents vont bien ? ai-je demandé, inquiète.

— Oui, mais ta grand-tante Agnes est morte.

Barbara est restée silencieuse une seconde.

— Je suis vraiment navrée, Jude. Je sais que vous étiez très proches.

— J'ai au moins pu lui dire au revoir.

J'espérais que la femme affaiblie que j'avais vue sur son lit d'hôpital était partie sans souffrance.

— Quatre-vingt-quatorze ans ; elle a bien profité de l'existence.

— C'est vrai. Merci de m'avoir prévenue. Je vais appeler mes parents.

Après avoir raccroché, j'ai fait quelques étirements, puis je suis entrée. Tristan était au téléphone.

— Non, je ne fais pas visiter pour l'instant...

Je me suis dirigée vers le salon. Je n'enviais pas son interlocuteur. Je savais que Tristan avait reçu une offre ferme, une somme importante, mais peut-être que la magie finirait par opérer.

Dans le couloir, j'ai jeté un coup d'œil en direction de la chapelle. Pourquoi ne pas aller dire une prière pour tante Agnes ? Elle aurait apprécié l'attention. Alors que j'entrais, j'ai à nouveau été séduite par la beauté simple de cet endroit. J'ai avancé lentement vers le prie-Dieu baigné de soleil ; sous le pupitre, j'ai saisi le premier des livres qui me tomba sous la main. C'était le *Livre de la prière commune*, un exemplaire usé qui donnait l'impression de ne pas avoir été souvent ouvert, ces derniers temps. La dédicace disait : *À Antonia, au jour de sa confirmation, le 15 mai 1932, de la part de tante Martha*. Je l'ai feuilleté, cherchant la section consacrée à la mort et aux services funèbres, où je pensais trouver quelque chose d'approprié.

> *Père miséricordieux, vous qui avez eu la grâce de rappeler à vous l'âme de votre servante, accordez à ceux qui poursuivent dans la foi leur pèlerinage sur cette terre de vous rejoindre un jour dans Votre royaume, parmi tous les saints, pour la vie éternelle, en Jésus-Christ Notre-Seigneur. Amen.*

J'ai levé les yeux vers la croix et j'ai souri. Comme l'avait dit Barbara, tante Agnes avait bien profité de l'existence. Remettant le livre à sa place, j'en ai consulté un autre. Un recueil de psaumes, sans dédicace. Lui aussi semblait avoir beaucoup servi. Lorsque j'ai voulu les ranger, je me suis aperçue qu'ils ne glissaient pas jusqu'au bout.

À genoux, j'ai retiré les livres et vu que quelque chose était coincé à l'arrière. J'ai exploré le fond de l'étagère à tâtons, mais le soleil brillait si fort de la direction opposée que je ne distinguais rien.

En tout cas, l'objet, quel qu'il soit, était bien bloqué, et mes doigts n'étaient pas assez longs pour le saisir.

Je suis allée chercher une lampe de poche et un tournevis. Ce n'était probablement rien de plus qu'un vieux livre de cantiques, mais il avait réussi à piquer ma curiosité. En marchant vers la cuisine, j'ai essayé de détendre mes muscles endoloris. Ma baignoire m'appelait, mais elle devrait attendre.

— Comment s'est passé l'entraînement ? m'a demandé Tristan au pied de l'escalier.

— Bien.

— Prête à leur mettre la pâtée ?

— Pas dans l'immédiat. Mais demain, je le serai.

Il a fait quelques pas vers moi.

— Vous avez le programme ? À quelle heure est votre course ?

— Vous y serez ?

Je n'ai pas pu cacher la surprise dans ma voix.

— Bien sûr. Ce n'est pas tous les jours qu'on a la chance de voir une Amerloque se faire battre à plates coutures.

J'ai haussé un sourcil.

— Et vous ? Vous participerez ?

— Moi ? Non. Je n'ai pas ramé depuis des années, mais ça me plaisait bien.

Il a souri.

— Il ne tient qu'à vous de reprendre les rames.

Il a légèrement incliné la tête.

— On ne sait jamais. Je pourrais vous surprendre.

— Ça, je n'en doute pas.

J'ai aimé la lueur qui brillait dans ses yeux.

— Les régates commencent à treize heures. J'ignore quand je cours. Qu'est-ce que prévoit la météo ?

— Faibles pluies, du soleil.

— Un peu de tout, alors.

— Oui.

Tristan m'a suivie dans la cuisine, où j'ai pris la lampe de poche ; alors que je fouillais dans le tiroir à la recherche du tournevis ou de quelque chose de suffisamment long et fin, il m'a demandé :

— Quelque chose est cassé ?

— Non, coincé.

J'ai levé la tête.

— Je peux vous aider ?

— Peut-être.

Les outils dans les mains, je suis repartie vers la chapelle avec Tristan dans mon sillage. Arrivée au prie-Dieu, j'ai allumé la lampe de poche afin d'éclairer le fond de l'étagère. Il y avait bien quelque chose. Tristan s'est penché plus près ; la caresse de son souffle m'a donné des picotements dans le cou.

— Comment avez-vous eu l'idée de regarder ici ?

— Ma tante est décédée ; je suis venue dire une prière.

— Mes condoléances.

Il a posé une main sur mon bras, un geste qui se voulait réconfortant, mais qui n'a certainement pas eu cet effet-là.

— Merci. Et, donc, quand j'ai rangé les livres, je n'ai pas réussi à les faire rentrer dans l'étagère comme je le souhaitais.

— Votre côté perfectionniste ?

J'ai brièvement pincé les lèvres.

— Oui, en quelque sorte.

— Je suppose que c'est une qualité.

— Parfois.

Il a souri, et mon cœur a manqué un battement.

— Donnez-moi cette lampe, a-t-il dit.

Il s'est agenouillé et a regardé à l'intérieur.

— J'aperçois quelque chose.

Tristan a enfoncé sa main, puis me l'a tendue pour que je lui passe le tournevis.

— Attention, ça pourrait être fragile.

— Vous êtes incorrigible ; ce n'est certainement qu'un vieux bouquin moisi sans la moindre valeur.

— Possible, mais on ne le sait pas encore.

— Je vous l'accorde.

Il s'est penché plus près de l'étagère.

— Ce prie-Dieu cache sans doute un exemplaire inconnu à ce jour du Premier Folio de Shakespeare.

— Ce serait bien, mais je ne pense pas que ça entrerait.

Quelque chose a raclé contre le bois.

— La voilà, votre précieuse première édition.

Tristan s'est levé alors que je retournais le petit livre dans ma main. Des chiffres dorés ont brillé au soleil : *1984*. Le journal de Petroc pour l'année de la mort d'Imogen. J'ai eu un frisson. Une feuille de papier pliée est tombée d'entre les pages.

— Qu'est-ce que c'est ? a demandé Tristan.

Il l'a ramassée, l'a ouverte et l'a lue.

— C'est la lettre de suicide d'Octavia.

Il me l'a tendue.

Le 29 août 1851

J'ai échoué. Après avoir trouvé le billet et l'énigme que mère m'a laissée, j'ai tenté de découvrir les bijoux des Trevillion qu'elle avait cachés pour moi. Elle l'a fait pour que je n'aie pas à épouser mon cousin. Elle a voulu m'offrir la liberté qu'elle n'a jamais eue, et, pourtant, je me retrouve prisonnière et malheureuse, comme elle l'a été. Plutôt que de partager le même sort, je préfère quitter Pengarrock. Je pars à la rame, vers la mer, pour ne jamais revenir. J'aime Pengarrock, mais pas assez pour épouser mon cousin et vivre l'enfer que mère a connu.

Octavia

Je tremblais. Maintenant, nous savions pourquoi Petroc avait entrepris ses recherches. Mais, pour Tristan, le plus important était ce que je tenais dans mes mains.

— Tristan, ceci est le journal de votre père correspondant à l'année de la mort de votre mère.

TRENTE-DEUX

Chaque muscle de mon corps était douloureux ; autant dire que la perspective de la course d'aujourd'hui n'avait rien de réjouissant. J'ai regardé la foule agglutinée devant le pub et sur les rives du fleuve. Le soleil brillait. J'aurais préféré rester au lit, mais j'avais pris un engagement et je devais leur prouver que l'Amerloque savait se défendre les rames à la main. Et puis, j'avais des tee-shirts, des torchons à vaisselle et quelques parapluies inutiles à fourguer – des billets pour la tombola aussi. Je ferais mieux de sauter dans le youyou qu'on m'avait confié et de me mettre au boulot.

— Alors, Jude, prête à mordre la poussière ?

J'ai fait un signe de la main à l'un des habitués du pub, dont j'avais oublié le nom. J'allais leur montrer de quoi j'étais capable. Bien que l'aviron sur un huit soit un sport très différent, cela me donnait tout de même un avantage. Et, à en juger par la forme affichée de certains de mes adversaires, j'en aurais besoin. Pataugeant jusqu'à mon embarcation, j'y ai déposé mes marchandises. Une poussée plus tard, je me suis retrouvée parmi les spectateurs. En guise d'échauffement, j'ai baissé les rames dans l'eau, ignorant les protestations de mes muscles. Une fois arrivée à la hauteur des autres bateaux, j'ai commencé mon boniment pour liquider mon stock ; à ma surprise, j'ai assez vite remporté un certain succès. Le bavardage bon enfant qui régnait entre les embarcations m'a remonté le moral. On m'attendait sur la ligne de départ de la course des femmes.

Dans la foule devant le Shipwrights Arms, j'ai aperçu Tristan qui parlait à J.C., mais qui me regardait. Mon cœur s'est serré.

— Salut, Jude, je prends la suite pour la vente. C'est le moment de prendre le départ.

L'interruption de Mark m'a fait légèrement sursauter, mais j'ai souri alors qu'il grimpait à bord du youyou, bien trop petit pour lui.

— Merci, Mark. Souhaitez-moi bonne chance.

— Ha, ha ! Sam va vous mettre la pâtée !

Il a ri et s'est éloigné en ramant.

— Votre confiance me touche ! Vraiment ! lui ai-je lancé.

Je me suis retournée ; Tristan était là.

— Bonjour, ai-je dit d'une voix qui m'a semblé rauque.

— Bonjour. Votre canot est là-bas. J'ai pensé que vous auriez besoin de quelqu'un pour vous pousser.

— Merci. Je suis contente d'avoir au moins un supporter.

Il a souri.

— Votre plus fervent admirateur.

— Bien.

J'ai respiré profondément.

— Si je gagne, vous m'invitez à dîner.

— Marché conclu.

Ses yeux promettaient davantage ; je me suis demandé si mon estomac noué était imputable à ma nervosité avant la course ou à la perspective d'un tête-à-tête avec Tristan. Comme nous mangions ensemble presque tous les soirs, je n'avais aucune raison de me mettre dans un état pareil.

L'animateur a appelé tous les compétiteurs à se présenter sur la ligne de départ ; j'ai donc sauté à bord. Tristan a poussé mon embarcation. Alors que je prenais position, je me suis retournée vers la foule, où j'ai aperçu le tee-shirt bleu délavé de Tristan. Dès le coup de pistolet de starter, j'ai retrouvé mes vieux réflexes. J'ai souqué ferme, distançant mes adversaires. L'Amerloque allait leur donner du fil à retordre.

Je virais à la seconde bouée avec une avance confortable quand j'ai entendu l'animateur de la course se plaindre de la présence d'une « pro » parmi les rameuses ; parmi la foule, certains esprits chagrins ont proposé de me disqualifier. J'ai franchi la ligne d'arrivée en riant.

Le bouchon a sauté. Un son ô combien satisfaisant. Tristan a servi le champagne. À ce stade, ni lui ni moi n'avions besoin d'alcool. Pourtant, ma première place dans la course des femmes et notre seconde place dans la vente/tombola méritaient d'être fêtées. Et puis, la dernière fois que j'avais bu du champagne, la suite avait été plutôt intéressante. Cela se reproduirait peut-être... L'espoir fait vivre.

— Je suis vannée. Serait-ce abuser que de prendre une flûte de cet excellent champagne dans mon bain ?

— Absolument pas.

Il m'a tendu un verre ; je l'ai levé.

— À une journée réussie.

— Il reste encore le feu d'artifice, cette nuit.

— Hmmm, oui.

J'ai bu une gorgée.

— On m'a dit qu'il serait spectaculaire À quand remonte la dernière fois où vous y avez assisté.

— Oh ! des années. À l'époque, Mark a failli se faire sauter en l'allumant.

— Ils font appel à un professionnel, maintenant.

— Ça vaut mieux.

Alors que nous échangions un regard, je me suis demandé ce qui lui traversait l'esprit.

— D'accord. Je redescends dans un moment. Vous venez au feu d'artifice ?

— Vous m'invitez ?

Je l'ai dévisagé, les yeux grands ouverts.

— Oui, je crois bien.

— Alors, c'est entendu. Vous préférez manger ici avant ou grignoter quelque chose sur place ?

— Ici. Ce sera la folie là-bas, vous ne pensez pas ?

Il s'est approché de moi.

— Si. Je vais nous préparer quelque chose.

— Parfait.

Je me suis sauvée avant de l'embrasser.

Le feu d'artifice était terminé ; à la buvette, Tristan bavardait avec quelqu'un que je ne connaissais pas. Je me suis appuyée contre une table pour profiter de la musique ; un des adolescents du village chantait dans le groupe.

La tête me tournait un peu : la moitié d'une bouteille de champagne, puis quelques verres faisaient leur effet. Un homme âgé s'est approché de moi.

— C'est vous, l'Américaine qui travaille à Pengarrock ?

— Oui.

— Je m'appelle Wilf Trelawny et j'espérais que vous pourriez m'aider.

Ce nom me disait quelque chose.

— Vous avez écrit ce livre sur les orchidées avec Imogen.

— Oui, et c'est précisément ce qui m'amène.

Il a bu une gorgée de sa bière.

— Vous comprenez, nous menions des recherches en commun, Immy et moi, et, eh bien, j'aurais voulu pouvoir les consulter.

Je me suis redressée. Avais-je en face de moi l'homme avec qui Imogen avait eu une aventure ?

— Imogen est morte depuis longtemps. Pourquoi avoir attendu ?

Il a baissé la tête avant de répondre.

— Je ne pouvais pas demander à Petroc.

Il m'a regardée dans les yeux.

— Vous comprenez, mes rapports avec Immy...

Il a dégluti.

— Il ne s'est jamais rien passé, mais...

— Oui ?

— Je l'aimais.

— Je vois. Et elle, elle vous aimait ?

Il a regardé la foule autour de nous.

— Je l'ai toujours pensé. Elle éprouvait des difficultés avec Petroc, et il se peut que nous ayons franchi une limite.

J'ai haussé un sourcil.

— Vous aviez une liaison ?

— Pas tout à fait.

— Une réponse pour le moins évasive.

J'ai cherché Tristan du regard, mais je ne l'ai pas trouvé.

— Les gens étaient au courant ?

— Des rumeurs ont circulé.

— Et Petroc ?

Était-ce ce à quoi Imogen avait fait allusion dans sa lettre ?

— Il a deviné. C'est pour cette raison que je ne pouvais pas m'adresser à lui.

— Et maintenant qu'il est mort, vous pensez vraiment que son fils voudra vous aider ?

— Présenté ainsi, ça paraît peu probable, mais je crois qu'il aimerait que le travail de sa mère soit reconnu.

Il a soupiré.

— Avez-vous eu une liaison avec ma mère ? a demandé Tristan d'une voix dure.

Il venait de nous rejoindre et se tenait à côté de moi. J'ai tendu la main vers la sienne. Il l'a serrée à m'en faire mal.

— Non, elle m'a rejetée parce qu'elle vous aimait davantage, vous et votre père.

La tension a quitté le corps de Tristan.

— Wilf, puis-je reprendre contact avec vous plus tard en ce qui concerne ces recherches ? ai-je proposé.

Tristan m'a signifié son accord d'un hochement de la tête.

— Helen a mes coordonnées.

Il a regardé Tristan.

— Toutes mes condoléances, pour votre père.

— Merci.

Tristan a passé son bras autour de mon épaule pendant que Wilf s'éloignait dans la foule.

— Mon père a mentionné Wilf dans le dernier journal que nous avons trouvé. Il n'a jamais cru que ma mère l'avait trompé, mais les ragots et les conclusions que les gens ont tirées après sa mort l'ont blessé.

— Je suis désolée.

Il m'a serrée plus fort contre lui.

— Maintenant, au moins, je connais la vérité.

Quand j'ai ouvert les yeux, je n'ai ressenti aucune douleur et j'ai poussé un soupir de soulagement. Balançant mes jambes hors du lit, j'ai posé mes pieds sur le sol et je me suis redressée avec précaution. Une fois assise, j'ai attendu de voir comment allait réagir ma tête. Rien à signaler. Je me suis habillée et je suis descendue.

Les révélations de Wilf, la nuit dernière, avaient apporté une réponse aux questions qui me travaillaient depuis que j'avais pris connaissance de la lettre d'Imogen.

Tristan, en plus d'avoir cru pendant tout ce temps qu'il aurait pu empêcher la mort de sa mère, avait dû supporter les rumeurs. Quel fardeau ! Il avait été très silencieux sur le chemin du retour.

Je n'ai pas été surpris de ne pas le croiser. Il avait bu plus que moi et, avant la rencontre avec Wilf, je l'avais vu décompresser comme jamais. Il avait parlé aux gens comme s'il n'avait pas quitté la région depuis des années. Je n'irais pas jusqu'à dire qu'il était détendu – il y avait encore du chemin à faire. En l'observant hier soir, j'avais vu une personne sachant se comporter en société, néanmoins timide. Grandir à Pengarrock, perpétuellement soumis aux regards extérieurs, n'avait pas dû être facile.

Une tasse de café à la main, je suis sortie sur la terrasse. C'était un matin clair avec une brise légère. La marée était haute. Un voilier se dirigeait vers la baie, et j'ai soudain eu envie de me trouver à bord. Rien ne valait un tour en bateau pour se remettre les idées en place après une nuit difficile.

Dès que cette pensée m'a traversé l'esprit, je me suis précipitée dans l'escalier. Je me suis arrêtée devant la porte de la chambre de Tristan, mais je n'ai entendu aucun bruit. Il dormirait probablement jusqu'à midi. Je lui ai laissé un mot sur la table de la cuisine. La marche jusqu'au club nautique m'a servi d'échauffement et m'a aidée à chasser la légère sensation de gueule de bois. Arrivée au ponton, je me suis aperçue que j'avais oublié mon téléphone. J'entendais papa me recommandant de ne jamais partir naviguer sans moyen de communication. Mais, vu la rapidité avec laquelle la marée se retirait, je ne parviendrais jamais à rentrer à la maison et à revenir assez vite. Aucun nuage ne troublait le ciel bleu de cobalt. J'ai donc sauté dans mon voilier et me suis éloignée du ponton avant qu'il ne soit trop tard.

Une fois sortie du goulet, je pourrais me détendre et laisser le bateau faire tout le boulot. En temps normal, le fleuve grouillait d'embarcations le dimanche, mais aujourd'hui, je l'avais pour moi toute seule. Tout le monde devait probablement cuver son vin ou sa bière. Quand mon ventre a gargouillé, j'ai pris conscience que j'avais un peu improvisé mon expédition. Sortir sans avoir pris de petit-déjeuner ni emporté quelque chose à manger était une bêtise. Surtout avec un estomac encore un peu barbouillé après une soirée bien arrosée.

En atteignant la baie, j'ai envisagé de faire demi-tour. Alors que je me redressais pour tirer une bordée, j'ai vu un épais brouillard approcher depuis la mer. On aurait dit un gigantesque nuage solitaire qui descendait sur le fleuve. La température a chuté. Préférant éviter de me retrouver encalminée dans la baie de Falmouth sur un très petit bateau, je suis repartie en direction de l'Helford. J'ai tâtonné sous mon siège, espérant trouver des fusées de détresse. Le soleil a disparu et le brouillard a tourbillonné autour de moi. En quelques secondes, j'ai perdu toute visibilité, et le vent est tombé. J'ai baissé la voile et sorti les rames. Au moment où la brume était descendue, je voguais vers l'ouest et j'avais atteint l'embouchure du fleuve. J'ai viré de bord – vers le sud, a priori – et j'ai commencé à souquer vers la terre. Je me retournais fréquemment dans l'espoir de repérer quelque chose de visible, comme une autre embarcation ou les rochers qui bordaient les criques. Mais je ne voyais rien.

Brusquement, je me suis retrouvée hors du nuage, presque à l'intérieur d'une petite crique au pied de Dennis Head. Avec prudence, j'ai ramé jusqu'à la plage de sable et j'ai tiré le voilier au sec. Face à moi, le nuage bas formait un mur qui s'étendait vers la baie et l'amont de l'Helford.

Pourtant, le soleil brillait juste au-dessus. C'était extraordinaire ; je n'avais jamais rien vu de pareil. En l'absence totale de visibilité sur le fleuve, je ne pouvais pas repartir. Dans quelques minutes, ce serait marée basse. En attendant, je pouvais explorer mon environnement et faire de mon mieux pour ne pas avoir froid.

La majeure partie de la falaise était couverte de plantes, mais j'ai tout de même trouvé les traces d'un ancien glissement de terrain. J'ai marché sur les rochers, regardant les moules qui m'ont donné faim (ah ! les moules marinières d'Helen, avec du pain croustillant). J'ai envisagé un instant de tenter de rejoindre la crique d'à côté, mais j'ai fini par rejeter cette idée. Je ne pouvais pas courir le risque de ne pas avoir mon bateau avec moi si le brouillard avançait soudain vers la terre.

Une sensation de panique s'est emparée de moi. Je suis retournée vers la plage et j'ai levé les yeux. Du brouillard descendait des hauteurs. J'ai pensé à ma promenade matinale juste après la mort de Petroc. Depuis le sommet de la falaise, j'avais regardé vers cette même crique. J'ai frissonné. L'orchidée fantôme. Où avais-je lu quelque chose là-dessus ? Dans le livre d'Imogen. C'était une variété rare, dont on avait jadis trouvé un spécimen dans la région, mais qui avait aujourd'hui disparu. La dernière avait été observée dans les années 1840. Je me suis frotté les bras ; j'avais la chair de poule. Je savais que les orchidées pouvaient rester dormantes jusqu'au moment où poussait le bon champignon avec lequel elle formait une symbiose. Mais aussi longtemps ? À moins qu'elle ait fleuri toutes ces années sans que personne ne s'en aperçoive ? Alors que j'arpentais la petite étendue de sable, ça m'est revenu.

Elle ne déploie ses pétales qu'à Pengarrock.

Le brouillard a tourbillonné autour de moi. J'ai levé les yeux vers la paroi de la falaise. Imogen avait-elle tout compris ? Les poils dans ma nuque se sont dressés. C'était donc ça, l'explication.

Elle ne déploie ses pétales qu'à Pengarrock.

« Pen » signifiant « tête de » et « garrock », « rocher »... Clarissa ne s'était pas contentée d'écrire à propos du domaine, elle avait donné l'emplacement précis. L'orchidée rare poussait sur la falaise, et au bas de cette même falaise se trouvait la grotte. Imogen l'avait compris.

Tout m'apparaissait si clair, désormais. Tristan était parti à la pêche, la laissant dans la nursery. Elle avait dû lire les vers de Clarissa au dos du livre d'énigmes et fait le lien. Grâce à ses recherches, elle connaissait sans doute de manière approximative l'endroit où l'on trouvait autrefois ces orchidées. C'était pour cette raison qu'elle était passée en courant devant Tristan, perché sur un rocher à la plage. Imogen avait dû se pencher un peu trop pardessus la falaise pour regarder la crique et elle avait fait une chute mortelle. Ou alors, elle avait trébuché en voyant ces orchidées si rares en fleurs. Les dossiers méticuleusement rangés dans le tiroir étaient les siens. Tout concordait. J'en avais la certitude. J'ai consulté ma montre : pile marée basse. La marée d'aujourd'hui n'était que légèrement plus haute que celle de demain, exceptionnellement basse. La grotte devait être là.

Ni sur terre
Ni sur mer
Elle ne se montre
Que pour August Rock

Ce qui ne m'aidait pas beaucoup si je n'y voyais pas à plus de trente centimètres au-delà de la plage, sans même parler du récif en question. La grotte aurait dû être accessible, maintenant. La ligne des hautes eaux étant clairement visible sur les rochers, j'ai cherché en dessous.

Rien ne m'a sauté aux yeux mais, si cela avait été évident, quelqu'un aurait trouvé bien avant moi. J'ai marché jusqu'à la paroi de la falaise, puis j'ai commencé à écarter le varech et les autres algues accumulés sur les rochers. Une ouverture avait-elle pu survivre au glissement de terrain s'il avait eu lieu après 1846 ? À force d'acharnement, j'ai fini par déloger de petites pierres, dégageant un trou de la taille d'un terrier de lapin. Ça ne pouvait pas être le bon. J'ai regardé à l'intérieur, mais, sans lumière, impossible de distinguer quoi que ce soit. Puis, j'ai crié, et le son s'est propagé.

J'ai continué à creuser de manière frénétique, et l'ouverture est devenue assez large pour passer la tête. Pendant ce temps, je gardais aussi un œil sur la marée. Un dernier effort m'a permis de faire bouger un gros rocher ; maintenant, je pouvais glisser mon corps à l'intérieur si je le souhaitais. L'eau m'a léché les pieds tandis que je m'enfonçais jusqu'à la taille ; j'ai tâtonné, mais sans rien rencontrer de solide. Je suis ressortie afin d'élargir le trou un peu plus.

— Aïe !

J'ai retiré ma main. Quelque chose de tranchant avait percé la peau de ma paume. J'ai rincé ma main dans l'eau du fleuve et appuyé sur la piqûre. Il en fallait plus pour m'arrêter. Je suis retournée à l'ouverture. Une épingle en or dépassait du sédiment. Fronçant les sourcils, j'ai soigneusement creusé autour de l'objet et trouvé ce qui ressemblait à une broche. Elle était tellement couverte de boue qu'il était difficile de se faire une idée. Après l'avoir posée dans mon bateau, je me suis remise au travail, m'armant d'une pierre plus grosse afin d'agrandir la brèche. Ce bijou avait-il appartenu à Clarissa ?

Maintenant que le trou était un peu plus large, je me suis tortillée à l'intérieur, me retrouvant moitié dehors, moitié dedans. Mes mains n'ont rencontré que le vide. Prenant appui avec les pieds sur un rocher, j'ai poussé et basculé de l'autre côté.

TRENTE-TROIS

Après être tombée avec un gros plouf dans une bonne soixantaine de centimètres d'eau, je me suis rapidement relevée, plaçant ma main au-dessus de ma tête afin d'éviter de me cogner. J'avais de l'eau jusqu'aux genoux. La lumière qui filtrait par l'ouverture ne pénétrant pas très loin dans la grotte, je ne voyais pas grand-chose, mais j'avais cette sensation d'espace, d'un volume important. Quelque chose a bougé contre mes mollets. Mon hurlement a résonné autour de moi. Après être ressortie tant bien que mal, j'ai couru vers mon bateau qui, déjà à flot, s'apprêtait à partir sans moi. J'avais la poitrine oppressée, je claquais des dents. J'ai grimpé à bord, mis la broche dans ma poche, puis je me suis frotté les bras et les jambes jusqu'à ce que je me sente de nouveau capable de ramer.

Le brouillard ne s'était pas levé, mais il avait envahi le rivage. J'ai suivi le littoral, serrant les rochers. J'étais gelée. J'avais été stupide de m'aventurer seule dans cette grotte, mais, dans le feu de l'action, ça m'avait paru tout à fait sensé. Secouée de frissons, j'ai ramé. La marée était encore trop loin pour que je parvienne au ponton du club nautique. Je mettrais le voilier à l'abri sur la plage de Pengarrock avant de rentrer à la maison à pied pour me changer et manger quelque chose. Je tremblais autant à cause du froid que du manque de nourriture. À travers le brouillard, j'ai aperçu le hangar à bateaux ; j'étais arrivée à bon port. Après quelques derniers coups de rame, mon embarcation a touché terre. Je l'ai tirée aussi loin que j'en avais la force, avant de l'attacher de mon mieux avec la corde à ma disposition. J'avais toujours la tremblote quand je me suis approchée de la maison, jouant avec la broche entre mes mains. Avec l'ongle de mon pouce, j'ai essayé de gratter la saleté, mais c'était dur comme du ciment. J'ai remis le bijou dans ma poche. Maintenant, il me fallait décider de la suite des événements. Pouvais-je compter sur l'aide de Tristan ? La loi prévoyait probablement le cas de trésors découverts sur la propriété d'autrui ou en mer. Mais que disait-elle s'il ne se trouvait ni sur terre ni sur mer ?

J'ignorais la taille de la grotte, mais elle était totalement submergée à marée haute. Demain était le dernier jour où son entrée serait accessible avant plusieurs mois. Le temps me manquait pour réunir les informations nécessaires et recruter quelqu'un pour m'aider si Tristan refusait de me prêter main-forte. Je ne pouvais pas agir seule. La tête baissée pour me protéger de la pluie qui avait commencé à tomber, j'ai foncé dans Tristan alors que j'ouvrais le portillon du jardin.

— Où étiez-vous passée, bon sang ? m'a-t-il demandé, posant une main ferme sur mon épaule.

— J'ai trouvé la grotte !

— Vous êtes sortie sur le fleuve en plein brouillard ?

J'ai secoué la tête.

— Il faisait beau en partant, et j'ai oublié mon téléphone.

— C'était stupide.

— Je suis d'accord, mais je ne pouvais pas me douter qu'un brouillard aux proportions bibliques s'apprêtait à descendre.

Je tremblais tellement que la dernière partie de ma phrase est devenue presque inintelligible.

— Vous avez entendu ce que j'ai dit à propos de la grotte ?

— Il en existe des centaines le long de l'Helford.

— Je le sais bien !

Malgré mes efforts, mais dents continuaient à claquer.

— Mais je suis certaine que c'est la bonne.

— Comment pouvez-vous en être sûre ?

Tristan a enlevé sa veste pour la jeter sur mes épaules. Elle sentait son après-rasage ; je me suis blottie dans sa chaleur.

— La réponse ne va pas vous plaire.

Il a enfoncé ses mains dans ses poches.

— J'en suis persuadé, mais dites toujours.

— Parce que tout concorde.

— Qu'est-ce que… ?

— Quand votre père est mort, je suis sortie faire une promenade de bon matin.

J'ai serré la veste contre moi.

— Ça ne m'étonne pas.

— Bien sûr ; et je suis tombée. Pendant que j'étais par terre, j'ai aperçu une orchidée ; j'ai trouvé ça curieux, mais sans plus.

— Oui, des orchidées sauvages ; il en pousse depuis toujours dans la région. Ma mère les adorait.

— Elle avait découvert une variété que tout le monde pensait éteinte. Mais elle ne l'est pas ; je l'ai vue.

— Venez-en au fait. Vous avez risqué votre vie là dehors ; alors, quel est le rapport avec cette grotte ?

— Dans sa hâte, votre mère a trébuché, mais, contrairement à moi, elle se trouvait plus près du bord.

Tristan a blêmi. J'ai repris mon souffle tandis que la peine, la colère et l'incrédulité se succédaient sur son visage.

— Elle avait sans doute aperçu l'orchidée. Elle connaissait l'énigme et savait combien cette plante était rare. La distraction est probablement ce qui a causé sa chute.

Tout devenait clair, à présent.

— Tristan, votre mère n'a pas sauté, elle a perdu l'équilibre.

— C'est vous qui le dites.

— C'est la vérité. J'en suis convaincue.

J'ai posé ma main glacée sur son bras ; il a eu un mouvement de recul.

— Elle avait tout compris. Le saphir était sa quête.

— Venez, rentrons au chaud. Sinon, vous allez finir par attraper la mort.

Il a marché vers la maison. J'ai regardé la longue plate-bande ; les marguerites de la Saint-Michel avaient commencé à fleurir.

— Je vous l'avais bien dit, que la réponse ne vous plairait pas.

— On ne peut rien vous cacher. Je me moque de ce que vous cherchiez, vous avez eu un comportement totalement irresponsable en partant seule, sans téléphone, alors qu'une tempête s'annonçait.

— Ça, je le sais, pas la peine de me le rappeler.

— Apparemment, si.

Le dépassant, j'ai pratiquement couru le reste de la distance qui me séparait de la maison. J'étais complètement trempée et j'avais tellement froid que je ne pensais plus avoir de nouveau chaud un jour. J'ai entendu ses pas derrière moi ; il pouvait bien aller au diable. En fait, n'importe où, sauf ici. Il ne méritait pas cet endroit. Alors que la pluie tombait à torrents, j'ai regardé en soupirant les fleurs qui bordaient l'allée. Pengarrock était unique et avait besoin d'être entre les mains de quelqu'un qui l'aimerait. Pas l'enfoiré derrière moi, qui n'y voyait qu'un moyen de faire de l'argent. J'ai encore pressé le pas. Helen m'attendait sur le seuil. Est-ce que tout le monde était au courant de mon escapade ? Elle a reculé.

— Vous êtes trempée.

— Oui.

— Où étiez-vous passée ?

J'ai pointé Tristan du doigt.

— Demandez-le-lui.

— Tristan ?

— Cette idiote n'a rien trouvé de mieux que de partir à la chasse au trésor, un trésor imaginaire, bien sûr !

— C'est moi l'idiote ? Vous ne manquez pas de culot.

J'ai enlevé sa veste pour la lui jeter.

— Ce n'est pas moi qui suis prête à brader cet endroit magique par cupidité.

— Quel rapport, hein ? Quel rapport avec le fait de sortir par gros temps et de risquer sa vie pour des foutaises ?

— Les enfants, s'est interposée Helen.

— Reste en dehors de ça, Helen.

Tristan a claqué la porte.

— Alors, quel trésor avez-vous trouvé dans cette grotte ? J'espère que ça en valait la peine.

Enfonçant la main dans ma poche, j'en ai extrait la broche.

— Ça.

— C'est le genre de camelote que la marée rejette tout le temps.

Il l'a tournée entre ses doigts.

— Où l'avez-vous dénichée ? Sur la plage ?

J'ai serré les poings.

— Non, je l'ai découverte quand j'ai élargi l'entrée de la grotte.

— Vous êtes allée seule dans une grotte ? a-t-il pratiquement crié.

J'ai hoché la tête.

— Bon Dieu. Vous risquiez votre peau, là-bas. Et pour quoi ? Un trésor enterré ?

J'ai tenu bon :

— Je sais qu'il est bien réel.

— C'est complètement ridicule.

— Non, ça ne l'est pas.

— Cet endroit vous a fait perdre la tête.

Helen a toussé. Je l'ai regardée et j'ai ri. J'avais oublié sa présence.

— Au contraire. Venir ici m'a appris qui j'étais.

Faisant volte-face, je suis montée dans ma chambre et je me suis écroulée sur le lit. J'avais la tête qui tournait. Secondée par les rafales, la pluie battante partait à l'assaut des vitres. J'avais de la chance de ne plus être dans mon bateau. Après un bon bain, je ferais des recherches sur les glissements de terrain. J'avais acquis la conviction que Clarissa s'était fait piéger dans cette grotte, où elle avait succombé à une mort atroce.

J'étais en train d'enfiler un pull quand on a frappé à la porte.

— Entrez.

— Je vous dois des excuses, a admis Tristan.

Il m'a tendu la broche maintenant totalement nettoyée. La retournant dans ma main, j'ai suivi du doigt la gravure sur l'ovale en lapis-lazuli.

— Les armoiries des Trevillion.

— Je pense que je ferais mieux d'écouter ce que vous avez à dire.

J'ai souri.

— Pas trop tôt.

TRENTE-QUATRE

La mer était plate et le ciel était bleu. En l'absence totale de vent, les voiliers devaient compter sur la puissance de leur moteur pour sortir du fleuve. C'était tout simplement une journée d'août parfaite. Perchée sur la proue du doris, je fixais l'eau du regard tandis que Tristan s'occupait de la navigation. En plus de notre déjeuner, nous avions emporté d'autres choses utiles, comme des vêtements à manches longues et des pelles. Il faisait si chaud que je ne portais qu'un bikini.

Notre chasse au trésor devrait attendre après le repas et le changement de marée. Nous avions dû quitter le ponton bien avant que la marée ne se retire. Je me sentais terriblement excitée. Tristan, un peu moins, mais il avait tout de même accepté de m'aider. Nous allions trouver les bijoux et résoudre par la même occasion le mystère de la disparition de lady Clarissa, et c'était tout ce qui comptait.

— Qu'est-ce que vous voulez faire ? a demandé Tristan, ralentissant pour se faire entendre au-dessus du bruit du moteur.

— On pourrait jeter l'ancre près de la crique et déjeuner en attendant que la marée baisse.

Je l'ai rejoint à l'arrière de notre bateau.

— Votre crique ? Vous pensez la reconnaître sans le brouillard ?

J'ai froncé le nez.

— Absolument.

— Vous avez marqué l'endroit d'une croix ?

— J'aurais dû. Comme ça, quelqu'un d'autre aurait pu faucher le trésor pendant la nuit. Ça vous aurait fait les pieds.

— Surtout que les chasseurs de trésor pullulent en ce moment sur l'Helford, tous à la recherche du saphir perdu des Trevillion, a-t-il ironisé.

Il a souri, et je me suis sentie un peu grisée.

— C'est celle-là, ai-je affirmé en pointant du doigt dans la bonne direction. Qu'est-ce que vous pensez qu'on va trouver ?

— Rien. Mais je sais que vous serez incapable de reprendre normalement votre travail sur les affaires de papa tant que ces bêtises vous trotteront dans la tête.

J'ai souri.

— Bon, d'accord.

— Barbara m'a aussi informé de votre idée de bibliothèque Petroc-Trevillion consacrée à l'histoire des jardins. Quand comptiez-vous m'en parler ?

— Oh !

J'ai baissé les yeux vers mes doigts de pied, admirant le vernis rouge récemment appliqué. Puis, je l'ai regardé par-dessus mes lunettes de soleil.

— Probablement jamais.

— Jamais ?

— C'était plus un rêve qu'un projet sérieux. Mais, avec tous les livres, les documents, les photographies et les reproductions, vous pourriez facilement fonder une bibliothèque destinée aux chercheurs.

— Ça me semble envisageable. Où pensiez-vous l'installer ?

— Dans les anciennes écuries.

— À Pengarrock ?

— Je ne connais pas de meilleur endroit.

Tristan a levé les yeux au ciel, puis il a coupé le moteur, et nous avons flotté à l'intérieur de la crique, lui et moi inspectant l'eau de part et d'autre du bateau, afin de repérer d'éventuels rochers. Attentif à ne pas nous arrêter à l'ombre, il a jeté l'ancre. J'ai ouvert le panier à pique-nique et lui ai tendu un sandwich.

— Jude, vous avez mis de la crème solaire ?

— Non. Maintenant que vous m'en parlez, je ne pensais pas qu'il ferait aussi chaud. Je suis rouge ?

— Juste légèrement rose.

— Pas encore un homard, mais presque, alors.

J'ai regardé mes épaules.

— Patientez dix minutes et vous serez à point.

— D'accord, je dois en avoir emporté.

J'ai fouillé dans mon sac et lui ai donné le tube.

— Vous voulez bien ?

— Avec plaisir.

Il a pressé l'épaisse lotion dans sa paume. Ses doigts ont fait entrer la crème froide dans les courbes de mon dos. C'était une torture absolument exquise. Quand sa main s'est aventurée plus bas, j'ai retenu mon souffle.

— Un peu froid ?

— Mmm, ai-je menti.

Le doris s'est brusquement déplacé sur le côté dans le sillage d'un bateau de passage, projetant Tristan contre moi. J'avais perdu tout appétit pour mon sandwich. Maintenant, j'avais envie de quelque chose de bien différent.

— Tristan ?

— Oui ?

Je me suis retournée. Sa main est restée sur ma taille. Notre embarcation a de nouveau tangué ; son désir m'est apparu de manière manifeste quand son corps s'est pressé contre le mien. J'ai caressé son menton avec mon doigt.

— Jude ?

— Hmm, oui ?

Je l'ai embrassé. C'était de la folie pure, mais c'était divin. Ses mains m'ont attirée plus près pendant que sa bouche déposait une série de petits baisers dans mon cou. J'ai haleté ; la houle nous a fait perdre l'équilibre et nous sommes tombés dans le fond du bateau.

Juste avant la marée basse, nous avons rejoint la plage, où nous avons enfilé nos jeans, nos chemises à manches longues et nos tennis. Tristan a étudié le site.

— Tu as vraiment été stupide au point de te risquer seule dans cette grotte sans savoir ce que tu y trouverais ?

Posant les mains sur les hanches, j'ai envisagé de répliquer vertement, mais, ayant passé la dernière demi-heure à l'embrasser, je me sentais moins combative.

— Oui.

Il a ri. Il avait commencé à dégager l'entrée.

— Tu as l'intention de me regarder faire ?

— Pourquoi pas ?

J'ai vérifié que les torches électriques fonctionnaient en espérant que les sachets Ziploc seraient suffisamment étanches pour elles. J'ai rejoint Tristan. La marée avait déjà changé. Nous n'avions que peu de temps devant nous, peut-être dix minutes avant que l'eau n'atteigne l'entrée.

— Je passe devant ? a-t-il demandé, posant la pelle de côté, sur un rocher légèrement en hauteur.

— Oui, mais prépare-toi à tomber dans un trou et à être mouillé.

Il a froncé les sourcils.

— Ça donne envie.

— Absolument.

Il s'est mis à genoux et a disparu par l'ouverture, puis j'ai entendu un grand plouf.

J'ai glissé la tête à l'intérieur, mais n'ai rien vu.

— Tout va bien ?

— Oui. C'est de la folie. Passe-moi les lampes.

Sa main est apparue pour me les prendre.

— Laisse-moi jeter un coup d'œil avant de me rejoindre.

— Dépêche-toi. J'ai déjà les pieds humides.

J'ai vérifié que notre bateau mouillait toujours à proximité. Je me suis retournée dès que la lumière de la torche a attiré mon attention.

— Bon sang ! C'est gigantesque.

Sa voix a résonné ; j'ai vu qu'il était debout dans l'eau.

— J'arrive.

— Sois prudente.

Cette fois, je suis entrée les pieds en avant et suis tombée avec un bruit sourd, mais au moins je m'y attendais.

— Tiens, voilà une torche, mais, à mon avis, tu ne trouveras rien ici qui vaille le coup d'œil.

Je l'ai prise.

— C'est tellement vaste. Comment peux-tu en être sûr ?

— Parce que j'ai regardé et qu'à part un crabe par-ci par-là, je n'ai rien vu.

Agacée, j'ai monté une pente raide qui semblait mener vers le fond. Pour autant que je puisse m'en rendre compte, la grotte avait la forme d'une ellipse inclinée d'un côté, bien plus basse près de l'entrée. Une vaste zone plate à l'arrière était vide, comme si l'eau ne montait jamais aussi haut. Je me suis baissée pour toucher le sol : il était sec. À l'aide de ma lampe de poche, j'ai éclairé la paroi, à la recherche d'une cavité où Clarissa aurait pu cacher les bijoux, mais je n'ai rien trouvé. J'ai eu envie de hurler à m'en étrangler. Il devait être quelque part par ici. J'en avais la conviction.

— Chouette aventure, mais pas de trésor. On ferait mieux d'y aller.

À côté de moi, Tristan m'a touché le bras.

— Désolé.

— Il est forcément là.

— Tu as vraiment essayé.

— D'accord.

Alors que je me retournais vivement, j'ai trébuché et me suis étalée de tout mon long sur le sable dur.

— Merde.

— Doucement ; on n'est pas si pressés.

Il m'a aidée à me relever et à nettoyer mon visage.

— Ça va ?

— Oui, à part ma fierté qui en a pris un coup, je suis indemne. Contre quoi ai-je buté ?

— Juste un rocher qui dépassait, je suppose. Tu ne l'as pas vu à temps.

— Non.

Je me suis penchée pour regarder : il y avait bien une bosse, et quelque chose de dur en dessous. J'ai enlevé le sable avec mes doigts, révélant l'arête d'une boîte en métal.

Tristan avançait dans l'eau vers la sortie.

— Allez, Jude, la marée est là.

— J'ai trouvé. Viens voir.

Travaillant frénétiquement avec mes mains, j'ai fini par dégager le contour d'une petite boîte noire. Quelques secondes plus tard, Tristan a joint ses efforts aux miens. L'eau ruisselait par l'entrée de la grotte.

J'ai continué à creuser.

— Tu peux la déterrer ? ai-je demandé.

— Elle ne bouge pas ; ce sable est comme du ciment. Il nous faut la pelle.

— Pas le temps.

— Alors, on va devoir la laisser ici.

— Non.

Je me suis levée et j'ai regardé autour de moi, à la recherche de quelque chose qui pourrait nous être utile. J'ai trouvé une pierre plate que j'ai lancée à Tristan, puis j'en ai déniché une autre pour moi. Redoublant d'efforts, j'ai taillé petit à petit dans le sable. L'eau montait dans la grotte.

Tristan a jeté un coup d'œil par-dessus son épaule.

— On va devoir la laisser.

— On ne pourra pas revenir avant novembre !

— Soit on part maintenant, soit on connaîtra le même sort que Clarissa.

Alors qu'il parlait, l'eau a commencé à lécher la pente. À présent, seuls quelques centimètres de l'entrée se trouvaient encore au-dessus du niveau de la marée.

— Non.

Je me suis levée et j'ai tapé du pied sur la pierre que j'avais enfoncée dans le sol. La boîte a bougé. Tristan l'a saisie et m'a empoigné la main, m'entraînant à sa suite. J'ai pris une dernière inspiration avant de plonger dans l'eau et de nager vers la sortie.

— Commencez par vous sécher. Vous êtes complètement trempée ; c'est la deuxième fois en deux jours, s'est inquiétée Helen. Ni moi ni Tristan ne l'ouvrirons sans vous, c'est promis. Si ça se trouve, elle est pleine de ces petits crabes qui m'ont toujours fait peur.

— Mais...

J'ai de nouveau regardé la boîte.

— Je ne veux rien entendre Allez vous changer ; pendant ce temps, je fais du thé.

Elle m'a poussée vers la porte.

Tristan est entré, et Helen a froncé les sourcils.

— Toi aussi, tu es complètement trempé.

— C'est vrai, mais on est en vie.

Il m'a souri.

— J'ai besoin d'une bonne douche. La boîte attendra.

Je suis restée bouche bée ; comment pouvait-il faire preuve d'une telle indifférence ? J'ai soudain eu envie de secouer à nouveau la boîte. Elle était lourde, et des choses s'entrechoquaient à l'intérieur. Nous avions pris notre mal en patience, le temps que la marée soit assez haute pour nous permettre de regagner le ponton. Curieux comme elle nous avait semblé monter rapidement lorsque nous nous trouvions à l'intérieur de la grotte, mais avait paru terriblement lente pendant que nous ne disposions d'aucun des bons outils pour ouvrir notre découverte. Maintenant, on me demandait d'attendre encore.

J'ai couru dans ma chambre, où je me suis précipitée sous la douche. L'eau était froide, mais pas plus que celle dans laquelle nous avions été aujourd'hui. Elle s'est peu à peu réchauffée, et j'ai senti les endroits sur ma peau que le soleil avait brûlés. Mon esprit a vagabondé, revenant sur ces moments de passion dans le bateau ; je me suis rappelée à l'ordre en tournant le robinet d'eau froide à fond. Après m'être habillée à la hâte, je me suis donné un coup de peigne avant de regrouper mes cheveux à l'aide d'une barrette. Je me sentais comme une gamine, le matin de Noël, qui meurt d'envie d'ouvrir les cadeaux sous le sapin. Le suspense me tuait. J'ai descendu l'escalier quatre à quatre, et Tristan m'a accueillie au pied des marches.

— Doucement. Tu es déjà tombée une fois aujourd'hui…

J'ai ri.

— Mais sans cette chute, nous n'aurions pas…

Il a posé son doigt sur ma bouche.

— Allons voir ce trésor. Qui sait, peut-être n'avons-nous découvert qu'une vieille boîte remplie de pacotille ?

J'ai froncé le nez. Moi aussi, j'avais des doutes.

— Je sais.

— Je veux simplement éviter que tu t'emballes pour rien.

Il m'a pris la main.

— Je ne me fais pas d'illusions.

— Menteuse.

Il m'a embrassée.

— Je vois cette lueur d'excitation dans tes yeux.

Quand nous sommes entrés dans la cuisine, Helen posait une sélection d'outils et de vieilles clés à côté de la boîte.

— Maintenant que vous êtes là et que je n'ai plus besoin de surveiller les bijoux de la Couronne, je vais porter le thé au salon.

Arrivée à la porte, elle s'est retournée.

— Essaie d'abord avec le trousseau, Tristan. Cette boîte est en excellent état ; ce serait dommage de l'abîmer.

— Oui, Helen, a-t-il dit en prenant les clés.

De mon côté, j'ai saisi un petit tournevis à bout plat.

— Tu n'as pas entendu, Helen ? s'est étonné Tristan.

— Elle n'en saura rien ; alors, où est le mal ?

Il m'a donné une tape sur les doigts avec une longue clé, puis en a choisi une petite pour sa première tentative. Elle entrait dans la serrure, mais n'a pas tourné jusqu'au bout. Il est passé à la suivante sur le trousseau alors que je tapotais nerveusement sur la table.

— Patience...

— La mienne a des limites.

— Ça me semble évident.

Il a fait jouer la clé, et j'ai entendu un déclic. Je me suis approchée. Tristan s'est servi de la clé pour soulever le couvercle, et un petit escargot a escaladé le bord.

— Oh mon Dieu !

J'ai plaqué ma main sur ma bouche. La boîte était remplie de bijoux, mais au milieu trônait une énorme pierre bleue. Ce que j'avais vu sur les portraits ne m'avait pas préparée à la réalité. Elle était tellement plus grosse et plus bleue qu'en peinture !

— Tristan, ai-je chuchoté en lui prenant la main.

Il m'a attirée vers lui et m'a embrassée.

TRENTE-CINQ

Les chiens se pourchassaient sur la plage, où Tristan et moi, assis l'un à côté de l'autre, étions perdus dans nos pensées. Il songeait probablement à ce qu'il ferait du trésor. À lui seul, le saphir rapporterait une petite fortune aux enchères, sans parler des nombreux diamants et de la tiare avec une émeraude grosse comme un œuf. Petroc avait eu raison en affirmant que ces bijoux étaient dignes d'un roi et d'une reine. Il s'agissait d'une collection stupéfiante.

Un voilier battant pavillon français a quitté le fleuve. Mon séjour ici touchait à sa fin. J'avais trouvé le trésor, prouvant par la même occasion que Petroc n'avait pas gâché les dernières années de sa vie dans une folle entreprise. La quête d'Imogen était achevée. Le livre de Petroc sortirait l'été prochain. Et maintenant ?

— Tu veux bien me montrer ? m'a demandé Tristan en se détournant de l'eau.

J'ai sursauté.

— Te montrer quoi ?

— L'endroit où tu as vu cette orchidée rare.

Ses yeux affichaient des nuances de gris.

— D'accord, mais tu en es bien sûr ?

— Je ne suis pas revenu sur le chemin côtier depuis qu'elle est morte. Je pense être prêt.

J'ai pris sa main dans la mienne, et il a appelé les chiens.

Nous avons traversé en silence les bois, où apparaissaient çà et là les touches de bleu des hortensias. Quand nous sommes arrivés au bosquet de chênes sur le promontoire, j'ai lâché sa main pour enjamber la clôture, faisant bien attention où je mettais les pieds.

— Tu es sûre de toi ? a-t-il demandé, lançant un regard aux arbres tordus. Comment une orchidée pourrait-elle pousser ici ?

— Difficilement, puisqu'elles ne fleurissent que par intermittence.

Je me suis baissée sous les branches couvertes de lichen, m'avançant plus près du bord.

— Et tu n'as pas pu confondre avec autre chose ?

— Non. Elles sont très particulières. Elles n'ont pas de feuilles.

Il s'est immobilisé. J'aurais tout donné pour savoir ce qu'il pensait.

— Fais attention.

Je me suis agenouillée et me suis approchée avec précaution du grillage. Tristan m'a suivie. Le grondement des vagues qui s'écrasaient dans la crique en contrebas remplissait l'air autour de nous.

— Sois prudente. Je ne veux pas te perdre.

Il m'a agrippé l'épaule.

Je me suis tournée vers lui pour dire quelque chose quand, du coin de l'œil, j'ai aperçu une fleur blanche solitaire dans les recoins sombres de la végétation.

— Elle est là.

J'ai senti son épaule contre la mienne ; il respirait de manière irrégulière.

— Elle est belle.

— Oui. Comme ta mère l'était.

— C'est vrai.

Il a pris ma main dans la sienne.

— Merci.

Nous nous sommes prudemment éloignés du bord. Rhum a fourré son museau humide contre mon nez avant que je ne me relève et ne m'essuie. Sur le chemin du retour, Tristan est resté silencieux.

Avant que nous n'arrivions, je lui ai demandé :

— Comment tu te sens ?

Il a hoché la tête.

— Bien. Toutes ces choses que j'avais refoulées... Ça fait beaucoup d'un coup.

Il a regardé la maison, et la couleur de ses yeux a changé à nouveau. J'y ai lu une certaine douceur.

— Merci.

— Vous voilà, tous les deux ! nous a lancé Helen depuis les portes-fenêtres du salon.

Elle a tapoté sa montre.

— Tristan, si tu te dépêches, tu pourras peut-être joindre cet homme à qui tu souhaitais parler du trésor.

Elle lui a tendu un bout de papier, et j'ai suivi Tristan afin de récupérer mon ordinateur portable. Les bijoux des Trevillion étaient étalés sur le bureau. L'or brillait parmi les pierres. Tout était dans un état remarquable. Le saphir a accroché la lumière, envoyant des arcs bleutés dans toute la pièce. C'était extraordinaire. Je n'arrivais toujours pas à y croire.

Tristan a caressé la pendulette alors qu'il discutait au téléphone avec quelqu'un à propos de la découverte du trésor. D'après ce que j'avais lu, il ne s'agissait que d'une simple formalité. Il avait trouvé des bijoux qui appartenaient à sa famille sur ses terres. Lady Clarissa les avait dissimulés pour que sa fille les retrouve. Malheureusement, Octavia avait échoué à cause du glissement de terrain qui avait pris Clarissa au piège et caché la grotte.

Je suis allée au salon, où je me suis écroulée sur une chaise. Embrassant la pièce du regard et admirant à nouveau ses proportions, j'ai aperçu une pile de livres sur une étagère près de la fenêtre. Je me suis levée d'un bond. Ils ressemblaient à de vieux journaux intimes. Pleine d'espoir, j'ai tourné les pages. Le temps a passé ; cela m'a semblé des heures. Mes mains tremblaient pendant que je lisais. Fermant les carnets, je me suis essuyé les yeux.

Tristan est entré dans la pièce ; il est venu vers moi.

— Tu vas bien ?

— Oui ; j'ai trouvé les journaux d'Octavia.

— Et ils t'ont fait pleurer ?

Il s'est penché et a entrepris de sécher mes larmes avec sa main.

— Octavia… Sa vie a été si triste.

— Elle n'a jamais été heureuse ?

— Si. Elle aimait sa mère, son chat, sa peinture et Pengarrock. Toutes ces choses lui ont apporté du bonheur.

J'ai souri à Tristan.

— Ce n'est déjà pas si mal.

J'ai cligné des yeux. Quelque chose dans sa voix m'a semblé donner un sens particulier à ces mots. Je me suis levée, raide après être restée assise sur la banquette basse située sous la fenêtre. Nous avons marché vers la porte.

— J'ai déclaré la découverte ; ils me demandent de venir leur présenter le trésor.

Je me suis arrêtée.

— Mais il t'appartient.

— Oui, ils sont d'accord ; c'est une simple formalité.

Nous étions dans l'embrasure de la porte, tous les deux. Je lui ai tendu les journaux d'Octavia. Il les a retournés dans ses mains avant de les poser sur la table du couloir. Une brise légère s'est invitée à l'intérieur et m'a décoiffée. Tristan a remis mes mèches rebelles en place derrière mon oreille ; son doigt s'est attardé le long de ma mâchoire, jusqu'à atteindre mes lèvres. Il a baissé la tête. Sa bouche a joué avec la mienne. Levant les mains, j'ai glissé les doigts autour de son cou et l'ai attiré vers moi.

Une toux pas si discrète nous a interrompus. Tristan a levé les yeux, mais m'a enlacée. J'ai noté qu'Helen ne semblait pas du tout surprise de me voir dans ses bras.

Il a haussé un sourcil.

— Helen ?

— J'ai un message de la part des services de l'urbanisme de la commune.

— Eh bien ? Je t'écoute.

J'ai commencé à m'écarter de lui, mais il refusait de lâcher prise. Tout à ma joie d'avoir trouvé le trésor, j'avais oublié ses projets de développement pour Pengarrock.

— Alors ?

— Ils ont accordé le permis, a répondu Helen, tordant un chiffon entre ses mains.

Mon cœur s'est serré. Il n'avait pas renoncé à détruire la beauté de Pengarrock. Il prévoyait toujours de rentrer à Londres. J'ai eu soudain envie d'échapper à son étreinte et de fuir, mais j'étais bloquée par le chambranle derrière moi et les bras de Tristan autour de moi.

Il a souri.

— C'est une bonne nouvelle. J'espère qu'ils ne m'en voudront pas d'apporter d'ultimes modifications.

— Quoi encore ? a demandé Helen en rangeant les journaux sur la table.

— Je n'ai plus tout à fait les mêmes objectifs.

Elle a levé la tête, les yeux brillants de larmes.

— Ne me donne pas de faux espoirs.

Il m'a serrée contre lui.

— Tu as changé d'avis ?

Il m'a regardée.

— On m'y a un peu aidé.

Helen a souri.

— Alors, je vous laisse, tous les deux. Je dois dire que vous y avez mis le temps.

J'ai senti le rire monter en Tristan, et ça m'a fait un bien fou. Une fois Helen partie, j'ai bénéficié de son attention pleine et entière ; il avait un sourire jusqu'aux oreilles.

— Tu ne vas pas développer Pengarrock ? Tu as l'intention de garder le domaine tel quel ? ai-je demandé

L'espoir a fait grimper ma voix dans les aigus.

Il m'a serrée dans ses bras.

— Je n'ai pas dit ça.

Je me suis écartée un peu.

— Je serai obligé de vendre un certain nombre de choses et d'en développer d'autres, y compris la fameuse bibliothèque Petroc-Trevillion.

Tristan m'a enlevé les lunettes du nez pour les placer sur ma tête.

— Mais oui, je vais essayer de garder Pengarrock.

— Oh !

Tout se bousculait dans mon esprit.

Il a penché la tête vers mon oreille et a chuchoté :

— Ça te fait plaisir ?

Un frisson a parcouru ma colonne vertébrale.

— Oui.

— Tant mieux.

— Pourquoi ?

J'ai un peu renversé la tête afin de mieux le voir.

— Parce que j'ai envie de te faire plaisir…

Il m'a embrassé le cou. J'ai senti le désir monter en moi.

— Hmm. Voilà un programme qui me convient tout à fait.

J'ai passé les doigts dans ses cheveux et j'ai attiré sa bouche vers la mienne.

Ses lèvres ont hésité juste au-dessus des miennes.

— Dois-je comprendre que tu acceptes de rester pour me donner un coup de main ?

— Oui, mille fois oui.

Et je l'ai embrassé.

REMERCIEMENTS

Les secrets de Pengarrock a demandé beaucoup de temps pour devenir le roman que vous tenez entre vos mains. Tout a commencé en 2005, quand Chris et moi sommes allés prendre un verre chez Richard et Christine Graham Vivian, dans leur belle maison qui domine l'Helford. Ma fille Sasha, alors âgée de six ans, nous accompagnait. Pendant que les adultes profitaient de la magnifique soirée de fin d'été, elle s'est dépensée sur les pelouses et dans la nature environnante. Une idée d'histoire a germé. Je dois donc avant tout remercier Richard et Christine d'avoir partagé leur cadre idéal, et ma fille Sasha. Sans leur contribution, ce livre n'aurait jamais vu le jour.

Je tiens également à remercier : Anne Rodell, pour son expertise en matière juridique concernant les successions ; le Dr Kate Gearing et Lesley Cookman, pour leur aide sur ce qu'il convient de faire quand on est confronté à un cadavre ; Larry Masterson, pour ses informations à propos de la chasse et de la pêche dans le Vermont et au Canada.

Construire dans son imagination une demeure telle que Pengarrock à partir de rien est un vrai bonheur. Pour ce chantier, je me suis basée sur la collection de livres de ma belle-mère et sur les brochures de maisons telles que Godolphin et Trelowarren. Mais c'est à l'obligeance de Tish Valva, de Cotehele House, que je dois les informations qui m'ont permis de bâtir la chapelle de Pengarrock.

Mon groupe de soutien en écriture, la RNA, m'a aidée à rester saine d'esprit, mais c'est surtout la merveilleuse Brigid Coady qui m'a prêté une oreille bienveillante dans les moments de découragement et m'a rappelé que j'étais capable de mener ce projet à bien. Un grand merci aussi à Julia Heyward, qui a accepté de lire les premières ébauches de ce livre et n'a pas hésité à me reprendre quand mon orthographe et ma grammaire donnaient des signes de faiblesse.

Sans la patience de mon éditrice, Kate Mills, ce livre n'existerait pas. Son incroyable talent à tirer de moi la meilleure histoire possible est réellement stupéfiant. Je lui dois beaucoup. Mon agent, Carole Blake, m'a fait confiance et a cru en moi quand moi-même je doutais... Merci.

Je remercie tout particulièrement ma mère, qui m'a appris bien des choses, mais surtout de rester fidèle à moi-même, même quand ce n'est pas facile. Et aussi qu'en amour, les actes sont plus éloquents que les paroles.

Pendant tout ce processus, mon mari, mes enfants, mes parents et ma meilleure amie m'ont soutenue ; ils m'ont rappelé que j'étais capable d'aller au bout et ont refusé de me laisser renoncer. Même dans mes mauvais jours, leur foi inébranlable en moi a été et reste étonnante.

NOTE DE L'AUTEUR

J'ai pris des libertés avec le paysage de Dennis Head afin de créer la grotte dont j'avais besoin pour mon histoire et de fournir un terrain fertile à la rare « orchidée fantôme ». Il y a en Cornouailles de nombreuses orchidées sauvages, mais cette variété extrêmement rare n'en fait pas partie. Le sommet de la falaise de Dennis Head est le dernier endroit où cette variété presque éteinte serait apparue. Quoi qu'il en soit, j'ai été séduite par son apparence spectrale et sa capacité à disparaître des années avant de réapparaître comme par magie. La Cornouailles n'est pas avare d'orchidées sauvages, et j'ai pris beaucoup de plaisir à les observer au cours de mes promenades.

Un dernier mot à l'intention des chasseurs de trésor qui seraient tentés d'aller traîner du côté de l'Helford : le saphir des Trevillion est purement une création de mon imagination obsédée par les belles pierres.